O caos *totalmente normal* do amor

Dados Internacionais de Catalogação na Publicação (CIP)
(Câmara Brasileira do Livro, SP, Brasil)

Beck, Ulrich, 1944-2015.
  O caos *totalmente normal* do amor / Ulrich Beck, Elisabeth Beck-Gernsheim ; tradução de Fernanda Romero Fernandes Engel e Milton Camargo Mota. – Petrópolis, RJ : Vozes, 2017. – (Coleção Sociologia)

  Título original : Das ganz normale Chaos der Liebe
  Bibliografia
  ISBN 978-85-326-5324-6

  1. Amor – Aspectos sociais 2. Relações interpessoais I. Beck-Gernsheim, Elisabeth. II. Título.

16-06360   CDD-304.6

Índices para catálogo sistemático:
1. Amor : Sociologia   304.6

Ulrich Beck
Elisabeth Beck-Gernsheim

O caos *totalmente normal* do amor

Tradução de Fernanda Romero Fernandes Engel e
Milton Camargo Mota

EDITORA
VOZES

Petrópolis

© Suhrkamp Verlag 1990.

Título original em alemão: *Das ganz normale Chaos der Liebe*

Direitos de publicação em língua portuguesa:
2017, Editora Vozes Ltda.
Rua Frei Luís, 100
25689-900 Petrópolis, RJ
www.vozes.com.br
Brasil

Todos os direitos reservados. Nenhuma parte desta obra poderá ser reproduzida ou transmitida por qualquer forma e/ou quaisquer meios (eletrônico ou mecânico, incluindo fotocópia e gravação) ou arquivada em qualquer sistema ou banco de dados sem permissão escrita da editora.

CONSELHO EDITORIAL

Diretor
Gilberto Gonçalves Garcia

Editores
Aline dos Santos Carneiro
Edrian Josué Pasini
José Maria da Silva
Marilac Loraine Oleniki

Conselheiros
Francisco Morás
Leonardo A.R.T. dos Santos
Ludovico Garmus
Teobaldo Heidemann
Volney J. Berkenbrock

Secretário executivo
João Batista Kreuch

Editoração: Maria da Conceição B. de Sousa
Diagramação: Mania de Criar
Revisão gráfica: Nilton Braz da Rocha / Nivaldo S. Menezes
Capa: Editora Vozes

ISBN 978-85-326-5324-6 (Brasil)
ISBN 978-3-518-38225-7 (Alemanha)

Editado conforme o novo acordo ortográfico.

Este livro foi composto e impresso pela Editora Vozes Ltda.

Nota dos autores

A introdução foi escrita conjuntamente; os capítulos I, V e VI foram escritos por Ulrich Beck; e os capítulos II, III e IV foram escritos por Elisabeth Beck-Gernsheim.

Sumário

Apresentação da coleção, 11

Introdução – Chances arriscadas: individualização social e formas sociais de vida e amor, 13

    1 A pequena revolução pós-francesa, 13

    2 Individualização: rumo a uma outra sociedade?, 16

    3 As individualizações não existiram desde sempre?, 20

I Liberdade ou amor: vidas separadas, juntas ou contrapostas dos gêneros dentro e fora da família, 25
Ulrich Beck

    1 Liberdade, igualdade e amor, 25

    2 Sobre a situação de homens e mulheres, 27

    3 A sociedade industrial é uma sociedade estamental moderna, 39

    4 Libertação dos papéis feminino e masculino?, 43

    5 Conscientização das desigualdades: possibilidades e necessidades de escolha, 49

    6 Fim do indivíduo ou renascença de uma enorme subjetividade?, 53

II Do amor ao relacionamento?: mudanças no relacionamento entre homens e mulheres na sociedade individualizada, 62
Elisabeth Beck-Gernsheim

    1 O amor é mais importante do que nunca, 62

    2 O amor é mais difícil do que nunca, 68

    3 Utopia da esperança, 92

III Amor livre, divórcio livre: a dupla face dos processos de libertação, 94
Elisabeth Beck-Gernsheim

1 Antigamente: obrigações e certezas, 95

2 A Modernidade: mais liberdade, mais incerteza, 97

3 Em busca de um mundo em comum, 98

4 Em busca da causa comum, 102

5 Os esforços da perseverança, 116

IV Tudo por amor ao filho, 119
Elisabeth Beck-Gernsheim

1 O desejo de ter filhos hoje, 120

2 A preparação para ter um filho, 129

3 Desejo de ter um filho que nunca vem: aqui começa a jornada como pacientes, 139

4 Pais e filhos no cosmos de novas expectativas, 145

V – A maçã tardia de Eva: o futuro do amor, 160
Ulrich Beck

1 A mobilização da ilusão: de volta à família nuclear, 161

2 Igualdade como isolamento: A contradição entre mercado de trabalho e família, 164

3 O "casamento pós-conjugal": famílias estendidas e continuadas em virtude do divórcio, 166

4 A maçã tardia de Eva: a emancipação "sofrida" pelos homens, 171

5 O divórcio como testemunha de casamento: contratos de casamento, 176

6 Paternidade como sistema de construção modular, 179

7 Pontos de fuga e identidades experimentais: indo além dos papéis masculinos e femininos, 182

VI – A religião terrena do amor, 190
Ulrich Beck

1 O que vem depois da tradição: nada?, 190

2 Ruína e idolatria de casamento, família e relação amorosa, 193

3 Amor como pós-religião, 197

4 Contra o amor a-histórico: o amor como romantismo democratizado e banalizado, 204

5 O amor como padrão de sentido social da autonomia subjetiva: dinâmica própria, lógica de conflitos, e paradoxos, 214

Referências, 227

Apresentação da coleção

Brasilio Sallum Jr.

A *Coleção Sociologia* ambiciona reunir contribuições importantes desta disciplina para a análise da sociedade moderna. Nascida no século XIX, a sociologia expandiu-se rapidamente sob o impulso de intelectuais de grande estatura – considerados hoje clássicos da disciplina –, formulou técnicas próprias de investigação e fertilizou o desenvolvimento de tradições teóricas que orientam o investigador de maneiras distintas para o mundo empírico. Não há o que lamentar o fato de a sociologia não ter um *corpus* teórico único e acabado. E, menos ainda, há que esperar que este seja construído no futuro. É da própria natureza da disciplina – de fato, uma de suas características mais estimulantes intelectualmente – renovar conceitos, focos de investigação e conhecimentos produzidos. Este é um dos ensinamentos mais duradouros de Max Weber: a sociologia e as outras disciplinas que estudam a sociedade estão condenadas à eterna juventude, a renovar permanentemente seus conceitos à luz de novos problemas suscitados pela marcha incessante da história. No período histórico atual este ensinamento é mais verdadeiro do que nunca, pois as sociedades nacionais, que foram os alicerces da construção da disciplina, estão passando por processos de inclusão, de intensidade variável, em uma sociedade mundial em formação. Os sociólogos têm respondido com vigor aos desafios desta mudança histórica, ajustando o foco da disciplina em suas várias especialidades.

A *Coleção Sociologia* pretende oferecer aos leitores de língua portuguesa um conjunto de obras que espelhe o tanto quanto possível o desenvolvimento teórico e metodológico da disciplina. A coleção conta com a orientação de comissão editorial, composta por profissionais relevantes da disciplina, para selecionar os livros a serem nela publicados.

A par de editar seus autores clássicos, a *Coleção Sociologia* abrirá espaço para obras representativas de suas várias correntes teóricas e de suas especialidades, voltadas para o estudo de esferas específicas da vida social. Deverá também suprir as necessidades de ensino da Sociologia para um público mais amplo, inclusive por meio de manuais didáticos. Por último – mas não menos importante –, a *Coleção Sociologia* almeja oferecer ao público trabalhos sociológicos sobre a sociedade brasileira. Deseja, deste modo, contribuir para que ela possa adensar a reflexão científica sobre suas próprias características e problemas. Tem a esperança de que, com isso, possa ajudar a impulsioná-la no rumo do desenvolvimento e da democratização.

Introdução
Chances arriscadas: individualização social e formas sociais de vida e amor

O *caos normal* do amor: Isso não é sonho? Pesadelo? Fantasia de harém? O que tem a ver com a tediosa normalidade, na Alemanha, por exemplo? Nada de grandes casos amorosos ou dramas passionais. Segurança social (com muitas lacunas); milagre econômico; sociedade de risco. E, agora, vamos falar de um realmente existente caos do amor? Será que ressoa algo de pessoal nisto?

Sim, mas não só. A aparência de normalidade é enganosa – bem como as estatísticas, que permitem prever as taxas de divórcio com as cotas de recasamentos e fazê-las desaparecer, assim, na grande esperança que continua a ser encarnada pelo casamento e a família. Quem deseja decifrar tais inconsistências – a romantização da relação amorosa e da família, o colapso de suas certezas tradicionais, os bastidores dos ruídos dos conflitos de gênero – precisa trazer ao foco *a contraposição – que se atesta historicamente – entre amor, liberdade e família.*

1 A pequena revolução pós-francesa

São as velhas e sempre novas não cumpridas promessas de liberdade e independência que hoje reclamam seus direitos contra as formas tradicionais de privacidade e intimidade. Essas esperanças, que inspiraram tanto a Declaração de Independência Norte-americana quanto a Revolução Francesa, foram objeto de ridicularização, desdém e confronto. E sua polissemia é lendária. Mas elas também ganharam autonomia, gerando nova força, de modo que a pequena revolução pós-francesa – oculta nos desejos pessoais dos indivíduos – hoje também se volta contra o formato de desigualdade da família e, ao mesmo tempo, eleva os valores da família quase ao patamar de uma religião.

Por um lado, o modelo de família surgido com a sociedade industrial e chamado pelos sociólogos de "família nuclear" é o oposto da ideia de igualdade, que viveu sua ascensão política no mesmo período. Essa forma identifica a mulher com a família. Não apenas no que diz respeito à maternidade e ao trabalho doméstico, mas também ao papel de "dependente derivada", cujo destino é o de dependência salarial do marido. Ao redor dele gira o mercado de trabalho, ou é ele que orbita em torno deste, e a necessidade financeira sentencia a "pessoa destinada à família" – a esposa – à mobilidade coadjuvante, ao destino econômico de "segunda mão", ao papel vitalício e quase inato de agente na família e no lar.

Mas hoje cresce rapidamente o número de mulheres que tentam escapar do destino de classe de donas de casa que lhes é atribuído. E, de repente, podemos vislumbrar o seguinte nessa fuga em massa: o ideal da esperança – a família, o lugar de afeto, de não mercado, de felicidade privada e complementaridade recíproca, ou como quer que se formulem os desejos que ali se abrigam – é, por sua arquitetura, um híbrido de duas eras, uma combinação de afeto, escravidão e modernidade, que precisa romper-se na medida em que ocorre a coisa mais normal do mundo: as mulheres também reivindicam a liberdade e a igualdade que os homens gostariam de fazer acabar na família, por bons motivos e, por isso, não tão bons.

Então o que vivemos é simultaneamente conhecido e desconhecido. Conhecemos levantes de camponeses, a rebelião da burguesia contra as restrições da sociedade de nobreza feudal. Muitos não reconhecem, porém, que hoje a velha lei da liberdade consuma-se em outras formas e com outras consequências no embate entre homens e mulheres. Assim como os camponeses foram "libertos" da servidão da gleba, assim como o nobre foi privado dos seus privilégios de nascimento, agora também a estrutura interna da família nuclear com um ordenamento baseado em gêneros se desintegra frente à igualdade e à liberdade, que também já procuram adentrar as portas da privacidade, e o que temos é o caos do amor, absolutamente habitual e cotidiano.

Mas o que vem *depois* da família, do lugar do amor tornado doméstico? A família! Diversamente, mais, melhor, a família negociada, a família intercambiável, a família múltipla, que provém de divórcio, recasamento, novo divórcio, dos filhos do seu, do meu, do nosso passado e nosso presente familiares; o desdobramento da família nuclear, sua temporalização, a união de indivíduos que ela representa, o ato de mimar e exaltá-la, que também se baseia principalmente no seu caráter monopolístico como contramundo vivível, caráter que ela adquire na sociedade de risco e bem-estar destradicionalizada, abstrata e marcada por catástrofes: *o amor é mais necessário do que nunca, mas ao mesmo tempo impossível*. A preciosidade, a força simbólica, o que há de sedutor e redentor no amor *crescem* com sua impossibilidade. Essa estranha lei esconde-se por trás dos números de divórcios *e* recasamentos, por trás da megalomania com que as pessoas buscam seu "eu" no "tu" e procuram libertá-lo no "tu". Na avidez de redenção com que se atiram uns sobre os outros.

As mulheres e os homens de hoje encontram-se em uma busca, uma busca compulsiva que perpassa casamento sem certidão, divórcio, matrimônio contratual, luta por conciliar profissão e família, amor e casamento, luta por uma maternidade e uma paternidade "novas", amizade e relação entre conhecidos. Tudo isso entrou em movimento de forma irreversível. Por assim dizer, o "conflito de classes" que sucede o conflito de classes. Onde bem-estar e segurança social atingiram um nível elevado, onde paz e direitos fundamentais democráticos estão se tornando naturais, as contradições entre liberdade, igualdade e família, e aquelas entre liberdade, igualdade e amor, já não são mais encobertas pela luta cotidiana contra a miséria social e a opressão. Com o esbatimento das identidades sociais tradicionais, as oposições dos papéis de gênero entre homens e mulheres passam a ocupar lugar central na esfera privada. Elas começam a mudar a sociedade, superficial e profundamente – nos pequenos e grandes conflitos sobre quem lava a louça, sobre sexualidade e erotismo masculinos e femininos e sobre a política que também se supõe presente em tudo isso. O amor se torna fugaz, na medida em que, carregado de esperanças, torna-se lugar de culto na sociedade que gira em torno do autodesenvolvimento. E é carregado de esperanças na medida em que se torna fugaz e socialmente desprovido de modelos.

Isso acontece de forma oculta, intrincada e deslocada justamente por ocorrer no âmbito do amor. De início, não de maneira generalizada, mas no enfrentamento eu-tu. O amor, que historicamente vai se tornando rico em conflitos e significados, desemboca diretamente não em antagonismos gerais de poder e situações, mas na imediaticidade das pessoas envolvidas, em suas características, erros e negligências, que se tornam lugares tumultuosos de acertos de contas e tentativas de fuga. Para dizer de modo mais profano: empregados e empregadores também veem seu conflito como um conflito entre indivíduos, mas, em todo caso, não estão condenados a amar um ao outro, a constituir um lar, a levar adiante um casamento e criar filhos. Na relação interna entre homens e mulheres, por sua vez, a convivência doméstica dos contrastes transforma tudo numa questão pessoal e corrosiva. O acordo de plasmar tudo individualmente, de deixar lá fora o mundo e recriá-lo do amor em comum converte em atributos pessoais os contrastes entre homem e mulher. Deste modo, os contrastes ferem tão profundamente por já sempre terem feito parte da segurança a que os sem-pátria se haviam confiado.

O amor tornou-se inóspito. A esperança nele, que só faz crescer, conserva-o coeso diante da cruel realidade da traição aparentemente privada. "Com o próximo marido tudo sairá melhor" – essa fórmula de consolo abarca ambas as coisas: a desesperança, a esperança, o aumento excessivo de ambas e sua conversão no que é individual. Os capítulos do presente livro tentarão descrever como tudo isso é cômico, banalmente cômico, tragicômico e às vezes também trágico, repleto de imbróglios e confusões. Talvez as pessoas simplesmente tenham deixado escapar outros temas. Ou talvez o amor, ao mesmo tempo repleto de promessas e conflitos, também seja o "novo" centro ao redor do qual gira o mundo da vida destradicionalizado. Como esperança, traição, ânsia, ciúme – como mania, portanto, que atinge até mesmo indivíduos tão quadrados como os cidadãos alemães. Neste sentido: o caos absolutamente normal do amor.

2 Individualização: rumo a uma outra sociedade?

Mas o que neste mundo levaria as pessoas a exercer a liberdade, o autodesenvolvimento e o desejo de alcançar as estrelas do eu precisamente em detrimento da família? Qual o motivo dessa viagem ao mais estranho continente – porque mais óbvio, sagrado e perigoso – do si-mesmo? O que *explica* esse movimento que parece inteiramente individual e, todavia, perfeitamente esquemático, esse fervor, quase obsessão, essa disposição a sofrer, essa crueldade e esse prazer com que muitas pessoas arrancam da terra as raízes das quais cresceram para ver se tais raízes são realmente sãs?

Para muitos, a resposta é óbvia: a causa não são aspectos externos ou sociais, mas as próprias pessoas; por trás disso há seu desejo, a insuficiência, a transbordante sede de experiências; a decrescente disposição de executar, de se inserir, de renunciar. Uma espécie de *zeitgeist* universalizado acometeu e instigou as pessoas, e a força desse movimento alcança tão longe quanto a força do ser humano em obrigar a união de céu e terra, desejos e realidade.

Mas essa explicação rápida, essa visão aparentemente tão óbvia levanta outras questões: Como explicar então a *irrupção em massa*, a simultaneidade com que as pessoas sacodem suas circunstâncias de vida? Os milhões de divorciados não combinaram nada disso, tampouco agem comandados por uma espécie de sindicato a favor da autonomia do eu e do direito de greve individual. Segundo a compreensão que têm de si mesmos, eles se contrapõem e se impõem algo que muitas vezes lhes parece ultrapotente, julgam que brigam por si próprios e realizam seus desejos mais íntimos. Tudo se realiza, portanto, segundo o espetáculo do único nos trajes do pessoal e individual – mas, exatamente nessa forma, numa estreia infinita e permanente, que se desenrola de modo independente nas mais diferentes línguas e metrópoles do mundo.

Então, por que tantos milhões de pessoas em muitos países decidem individualmente – mas como se em transe coletivo, na execução de uma lei ou justiça superior – abandonar sua felicidade conjugal de ontem e trocá-la por um novo sonho de viver juntos fora da rede e do ninho legais num "casamento selvagem" (que promessa!) e também, assim, praticar uma parentalidade desprotegida e, com frequência sempre maior, optar por criar os filhos sozinhos? Ou simplesmente decidem viver por conta própria e perseguir o sonho de independência, troca, diversidade para abrir páginas sempre novas do "eu", mesmo quando esse sonho há tempos houver assumido feições de pesadelo? É isto uma espécie de epidemia de egoísmo, de uma febre do "eu" que se possa apaziguar com gotas de ética, compressas quentes de "nós" e doses diárias de convencimento sobre o bem comum?

Ou um novo e mais profundo caminho estaria se abrindo? Talvez os indivíduos, em todas as cintilações e batalhas com sua autodeterminação, também sejam mensageiros e executores de uma transformação profunda? Isso seriam sinais e prenúncios de uma nova era, de uma nova relação entre indivíduo e sociedade, uma relação ainda a ser encontrada e inventada? De uma espécie de coletividade que já não pode mais partir, de forma seguramente consensual, de velhos modelos e fórmulas, mas deve ser discutida e indagada a partir do individual, do biográfico em sempre novos acordos, perguntas e fundamentos e mantida em atenção e coesão contra a transitoriedade, a força centrífuga da biografia? Sim – é essa a visão e a teoria deste livro. Seu conceito central é a *individualização*. Expliquemos primeiro o que se pretende dizer com isso mediante uma comparação histórica ilustrativa.

Ainda em fins do século XIX, quando a família perceptivelmente já entrava em crise, os pais do *Bürgerliches Gesetzbuch*, o Código Civil Alemão (e certamente não é por acaso que esse filho só tenha pais e nenhuma mãe), definiram o casamento como uma instituição que pairava muito alto, fundamentada em si própria, que, em especial, não deveria ser abalada ou criticada nem mesmo pelos cônjuges. "De acordo com a convicção geral cristã do povo alemão", o código afirma (como se extraído do livro ilustrado da teoria funcionalista, da página sobre o firmamento dos valores gerais) que "o esboço baseia-se na ideia de que no direito matrimonial [...] não deve prevalecer o princípio da liberdade individual, mas que o casamento deve ser considerado *um ordenamento moral e jurídico independente da vontade dos cônjuges*" (*Motive zum BGB*, V: 562 (cerca de 1880) – grifo nosso).

A individualização significa e produz exatamente o princípio oposto: a biografia das pessoas se desvincula dos modelos e certezas tradicionais, de controles alheios e das leis morais suprarregionais e é posta na ação de cada indivíduo, de modo aberto, dependente de decisões e como uma tarefa. Diminuem as cotas das possibilidades de vida que, por princípio, não são passíveis de decisão, enquanto aumentam as cotas da biografia, que está aberta à decisão e construção próprias. A biografia *normal* transmuta-se em biografia *de escolha*[1] – com todas as obrigações e "congelamentos de liberdade" (WYSOCKI, 1980) que resultam dessa troca.

Dizendo de outra forma, com referência ao nosso campo temático: o que são, significam e deveriam ou poderiam ser família, casamento, parentalidade, sexualidade, erotismo e amor não podem mais ser pressupostos, examinados ou anunciados de forma obrigatória, mas variam em termos de conteúdos, delimitações, normas, moral e possibilidades, às vezes de indivíduo para indivíduo, de relacionamento para relacionamento; e devem ser decifrados, negociados, acordados e fundamentados em todos os pormenores do como, do que, do por que e do por que não, mesmo que isto desperte e liberte os conflitos e demônios que dormitam em todos os detalhes e devem ser apaziguados. Os próprios indivíduos que desejam viver juntos são, ou melhor, *tornam-se* cada vez mais os legisladores da sua própria forma de viver, os juízes dos seus delitos, os sacerdotes que, com um beijo, absolvem sua culpa, os terapeutas que afrouxam e desatam os grilhões do passado. Mas também os vingadores que revidam as ofensas sofridas. O amor torna-se uma fórmula vazia que os próprios amantes precisam preencher, para além das valas que se abrem entre as biografias – mesmo que, nisto, a direção artística do seu filme fique a cargo das letras de *hits* musicais, da publicidade, do roteiro pornográfico, da literatura de alcova e da psicanálise.

Com a Reforma, as pessoas foram retiradas dos braços mundanos da Igreja, da hierarquia estamental desejada por Deus – para um mundo social, burguês e industrial, que então parecia oferecer espaço quase ilimitado à autoconstrução, à dominação da natureza, à criação com base nas pranchetas de desenho da técnica. Hoje, de maneira similar, mas totalmente distinta, sobre patas aveludadas da normalidade e do bem-estar, mas simultaneamente com a força autonomizada dos processos de modernização, elas são removidas das certezas do progresso e das formas de vida da sociedade industrial – e enviadas a uma solidão da autorresponsabilidade, da autodeterminação *e* da autoameaça do viver e do amar, para as quais não estão preparadas, tampouco equipadas pelas condições externas, pelas instituições. A individualização significa: as pessoas são *libertas* dos papéis de gênero internalizados, previstos no projeto de construção da sociedade industrial para a condução da vida segundo o modelo da família nuclear. E, ao mesmo tempo, elas se veem obrigadas (e isto pressupõe e agrava o aspecto anterior), sob pena de prejuízo material, a construir uma *existência própria* por meio do mercado de trabalho, da formação e da mobilidade e, se necessário, a impor e conservá-la em detrimento dos laços de família, parceria e vizinhança[2].

Aquilo que, contra resistências, propicia fôlego e realidade enquanto saída e ruptura individual também tem uma face geral, segue um *imperativo geral*. Obedece à obrigação de planejar e concretizar uma biografia profissional, o que pressupõe uma biografia educacional, de satisfazer as correspondentes exigências de mobilidade requeridas no mercado de trabalho justamente por aqueles que evocam a harmonia familiar, mas não a levam em consideração. A liberdade e a consciência da liberdade que hoje estão sacudindo a velha família e que buscam uma espécie de nova família não são, conforme sua origem, uma invenção individual, mas um filho temporão do mercado de trabalho amortecido pelo Estado de Bem-estar Social, e também representam uma espécie de *liberdade do mercado de trabalho*, em que liberdade adquire o sentido de autocoerção, autoadaptação. As exigências a ser cumpridas aqui precisam ser *interiorizadas*, incorporadas à própria pessoa, ao planejamento e condução da vida e, então, colidem mecanicamente com a estrutura familiar, com a divisão familiar do trabalho, cujos modelos excluem justamente isso.

O que parece um fracasso individual, principalmente das mulheres, é, se contemplado do alto e historicamente, o fracasso de um modelo familiar que sabe engrenar *uma* biografia do mercado de trabalho com uma biografia de uma vida inteira de trabalho doméstico, mas não *duas* biografias do mercado de trabalho que, segundo sua lógica de conduta incorporada, *precisam* girar em torno de si próprias. Unir duas biografias centrífugas como essas e mantê-las juntas é um malabarismo constante, um ato duplo de funâmbulos, jamais exigido de forma tão generalizada das gerações anteriores, mas que será cobrado com crescente igualdade de direitos de todas as gerações futuras.

Esse é apenas um ponto. Porém, ele já aponta claramente que, nesse jogo de faroeste do amor entre os sexos, também está vindo à tona uma contradição até então encoberta, desconhecida, nada erótica ou sexual: a saber, a *contradição entre as exigências do mercado de trabalho e as exigências dos relacionamentos* – onde e como quer que sejam (família, casamento, maternidade, paternidade, amizade). A imagem ideal da condução da vida conforme o mercado de trabalho é a do *indivíduo totalmente móvel*, que, sem levar em consideração os vínculos e pressupostos sociais da sua existência e identidade, faz de si mesmo uma força de trabalho fungível, flexível, com consciência de competição e rendimento, que se molda, voa e se muda de uma parte para outra como quiserem a demanda e os demandantes do mercado de trabalho.

A individualização designa, portanto, um fenômeno cambiante, de várias faces, ambíguo, mais precisamente: uma transformação social cuja multiplicidade de significados é real e não pode ser eliminada apenas com elucidações conceituais, ainda que necessárias. De um lado, liberdade, decisão; de outro: obrigação, cumprimento das exigências interiorizadas do mercado. Autorresponsabilidade de um lado, e do outro, dependência de condições que se esquivam ao acesso individual. Trata-se, precisamente, das condições que provocam uma singularização e também novas e diferentes dependências: *a auto-obrigação de padronizar a própria existência*. Os indivíduos libertos tornam-se dependentes do mercado de trabalho e, *por isso*, dependentes de instrução, das regulamentações e benefícios do direito social, do planejamento do tráfego, de vagas e horários nos jardins de infância, de auxílios estudantis e planos de aposentadoria.

Em outras palavras: casamento e família tradicionais e a luta individualizada pelo casamento e pela família não se contrapõem como obrigação e liberdade. Em vez disso, um híbrido de obrigação e liberdade é substituído por outro que mescla liberdades e obrigações de forma manifestamente mais jovem e atraente, mais adequada aos desafios do tempo – isto se vê, sobretudo, no fato de que, mesmo com todo o nervosismo, dificilmente alguém *por si mesmo* gostaria de voltar atrás. No entanto, não são poucos os homens que gostariam de fazer o relógio regredir – mas *em relação às mulheres*.

As normas dominantes estão desvanecendo, perdendo sua força de determinar comportamentos. O que antes era cumprido sem questionar agora precisa ser discutido, embasado, negociado e acordado, e justamente por isso, sempre pode ser anulado. Tudo se torna "discursivo". Uma sempre possível e justificá-vel revaloração de valores faz com que os temas relevantes e urgentes do coti-diano agitem-se como uma bandeira no vento das conjunturas de pensamento e dos relacionamentos de casais, ora numa, ora em outra direção. Os atores, espectadores, diretores e críticos de si mesmos que esperam intimidade, que a praticam, a representam e a espelham não são capazes de entrar em acordo sobre as regras tão rápido quanto as necessitam – e, de uma perspectiva ou de outra, elas sempre se mostram equivocadas, injustas e, portanto, provisórias. Assim, uma *saída rumo à rigidez*, a novas velhas falsas clarezas do "ou... ou", do ponto-final, do basta, já seria quase libertadora.

A multiplicidade resultante gera verdades contraditórias. O proibido é ex-perimentado e torna-se normalidade. Isso é contagioso e atiça dúvidas mesmo onde nos sentíamos seguros nas velhas certezas. Sem dúvida, a multiplicidade requer tolerância, mas, da perspectiva contrária, facilmente passa impressão de *anomia*, de falta de regras, anarquia moral a ser combatida com pulso firme. Nesse sentido, o movimento por um mundo são que se forma atualmente tam-bém na Alemanha não deve ser decifrado apenas como resposta a prejuízos materiais e medos existenciais de decadência; ele também responde às profun-das inseguranças culturais que, na esteira dos processos de individualização, instauram-se e penetram cada vez mais em todos os nichos, cantos e camadas da vida cotidiana. Aqui também se manifesta uma crença ultrapassada em nor-mas, que ao exortar a salvação da pátria, da nação etc., também está se referindo justamente à hierarquia de gêneros em desintegração até mesmo no cotidiano.

3 As individualizações não existiram desde sempre?

Agora muitos dirão e perguntarão: Não houve sempre individualizações? Na Grécia antiga (Michel Foucault), na Renascença (Jakob Burckhardt), na cultura das cortes medievais (Norbert Elias) etc. etc.?[3] É certo que a indivi-dualização no sentido amplo da palavra não é novidade, nada que está sendo apresentado pela primeira vez na Alemanha do bem-estar social. Mas o que parece igual ganha hoje um sentido diferente, talvez ainda não muito bem desvendado. Isto reside, em especial, no *caráter de massa*, na amplitude e na *sistemática* da atual onda de individualização. Esta se realiza como efeito se-cundário dos *processos de modernização* projetados a longo prazo nas ricas sociedades industriais do Ocidente. Trata-se, como já dito, de uma espécie de individualização no *mercado de trabalho*, que não se deve confundir com a res-surreição do lendário indivíduo burguês após seu tão documentado decesso. Se nos séculos passados eram os pequenos grupos, as minorias da elite que podiam se permitir o luxo de ter desejos de desenvolvimento individual, hoje as "chances arriscadas" dos processos de individualização (Heiner Keupp) estão se *democratizando*, ou mais exatamente: estão sendo diretamente produzidas pela sociedade – na cooperação entre bem-estar social, instrução, direito, mobilidade etc.

Na Alemanha, o padrão de vida melhorou de forma "espetacular, abrangente e revolucionária do ponto de vista histórico-social" (MOOSER, 1983: 186), até mesmo entre os grupos inferiores na hierarquia social (ainda que o alto nível de desemprego tenha provocado graves colapsos na última década). Se as gerações anteriores, muitas vezes, só conheciam a luta diária da sobrevivência, um ciclo monótono de pobreza e fome, hoje amplos grupos sociais estão alcançando um nível material que lhes abre novas margens de atuação e possibilidades de configuração (apesar da persistência ou até do agravamento da desigualdade na escala de renda). Também é difícil superestimar o significado da expansão educacional desde a década de 1970, principalmente em suas consequências para as mulheres. "No momento em que uma mulher aprendeu a ler, surgiu a questão feminina" (EBNER-ESCHENBACH, apud BRINKER-GABLER, 1979: 17). A educação abre as portas: possibilita uma carreira profissional, ou seja, escapar da restrita existência de dona de casa; deslegitima a desigualdade de chances profissionais; fortalece a autoconfiança e a capacidade de se impor em todos os lugares controversos de oportunidades negadas; a renda pelo próprio trabalho, por sua vez, reforça a posição dentro do casamento e liberta da obrigação de buscar e conduzir o matrimônio como meio de subsistência. Nada disso eliminou realmente as desigualdades, mas aguça a percepção delas, torna-as óbvias, injustificáveis, perturbadoras e políticas[4].

Com razão, muitos também questionam e objetam: por esse ponto de vista, fenômenos isolados não seriam inadequadamente generalizados; não estaríamos inflando as realidades das minorias, transformando-as artificialmente em tendência e, com isso, na maioria do futuro? Os processos de individualização como os entendemos e reproduzimos aqui não devem ser apreendidos como um fenômeno pontual que abrange todos de uma vez, mas como produto de longos processos históricos que começam antes em um lugar e depois em outros, cuja descrição é para alguns notícia de um país distante do futuro e, para outros, mera repetição do que é familiar e cotidiano. A situação em Munique, Berlim e Frankfurt (apenas para destacar metrópoles alemãs com marcas acentuadas de individualização, medidas pela proporção de domicílios com uma só pessoa, p. ex.) é totalmente distinta da que se encontra na Frísia Oriental, na Francônia Central ou na Alta Baviera[5]. E assim como nas sociedades de industrialização tardia há formas de vida e produção artesanais e agrícolas, também há culturas de classes, casamentos e famílias nucleares intactos em países, regiões e cidades de individualização avançada. De certa maneira, falamos dos contornos de uma sociedade individualizada com a mesma razão com que se podia falar de uma sociedade industrial no século XIX, ou seja, num período em que aspectos feudais e estamentais ainda eram onipresentes: importante é a tendência, sua sistemática, que está vinculada à modernização progressiva.

Visto desse modo, não existe "o" presente – apenas uma "simultaneidade do não simultâneo" (Ernst Bloch), que o observador pode somar ora numa direção, ora na direção oposta. Para a luta por continuidade e ruptura que braveja por toda parte, a realidade fornece a munição a ambos os lados. Contudo, o que Daniel Yankelovich descreve para os Estados Unidos também vale, a esse respeito, para a Alemanha:

> Continuidade e vastas mudanças coexistem na vida norte-americana. A cultura americana é tão diversificada que um observador que deseje estabelecer sua constância pode fazê-lo com facilidade. E, ao contrário, outro observador também pode documentar a natureza mutante da vida americana. A pergunta decisiva é sempre apenas: As coisas importantes permaneceram as mesmas ou mudaram? Se os elementos importantes houverem mudado, [...] eles ultrapassarão as fronteiras da cultura e penetrarão em nossa vida econômica e política. E se forem importantes o bastante, romperão de forma decisiva a continuidade da experiência de vida (YANKELOVICH, apud ZOLL et al., 1989: 12).

O quadro que traçamos é deliberadamente desequilibrado. No centro está mais o novo e incipiente do que o velho, conhecido. O olhar também se volta mais para os conflitos e crises do que para o bem-sucedido. Pois são justamente as turbulências que atormentam as pessoas e as estimulam a perguntar. Como escreve Heinrich Mann: "Uma época totalmente feliz não teria literatura" (MANN, apud WANDER, 1979: 8). E, provavelmente, nenhuma ciência social.

Talvez este livro contenha dois livros, duas versões do mesmo "objeto" (conquanto seja "objetivo" aquilo de que trata o livro). Não aplanamos, nem eliminamos as diversidades e visões distintas que se condensam naquilo que, depois de muitas conversas e experiências em comum, cada um escreveu por conta própria nos capítulos. Isto determina sobreposições, pensamentos circulares e repetições que soubemos aceitar (sem pretender amenizar ou rejeitar as críticas a respeito), entre outras razões porque, desse modo, o que há de provisório, hipotético ou arriscado em nossas exposições permanece facilmente reconhecível e criticável. Ademais, escrever a dois sobre o caos do amor como se apenas a uma mão teria sido como querer explorar a língua dos esquimós vestindo bermudas.

O risco é óbvio. Em circunstâncias deveras diferentes, Ivan Illich descreveu certeiramente o que esperamos de nossos leitores e leitoras:

> Vocês podem imaginar nosso procedimento como seis expedições alpinas ao mesmo cume ou como seis cavalgadas em cabo de vassoura ao redor do mesmo Brocken. Talvez alguns pensem estar até mesmo numa descida a um inferno, sempre o mesmo buraco, mas (cada vez) [...] por uma escada espiral diferente (ILLICH, 1985: 18).

Notas

1. Para adotar uma formulação de K. Ley (1984).

2. Individualização como conceito, suposição, explicação, remédio e danação está na boca de todos hoje e é discutida em conexão com a chamada "democracia dos ânimos", os movimentos imprevisíveis de mudança do voto antes estável, as dificuldades dos sindicatos, que claramente não conseguem deter sua perda de afiliados com os velhos chavões e formas de organização, os atos de rebeldia dos jovens, as desigualdades socioestruturais que apenas com muito esforço operacional podem ser reunidas em classes na massa indistinta das estatísticas; e, de forma já óbvia, os enigmas absolutamente normais que os dados sobre casamento e família apresentam aos observadores nunca totalmente imparciais (como é sabido). Nossas primeiras contribuições para este debate multiplamente temático sobre a individualização (BECK, 1994; BECK-GERNSHEIM, 1995) são consideradas de conhecimento prévio e não serão repetidas aqui. Sobre a Teoria da Individualização Social cf., entre outros: N. Elias, 1991; J. Habermas, 1988: 223ss.; A. Honneth, 1988; N. Luhmann, 1989; M. Kohli, 1988; H. Keupp, 1988; H. Keupp e H. Bilden, 1989; P.A. Berger, 1987; P.A. Berger e S. Hradil, 1990, Introdução; K. Dörre, 1987: 43ss.; J. Ritsert, 1987; H.G. Brose e B. Hildenbrand, 1988; C. Lau, 1988; L. Rosenmayr, 1985; C. Hennig, 1989; H. Esser, 1989; W. Hornstein, 1988; A. Flitner, 1987; A. Weymann, 1989; H. Klages, 1988; W. Heitmeyer e K. Möller, 1988; K. Wahl, 1989; S. Neckel, 1989; R. Zoll, 1989.

3. Foucault (1978), Burckhardt (1958), Elias (1991, vol. 2) e Max Weber (1985) viram na ascese intramundana do calvinismo uma libertação da tradicional certeza de salvação e uma compulsão de submeter a natureza e de acumular riquezas sociais pela autoafirmação individual e por um estilo de vida metódico. Para Georg Simmel (1978), o motor central da individualização está na economia monetária, que abre os círculos sociais e os mescla novamente. Assim é possível acompanhar o tema da individualização ao longo das épocas e das teorias sociais até o momento presente.

4. Também têm papel relevante a juridicização, a seguridade social, a dissolução das configurações tradicionais de moradia, o encurtamento da jornada de trabalho etc. Cf. tb. Beck (1986: 121-130). A ambivalência do conceito de individualização e sua meteórica carreira pública também representam a insegurança de toda uma sociedade em relação ao aspecto da sua estrutura social. Esse conceito é a senha para o esbatimento de uma forma antiga, e para o surgimento de uma forma nova e ainda difusa, de desigualdades sociais. Cf., a respeito, *Soziale Welt*, 3/1983, assim como as edições especiais de *Soziale Welt*, org. por R. Kreckel (1983) e por P.A. Berger e S. Hradil (1990).

5. Em ambientes distintos, "o processo de individualização corre em velocidades diferentes e não necessariamente na mesma direção" como Burkart et al. (1989: 256) demonstram em detalhes. Cf. tb. H. Bertram e C. Dannenbeck (1990).

I
Liberdade ou amor: vidas separadas, juntas ou contrapostas dos gêneros dentro e fora da família*

Ulrich Beck

1 Liberdade, igualdade e amor

É possível amar muitas pessoas e muitas coisas: a Andaluzia, a avó, Goethe, meias arrastão pretas sobre a pele branca, sanduíche de queijo, o olhar provocante da moça de seios fartos, pãezinhos quentes de forno, o jogo das nuvens *e* das pernas, Erna, Eva, Paul, Heinz-Dietrich – simultaneamente, sucessivamente, desmedidamente, silenciosamente, com as mãos, com os dentes, com palavras, olhares e preocupações. Mas o amor sexual (na forma que for) é de tamanha força e turbulência que não raro restringimos o universo de possibilidades amorosas a esta cintilante e ilusória unidade ideal de palavras, mãos, beijos (para interromper por aqui).

A guerra cotidiana dos gêneros, ruidosa e silenciosa, dentro, antes, depois do casamento ou paralela a ele talvez seja a escala mais persuasiva para medir a fome de amor com que as pessoas hoje se atiram umas sobre as outras: *"paradise now!"* é o lema dos seres terrenos cujos céu e inferno se encontram ou em lugar nenhum ou na Terra. Isto ainda ressoa na ira dos desiludidos e na angústia que deseja a liberdade, talvez até a coliberdade, mas que sabe e experimenta repetidas vezes que liberdade mais liberdade não resultam em amor, mas em perigo ao amor ou sua destruição.

As pessoas se casam e se divorciam por amor. Os relacionamentos são vividos como substituíveis, não para finalmente livrar-se do peso do amor, mas porque a lei do amor realizado assim exige. A construção tardia da torre de Babel, edificada pelo número de divórcios, é um monumento ao amor desiludido e idolatrado. Muitas vezes nem o cinismo consegue esconder que é ele a forma tardia e amarga do amor: as pontes levadiças do desejo ficam erguidas porque essa parece ser a única e melhor proteção contra feridas que, se não fosse por isso, seriam insuportáveis.

Muitos falam de amor e família como os séculos anteriores falavam de Deus. A ânsia de redenção e afeto, as altercações a respeito, a realidade irreal das letras de canções românticas nas câmaras ocultas do desejo – tudo isso tem um sopro de religiosidade cotidiana, de esperança do além no lado de cá[1]. A crença terrena dos indivíduos de hoje, sem religião e aparentemente racionais, é o "tu", a busca pelo amor no outro. Muitas vezes não confessadamente, já que assim se entregam a algo que se opõe aos princípios de uma vida calculada. Mas, ao mesmo tempo, com exclusivismo, pois somente a realidade preservada e oculta desse anseio ilumina com uma chama de sentido toda afirmação de si e todo cálculo. A esperança na vida a dois é o imenso resíduo de comunidade, que a Modernidade deixou para as pessoas privadas na sociedade destradicionalizada e rarefeita. Aqui, e talvez somente aqui ainda, temos e sofremos *experiências sociais* – numa sociedade cujas realidades, perigos e conflitos resvalaram para o abstrato e escapam mais do que nunca à percepção e apreciação dos sentidos.

No confronto individualista, a nova e residual religião terrena do amor leva a violentas guerras religiosas, com a única diferença de que estas são decididas entre quatro paredes ou diante de juízes de família ou conselheiros conjugais. A obsessão pelo amor é o fundamentalismo da Modernidade. Quase todos já sucumbiram a ela, mesmo quando se contrapõem às profissões de fé fundamentalistas. O amor é a religião pós-religião, o fundamentalismo posterior à superação deste[2]. Combina com nosso tempo como a Inquisição combina com a central nuclear, como margaridas com um foguete lunar. E mesmo assim os ícones do amor crescem em nós, como que naturalmente, desde nossos desejos mais íntimos.

O amor é o deus da privacidade. Vivemos na era das letras de *hits* românticos que existem na realidade. O romantismo venceu e os terapeutas enchem os bolsos[3].

Não há perda do centro. Ao menos não na força de gravidade que há no cotidiano. Algo diferente avança e preenche o espaço que, no plano de construção dos mundos passados, era dominado por Deus, nação, classes, política e família. Eu e, mais uma vez, eu, e, como assistente na realização, tu. E, se não tu, então tu.

O amor, contudo, nunca deve ser equiparado com realização, cumprimento. Esse é seu lado radioso, o prurido carnal. O próprio erotismo – que brinca com isto e, usando palavras, pinta estados de ânimo em promessas exuberantes: ocultos, ele os faz transluzir, e, na ruptura do habitual pelo proibido-habitual, inflama a voluptuosidade – é não realização, nem sequer tem necessidade de realização. A realização frequentemente transforma a visão da carne, que havia pouco nos deleitava, numa massa branca e estranha, cujas vestes arrancadas às pressas agora lhe fazem falta como condição imperiosa para suportá-la.

E com que facilidade a realização gela até mesmo o olhar! Se, pouco antes, uma urgência hiper-real entrelaçava dois tabus ambulantes num nó que desconhece meu e teu, agora o olhar tornou-se clínico, semelhante ao de um inspetor de carnes, ou talvez até do açougueiro que já vê linguiça em porcos que ainda correm.

Mas quem confunde essa escalada às alturas com as planícies e abismos do amor está, por assim dizer, perdido. O amor é certamente prazer, confiança, ternura, ao menos como promessa; mas também não deixa de ser todo o restante e até o oposto: tédio, raiva, hábito, traição, destruição, solidão, terror, desespero, riso. O amor idolatra o amado, a amada, transforma-os em fontes de possibilidades onde os outros só veem gordura localizada, pelos de barba e (eloquentes) silêncios.

O amor também desconhece clemência, juramento ou contrato. O que se diz, se pensa e se faz é tão pouco uníssono quanto a linguagem da fala, das mãos ou de outras partes do corpo. Perante que tribunal os insuficientemente ou falsamente amados poderiam reivindicar seus direitos? Em matéria de amor, existe justiça, verdade ou quaisquer que sejam os nomes dados aos pilares do nosso mundo?

A tolerância ao intolerável, prometida pelo amor, geralmente é débil, gasta pelo hábito, que já sabe muito bem sobre quais coisas deve se calar. Os amantes são tabus que podem se ferir profundamente por não serem tabus um para o outro. Justamente nisto residem as raízes da vingança que as pessoas podem executar umas contra as outras em casamentos e "casamentos pós-casamentos".

As gerações anteriores acreditavam e esperavam que deveriam primeiro conquistar a liberdade e a igualdade entre homem e mulher e que depois o amor se desenvolveria em todo seu brilho, melancolia e prazer. Pois amor e desigualdade se excluem como fogo e água. E nós, que pela primeira vez alcançamos traços dessa igualdade e liberdade, vemo-nos diante de uma questão oposta: Como duas pessoas que desejam ser ou se tornar iguais e livres podem encontrar e preservar a comunhão do amor? Nas ruínas de formas de vida tornadas falsas, liberdade significa: partir, fazer novo projeto, seguir a melodia própria, fora do passo cadenciado.

Talvez duas linhas paralelas se encontrem no infinito. Talvez não. Nunca saberemos.

2 Sobre a situação de homens e mulheres

As pessoas precisaram de dois mil anos só para adivinhar as consequências da portentosa mensagem: *all men are equal*. Então, durante menos de um segundo histórico, ou seja, duas décadas, começa a se lhes anunciar a catástrofe ainda inteiramente incalculável: *and women are equal too!*

Se se tratasse apenas de amor e casamento. Mas quem fixa as relações entre os sexos apenas no que parecem ser – relações nos âmbitos da sexualidade, do afeto, do casamento, da paternidade, maternidade etc. – ignora que elas são isto e simultaneamente tudo o mais: trabalho, profissão, desigualdade, política, economia. É essa desequilibrada imbricação de tudo, de coisas opostas que torna complexa qualquer questão. Quem fala de família também precisa falar de trabalho e renda, e quem discorre sobre casamento também precisa falar de instrução, profissão e mobilidade, e precisamente de distribuições desiguais apesar de precondições de instrução (em grande medida) igualadas.

Cabe perguntar se essa "onidimensionalidade" da desigualdade entre homem e mulher realmente começou a mudar nas duas últimas décadas. Os dados falam uma linguagem dupla. Por um lado, ocorreram mudanças significativas – sobretudo no âmbito da sexualidade, do direito e da educação. Mas, no cômputo geral, trata-se mais de mudanças (exceto no caso da sexualidade) na *consciência* e no *papel*. A elas se contrapõem, por outro lado, uma *constância no comportamento e na situação* de homens e mulheres (principalmente no mercado de trabalho, mas também no que diz respeito à segurança social). Isto tem um efeito aparentemente paradoxal: a maior igualdade traz mais claramente à consciência as desigualdades que persistem e se agravam.

Essa mescla de nova consciência e velhas situações, surgida historicamente, é explosiva em duplo sentido: As jovens mulheres, na equiparação educacional e na conscientização sobre sua situação, criaram expectativas de maior igualdade e parceria na profissão e na família, que esbarram, contudo, em desenvolvimentos *contrários* no mercado de trabalho e no comportamento masculino. Os homens, por sua vez, adquiriram uma *retórica da igualdade* sem que suas palavras se traduzam em atos. Em ambos os lados, a camada de gelo das ilusões se tornou mais fina: com a equiparação de precondições (educacionais e jurídicas), as situações de homens e mulheres tornam-se simultaneamente *mais* desiguais, mais conscientes e *menos* legítimas. As contradições entre a expectativa feminina de igualdade e a realidade da desigualdade, e entre o discurso masculino de solidariedade e sua persistência na manutenção de velhas atribuições, agravam-se e determinam os desenvolvimentos futuros na multiplicidade conflituosa de suas formas de lidar nos âmbitos privado e político. Estamos, portanto – com todos os contrastes, oportunidades e contradições –, apenas no *início* da libertação das atribuições "estamentais" de cada gênero. A consciência das mulheres está muito à frente das circunstâncias, e continua improvável poder atrasar os relógios de sua consciência. Muitas coisas apontam o *prognóstico de um longo conflito*: a *oposição* entre os gêneros definirá os anos vindouros. Devemos, inicialmente, elucidar empiricamente essa tese com base em dados sobre a "onidimensionalidade" das condições de vida de homens e mulheres, para depois elaborá-la teoricamente.

Casamento e sexualidade

Em todos os países industrializados ocidentais existem indícios de um *alto número de divórcios*. Embora as cifras na Alemanha ainda sejam moderadas – em comparação com os Estados Unidos, por exemplo –, quase um terço dos casamentos já termina em divórcio (nas metrópoles quase metade, e nas cidades menores e regiões rurais, cerca de um quarto). Enquanto, pela média estatística, o número de divórcios está sofrendo leve regressão desde 1985[4], os divórcios de casamentos longos aumentaram substancialmente[5]. Até 1984, ao balanço de divórcios se contrapunha o balanço positivo de segundos casamentos. Mas agora cada vez menos divorciados decidem contrair novas núpcias, seguindo a tendência generalizada de estagnação no número de casamentos[6]. Por outro lado, cresce a proporção de divórcios de recasados e de casais com filhos. Em consequência, cresce a selva de relações parentais: meus, seus, nossos filhos e os diferentes regulamentos, pontos sensíveis e zonas de conflito para todos os envolvidos.

Os dados da estatística oficial de divórcios e casamentos ainda são superados pela realidade do *aumento brusco do número de "casamentos sem certidão"*. Segundo estimativas, em 1989 de 2,5 a 3 milhões de pessoas viviam juntas na Alemanha sem serem oficialmente casadas[7]. O aumento da incidência de filhos nascidos fora do casamento aponta na mesma direção: em 1967, eram cerca de 4,6%, sendo que em 1988 a soma já superara 10% (chegando a 46% na Suécia) (BURKART; FIETZE & KOHLI, 1989: 30, 34; cf. *Süddeutsche Zeitung*, 07-08/10/1989). Entretanto, as estatísticas não abrangem as separações em casamentos informais. E a proporção desse modo de convivência não só quadriplicou na década passada, como também é surpreendente a naturalidade com que essa forma de "união estável", debatida e combatida até os anos de 1960, passou a ser aceita de maneira geral. Essa quase institucionalização de formas de convivência extralegais e extrafamiliares sinaliza, talvez mais do que como fenômeno em si, o ritmo da mudança.

Na década de 1960, família, casamento e profissão possuíam caráter amplamente vinculante, como enfeixamento de planos e situações de vida e de biografias. Desde então, eclodiram possibilidades e obrigações de escolha em todos os pontos de referência. Já não é claro se as pessoas se casam e não vivem juntas; concebem ou criam o filho dentro ou fora da família, com a pessoa com quem vivem ou com a que amam, mas vivem com outra, se antes ou depois da carreira ou então no meio dela. Tais planejamentos e acordos são, em princípio, sempre revogáveis e, portanto, dependentes de legitimação quanto aos ônus mais ou menos desiguais que eles incluem. Isto pode ser compreendido como *desacoplamento e diferenciação* dos elementos da vida e do comportamento (antes) resumidos na família e no casamento. Como consequência, será cada vez mais difícil estabelecer relação entre conceito e realidade. A uniformidade e a constância dos conceitos – família, casamento, parentalidade, mãe, pai etc. – silenciam e encobrem a *diversidade crescente* de contextos e situações que há por trás deles (p ex., pais divorciados, pais de filhos únicos, pais solteiros, pais extramaritais, pais estrangeiros, padrastos, pais desempregados, donos de casa, pais em habitações coletivas, pais de fim de semana, pais cuja esposa trabalha etc.) (cf. RERRICH, 1989; cap. V. desta obra).

A direção do desenvolvimento é assinalada pela composição dos domicílios: *cada vez mais pessoas vivem sozinhas*. Na Alemanha, a proporção de domicílios de um só morador já ultrapassou *um terço* (35%). Em centros urbanos como Frankfurt, Hamburgo e Munique, o número gira em torno de 50% – com tendência crescente. Em 1900, cerca de 44% de todos os domicílios eram habitados por cinco ou mais pessoas. Em 1986, a proporção correspondente reduzia-se a 6%. Em contrapartida, a coabitação em lares de duas pessoas subiu de 15% em 1900 para 30% em 1986. E no fim da década de 1980, cerca de 9 milhões de pessoas viviam sozinhas na Alemanha (aproximadamente 15% da população) – com tendência crescente. Apesar disso, somente cerca de metade deste número corresponde ao estereótipo da "vida de *single*", isto é, dos profissionais jovens e solteiros; o restante era de pessoas viúvas, mais velhas, predominantemente mulheres[8].

Tais tendências de desenvolvimento não devem, porém, ser interpretadas diretamente no sentido de *uma anarquia crescente e fuga de vínculos* nos relacionamentos entre homens e mulheres. Também existe a tendência contrária. Ao número de divórcios, que subiu para um terço, ainda se contrapõem *dois terços* de casamentos e famílias "normais" (seja o que for que se esconda por trás deles). Sem dúvida, no decurso de uma geração ocorreram mudanças consideráveis no comportamento sexual – especialmente no caso das jovens. Antes só aos rapazes era permitido – e apenas de modo não oficial e com uma piscadela – acumular experiências sexuais. Hoje bem mais da metade das garotas (61%) estão abertas à exigência de que é importante para as mulheres ter experiências sexuais. Em todo caso, uma a cada duas vê certa atração na ideia de ter dois namorados ao mesmo tempo (SEIDENSPINNER & BURGER, 1982: 30). Mas isto não nos deve levar a inferir que esse comportamento sexual desinibido também seja fortemente normalizado. Mesmo duvidando dos modelos de casamento e família para si próprios, os jovens, em sua maioria, não aspiram a uma *vida sem vínculos*. Ainda hoje, o ideal de parceria estável segue em primeiro plano, e "a fidelidade praticada comumente parece natural, apenas sem as legitimações e coerções oficiais do direito estatal e da moral religiosa" (ALLERBECK & HOAG, 1985: 105). O desenvolvimento é, portanto, ambíguo. À tão discutida questão se casamento e família pertenceriam a uma época com dias contados, a resposta é um claro *nim*.

Formação, mercado de trabalho e profissão

A igualdade de direitos para as mulheres está prevista na Constituição da República Federal da Alemanha. Mas desigualdades essenciais só foram demolidas em 1977, com o novo direito de família e matrimônio. No papel já não vige norma alguma que faça distinção entre homens e mulheres. Concede-se às mulheres o direito de manter o nome de solteira. A determinação legal que até então adjudicava às mulheres o trabalho doméstico e familiar foi revogada, deixando a gestão do lar ao critério dos cônjuges. Também é assegurado a ambos o direito de ter um emprego. O cuidado com os filhos recai sobre pai *e* mãe, que em caso de divergência de opiniões "precisam tentar chegar a um acordo", segundo a letra da lei (cf. BEYER; LAMOTT & MEYER (eds.), 1983: 79).

Além dessa ampla equiparação jurídica entre homem e mulher, o mais marcante evento no desenvolvimento da República da Alemanha é a certamente *revolucionária equivalência de oportunidades de instrução*: Ainda no começo da década de 1960, era clara a desvantagem das meninas na educação (de modo surpreendente, consideravelmente mais pronunciada nas classes elevadas que nas demais). Em 1987 o número de garotas já quase se equiparava ao de garotos, até ultrapassando-o no ensino secundário: 53,6%[9]. Porém, também há tendências contrárias. A comparação dos diplomas de qualificações profissionais ainda revela forte diferença (no início dos anos de 1980, 40% das mulheres ativas profissionalmente, contra apenas 21% dos homens, não tinham diploma de formação profissional). A disposição das alunas do ensino secundário a cursar o ensino superior também recuou de 80% para 63% nos últimos dez anos (entre os homens, de 90% para 73%)[10]. As universitárias também continuam tendo presença majoritária em determinadas disciplinas (quase 70% optam por cursos de ciências humanas, linguística e pedagogia), e na carreira docente as mulheres qualificam-se mais para atuar em escolas "inferiores"[11].

No entanto, comparado à situação de partida, não parece exagerado falar de uma *feminilização* da educação na década de 1970. Mas tal revolução educacional *não* foi sucedida por uma revolução no mercado de trabalho e no sistema de emprego. Pelo contrário: as portas que se abriram na educação "fecham-se novamente no mercado de trabalho e emprego [...]" (SEIDENSPINNER & BURGER, 1982: 11). Ao pequeno aumento da proporção de mulheres em profissões se contrapõe sua massiva supressão em todas as outras áreas. A integração da mulher ao trabalho, exigida (e promovida) na década de 1970, segue de forma inabalável a *"regularidade estamental do gênero" da hierarquia inversa*: quanto mais uma área é (definida como) central para a sociedade, quanto mais poderoso um grupo, menor a representação das mulheres nele; e inversamente: quanto mais periférica se considera um setor de trabalho, quanto menor a influência de um grupo, maior a probabilidade de que as mulheres tenham conquistado chances profissionais nesses campos. É o que mostram os dados correspondentes em todas as áreas – política, economia, universidade, mídia de massa etc.

Nas posições de ponta da *política*, as mulheres seguem sendo exceção. Por um lado, a representação feminina nos comitês de decisão política cresceu continuamente desde 1970; por outro, sua participação diminui quanto mais nos aproximamos dos núcleos decisórios políticos. A regulação de cotas do Partido Social-Democrata da Alemanha (SPD) aponta justamente essa realidade; ainda é cedo para avaliar em que medida será possível mudá-la. Eis a situação atual: o ingresso das mulheres em comitês partidários apresentou o aumento mais nítido (de 14% em 1970 para 20,5% em média em 1982). Nos parlamentos, cresceu a proporção de mulheres em todos os níveis; a maior é no nível municipal (a participação de mulheres nas câmaras estaduais varia entre 6 e 15%; nas câmaras municipais, as mulheres têm representação de 9,2 a 16,1%). Na *economia*, a proporção de mulheres em posições com poder de decisão é muito baixa – apenas 2,7%, sendo sua representação maior em áreas menos influentes das empresas (nos departamentos de RH, p. ex.). O quadro é semelhante nos níveis mais altos da *justiça*. Aqui a proporção de mulheres é bem mais elevada (10% dos promotores públicos em 1979, 16% em 1987, p. ex.) (STATISTISCHES BUNDESAMT (ed.), 1988: 330). Mas nos tribunais superiores, "em que recaem as decisões fundamentais da nossa jurisprudência, onde são firmadas as bases da nossa justiça para as próximas décadas, as mulheres (quase) não têm lugar" (WIEGMANN, 1979: 130). No corpo docente das *universidades*, as mulheres também seguem sendo exceção no topo da pirâmide de cargos – nos postos de professores do grupo salarial C 4 – (em 1986, de 9.956 vagas, apenas 230 eram ocupadas por mulheres), com presença cada vez maior quanto mais baixo o escalão (o contingente feminino já é consideravelmente mais alto nas cátedras do grupo C 3, multiplicando-se nos postos precários da faixa intermediária e de auxiliares de pesquisa – especialmente nas "disciplinas marginais")[12]. O quadro também é o mesmo nos *meios de comunicação de massa*: quanto mais se sobe, menos mulheres têm poder de decisão. Quando atuam na televisão, as mulheres trabalham predominantemente como assistentes e nas editorias de entretenimento – em menor frequência nas áreas "relevantes" de política e economia, e quase nunca no conselho de radiodifusão (BUNDESMINISTER FÜR JUGEND, FAMILIE UND GESUNDHEIT, 1980: 31).

O *trabalho profissional qualificado* das mulheres mais jovens não é afetado por isso. As jovens tiveram boa formação e muitas vezes conseguiram *ascensão notável* em comparação com as mães (e também, às vezes, com os pais!). Mas aqui também essa calma engana. Em muitos setores da vida profissional, *as mulheres assumiram "barcas furadas"*. Com frequência, as profissões tipicamente femininas são as de futuro incerto: secretárias, vendedoras, professoras, operárias treinadas. Justamente nas áreas que empregam muitas mulheres, existe uma forte tendência à automatização, ou – no bom jargão dos sociólogos – "reservas consideráveis para racionalização". Isso se aplica principalmente ao trabalho na indústria. A maioria dos postos de trabalho "femininos" – na indústria eletrônica, de vestuário, têxtil, e de produtos alimentícios, bebidas e tabaco – é caracterizada, em parte, por eliminação de barreiras à mecanização, mas também por lacunas de mecanização ou trabalhos residuais em sistemas de produção altamente mecanizados ou parcialmente automatizados, que provavelmente se extinguirão nas futuras ondas de racionalização microeletrônica. Essa extrusão das mulheres das relações de trabalho já está se refletindo na evolução do *desemprego*. Nos últimos anos, o número de mulheres registradas como desempregadas foi constantemente superior ao de homens – com tendência crescente. Em 1950, a taxa de desemprego das mulheres era de 5,1% (homens, 2,6%); em 1989, subira para 9,6% (homens, 6,9%). Dos cerca de 2 milhões de desempregados na Alemanha desde 1983, *mais da metade* eram mulheres em 1988 – com um terço a menos de participação na força de trabalho (cf. STATISTISCHES BUNDESAMT, 1987: 106; 1988: 97). Entre 1980 e 1988, o desemprego entre os homens com ensino superior subiu 14%; entre as mulheres, até 39%. A contagem não inclui as mulheres que, mais ou menos voluntariamente, desistem da vida profissional para ser donas de casa. Desse modo, multiplicou-se nos últimos dez anos o número de pessoas que, após o desemprego, retiram-se para "outras atividades não remuneradas" – predominantemente trabalho doméstico (6 mil em 1970, mas em 1984 já eram 121 mil). Em outras palavras, tudo está crescendo no que tange às mulheres: a *participação* na força de trabalho, o desemprego e o desemprego *oculto*.

O elemento final do quadro de discriminação contra a mulher no trabalho é a remuneração – em média – *mais baixa*. Em 1987, a remuneração das trabalhadoras da indústria era de 13,69 marcos alemães por hora, 73% da dos homens (cf. STATISTISCHES BUNDESAMT, 1988: 480). Uma comparação demonstra que as diferenças na remuneração bruta por hora de homens e mulheres caíram relativamente desde 1960. Porém, mesmo quando têm formação equivalente e idade comparável, os homens geralmente ganham mais que as mulheres. Por exemplo: em 1985, o salário mensal bruto das funcionárias correspondia, em média, a apenas 64% do dos profissionais masculinos; entre os trabalhadores especializados, as mulheres recebiam, na média geral, somente 73% da remuneração dos colegas homens (cf. STATISTISCHES BUNDESAMT, 1987: 79)[13].

Tais tendências no mercado de trabalho contradizem nitidamente as expectativas alimentadas e manifestadas pela nova geração de mulheres. Um dos resultados mais cruciais do estudo *Mädchen '82*, publicado por G. Seidenspinner e A. Burger, é "o fato de que, para as jovens de 15 a 19 anos, *a realização das aspirações profissionais vem em primeiro lugar*" – antes do casamento e da maternidade (SEIDENSPINNER & BURGER, 1982: 9). Esse alto grau de motivação educacional e profissional das jovens vai de encontro às tendências contrárias do mercado de trabalho, e resta ver como lidarão com esse *"choque de realidade"* a curto e a longo prazos, no âmbito político e no privado.

A libertação das atribuições "estamentais" de papéis dos gêneros jamais diz respeito a somente um dos lados – ou seja, a mulher. Ela só pode acontecer na medida em que os *homens* mudarem sua autocompreensão e seu comportamento. Isso se evidencia não só nos recentes obstáculos para o acesso das mulheres ao sistema de emprego, mas também no outro eixo tradicional do "trabalho feminino": o trabalho cotidiano, o trabalho com os filhos e com a família.

Emancipação da mulher e trabalho para a família na perspectiva dos homens

O estudo empírico e representativo *Der Mann*, publicado por Sigrid Metz--Göckel e Ursula Müller em 1985, descreve um quadro ambivalente, mas bastante claro nesta ambivalência. Helge Pross relatou, ainda em meados da década de 1970, a harmônica visão masculina do ordenamento dos gêneros: "o homem é mais forte; deseja a profissão e sustentar a família; a mulher é mais fraca, deseja seu atual papel familiar e apenas de quando em quando um trabalho, sem grandes exigências, e poder admirar o homem" (PROSS, 1978: 173). Esse pensamento deu lugar a uma *abertura verbal acompanhada de grande rigidez comportamental*. "Os homens se dividem em suas reações. Não colocam em prática o que defendem em pensamento. Por trás dos bordões de igualdade, esconde-se a desigualdade factual" (METZ-GÖCKEL & MÜLLER, 1985: 18). Principalmente no que diz respeito às velhas competências para com o lar e os filhos, pouco ou nada mudou. "Os pais não cozinham, não lavam roupa, não fazem limpeza. Não participam em praticamente nada do trabalho doméstico. Contentam-se com uma contribuição financeira para a gestão do lar e a criação dos filhos" (METZ-GÖCKEL & MÜLLER, 1985: 21). Em correspondência com isto, "a aceitação majoritária do papel de 'dono de casa' vale apenas para os *outros* homens" (METZ-GÖCKEL & MÜLLER, 1985: 63). Com certa esperteza e flexibilidade do discurso, insiste-se nas velhas atribuições de responsabilidades. Defender sua própria "liberdade do trabalho doméstico" *e* aceitar a equiparação de direitos da mulher não é nenhuma contradição para os homens. Eles se acomodaram em novos argumentos: há dez anos a maioria dos homens ainda explicava a discriminação da mulher na vida profissional por sua falta de qualificação. Como tais argumentos já não se sustentam após a expansão da instrução, hoje eles se defendem atrás de outros muros: o *papel de mãe*. "*61%* dos homens veem as obrigações familiares da mulher como o obstáculo decisivo para a carreira profissional [...]. Quando questionados sobre a melhor forma de uma família com filhos (menores de 10 anos) dividir entre si atividades profissionais, cuidados com a casa e criação dos filhos, a grande maioria dos homens alemães recomendava o seguinte modelo: a mulher fica em casa, o homem trabalha (80%) [...]. Na percepção dos homens, nada disso representa uma discriminação real das mulheres, mas uma imposição dos fatos [...]. Transformar a questão da mulher em uma questão concernente aos filhos é o mais estável dos bastiões contra a igualdade para as mulheres" (METZ-GÖCKEL & MÜLLER, 1985: 26s.). A ironia histórica é que, ao mesmo tempo, uma proporção pequena porém crescente de homens – os pais solteiros e donos de casa que criam filhos sozinhos – também começa a solapar esse posicionamento retrógrado.

As autoras descrevem com ironia ambígua a contradição que há na nova imagem masculina da mulher: "A 'mulher de forno e fogão' é coisa do passado. A autonomia de decisão da mulher é altamente valorizada. Deseja-se uma mulher independente, que sabe o que quer. Essa nova mulher independente cuida dos seus assuntos (e dos demais membros da família) com liberdade e responsabilidade, contribuindo assim para desonerar o homem [...]. Essa forma de emancipação até beneficia os homens em muitos aspectos positivos. Eles têm problemas com a emancipação quando a 'independência' da mulher ameaça voltar-se contra eles, lhes traz exigências e impõe interesses contrários aos seus" (METZ-GÖCKEL & MÜLLER, 1985: 22s.).

O quadro se completa com as primeiras investigações sobre a ínfima minoria de homens que consumaram a troca de papéis e tornaram-se *novos pais e donos de casa* (STRÜMPEL et al., 1988; cf. HOFF & SCHOLZ, 1985). Segundo suas próprias afirmações, essa decisão foi apenas parcialmente voluntária. Eles "atenderam o desejo ou a exigência da *parceira* de continuar profissionalmente ativa. Em alguns casos, essa foi até uma condição para a gravidez" (STRÜMPEL et al., 1988: 6). É digno de nota que a velha ideologia masculina das margens de manobra no trabalho doméstico não seja mais compartilhada pelos homens que colocaram essa ideia em prática. "A experiência proeminente dos donos de casa são o isolamento no trabalho doméstico, percebido como uma rotina monótona, e o vazio provocado por ele" (STRÜMPEL et al., 1988: 17). Os *donos de casa* sofrem da síndrome das *donas* de casa: invisibilidade do trabalho, falta de reconhecimento, falta de autoconfiança. Diz um deles: "[...] o pior é a limpeza; é o mais desagradável, realmente nojento [...]. Só sabemos realmente o que é quando fazemos todo dia; quando, por exemplo, limpamos um canto na sexta-feira e na semana seguinte, no mesmo horário, no mesmo lugar, vemos a mesma sujeira. E realmente isso é quase degradante nessa ocupação, ou no mínimo enervante [...]. Podemos dizer que é quase como enxugar gelo" (STRÜMPEL et al., 1988: 17s.). Frente a essa experiência, até mesmo os homens que trocaram voluntariamente o "trabalho profissional alienado" pelo trabalho doméstico reveem a imagem que têm da profissão, reconhecem a importância do trabalho remunerado para a autoestima e para o reconhecimento pelos outros e aspiram ao menos a um trabalho de meio período (STRÜMPEL et al., 1988: 8, 43). Essa espécie de troca de papéis ainda é pouco aceita socialmente, o que se reflete no fato de os homens serem elogiados pelos que o cercam, enquanto as sombras recaem sobre a esposa. Esta se vê exposta à acusação de ser "má mãe" (STRÜMPEL et al., 1988: 16).

Resumindo: por trás da fachada do ideal de parceria cultivado por ambas as partes, acumulam-se *contradições*. Dependendo do ponto de observação, é possível reconhecer avanços e derrotas. Tratemos primeiro das mulheres. Sem dúvida alguma, em comparação com a geração de suas mães, *novos espaços livres* se abriram nas dimensões centrais da vida das jovens; nos âmbitos do direito, da educação e da sexualidade, mas também na posição profissional (BECK-GERN-SHEIM, 1983). No entanto, um olhar sobre os desenvolvimentos atuais e os que se vislumbram para o futuro também mostra que esses espaços livres são, sem dúvida, *socialmente inseguros*. As tendências de desenvolvimento do trabalho remunerado e o caráter fechado estamental do mundo masculino na política, na economia etc. sustentam a suspeita de que todos os conflitos anteriores eram um estado de harmonia e que a fase do conflito ainda está por vir.

Neste aspecto, a situação de partida e as perspectivas estão entrelaçadas por muitas ambivalências. Comparando as gerações, a situação geral das mulheres não está ruim (melhor educação e também, por isso, em princípio, melhores chances profissionais). Simultaneamente, seus próprios maridos, que tiveram formação aproximadamente equivalente, superaram-nas profissionalmente e elas seguem sentenciadas ao "trabalho doméstico perpétuo". Porém, como sempre, o interesse das mulheres na segurança de uma autonomia financeira e no envolvimento em atividade profissional individualizante continua se chocando com o interesse no relacionamento e na maternidade, também e justamente no caso de mulheres que sabem o que isto significa para suas chances profissionais e sua independência financeira em relação ao marido. A oscilação com novo grau de consciência entre "vida própria" e "existir para os outros" mostra a indecisão do processo feminino de individualização. Não obstante, o espírito da igualdade não pode mais ser preso de volta na garrafa. Da perspectiva masculina, foi uma estratégia extraordinariamente ingênua e míope aguçar o olhar das mulheres por meio da educação e apostar que elas não enxergariam o que há por trás das transparentes "justificativas" masculinas para a organização estamental de gêneros na família, no mercado de trabalho e na política e que as suportariam no futuro.

No lado dos homens também se iniciaram algumas mudanças nos últimos dez anos. O velho clichê do "homem durão" já não é válido. Os homens, em sua maioria, também querem demonstrar sentimentos e fraquezas (METZ-GÖCKEL & MÜLLER, 1985: 139; cf. cap. V desta obra). Eles começam a desenvolver uma nova relação com a sexualidade, que "não aparece mais como impulso isolado, mas como parte natural da sua personalidade. Demonstram consideração pelas parceiras" (METZ-GÖCKEL & MÜLLER, 1985: 139). Os homens, contudo, estão em outra situação. Para eles a palavra igualdade tem outro sentido. Não significa – como para as mulheres – mais educação, melhores oportunidades profissionais, menos trabalho doméstico, mas o contrário: mais concorrência, renúncia à carreira, mais trabalho doméstico. A maioria dos homens ainda alimenta a ilusão de que o bolo pode ser comido duas vezes. Acham que a igualdade entre homem e mulher é, sem mais, compatível com a manutenção da velha divisão do trabalho (principalmente no seu próprio caso). Seguindo a regra testada do "recorrer à natureza quando a igualdade ameaçar", eles se equivocam quanto às contradições entre atos e palavras usando argumentos biológicos para as desigualdades reinantes. Da capacidade reprodutiva das mulheres é deduzida sua responsabilidade pelos filhos, pelo trabalho doméstico e pela família e disso se infere sua renúncia à carreira e subordinação no trabalho.

Nisso, os conflitos que eclodem afetam precisamente os homens de forma bastante delicada. Segundo o tradicional estereótipo masculino sobre os gêneros, o "sucesso" do homem é substancialmente vinculado ao êxito financeiro e profissional. Somente uma renda garantida lhe permite cumprir o ideal de masculinidade do "bom provedor" e do "marido e pai de família zeloso". Nesse sentido, a satisfação conforme e duradoura das necessidades sexuais também está ligada ao sucesso economicamente mensurável. Por implicação, isso significa que, para atingir esses objetivos e cumprir essas expectativas, o homem deve dar "o melhor de si" na profissão, interiorizar as pressões do trabalho, consumir-se, abusar de suas forças. Por um lado, essa estrutura da "capacidade laboral masculina" é a condição para que as estratégias empresariais disciplinares de recompensa e punição surtam efeito. Quem tem esposa e dois filhos para alimentar faz o que lhe é dito. Por outro lado, o máximo aproveitamento da força de trabalho masculina continua dependente de um "lar harmônico", representado pela mulher. Assim, os homens personificam o ser humano profissional, o que os torna, em certa medida, emocionalmente dependentes. Eles se comprometem com uma distribuição do trabalho em que delegam à mulher partes essenciais do seu eu e de suas habilidades no trato consigo próprio. Paralelamente, cresce a compulsão por uma harmonização em todos os aspectos da relação entre os gêneros. Os homens desenvolvem uma notável capacidade de não se dar conta dos conflitos que se armam gradativamente. Na mesma medida, tornam-se vulneráveis pela recusa dosada ou definitiva da troca emocional inerente ao seu entendimento da relação a dois. Quando então o relacionamento com a mulher é conflituoso ao invés de harmônico, eles são duplamente afetados: à privação somam-se o desamparo e a incompreensão.

Teses

Mas as discussões e conflitos entre homens e mulheres não são apenas o que aparentam ser, isto é, discussões e conflitos entre homens e mulheres. Com eles também desmorona uma estrutura social do âmbito privado. O que parece ser conflito de relacionamento tem um lado geral, teórico-social, que nos cabe desenvolver aqui em três teses:

1 Os papéis de gênero preestabelecidos são a *base* da sociedade industrial, não um resquício tradicional ao qual seria fácil renunciar. Sem a divisão dos papéis feminino e masculino, não haveria a família nuclear tradicional. Sem família nuclear, não haveria a sociedade industrial com sua esquematização de trabalho e vida. A imagem da sociedade industrial burguesa baseia-se numa comercialização incompleta ou, mais precisamente, *dividida ao meio*, da capacidade laboral humana. Industrialização completa, comercialização completa *e* a família em suas formas e atribuições tradicionais são mutuamente excludentes. Por um lado, o trabalho remunerado pressupõe o trabalho doméstico, e a produção para o mercado pressupõe as formas e atribuições da família nuclear. Assim, a sociedade industrial é dependente das situações desiguais de homens e mulheres. Por outro, isso entra em contradição com os princípios da Modernidade e, na continuidade dos processos de modernização, torna-se problemático e conflituoso. Portanto, com uma *real* equiparação de homens e mulheres, os fundamentos da família (casamento, sexualidade, paternidade etc.) são, contudo, postos em questão. Isso quer dizer que, na fase de modernização após a Segunda Guerra Mundial, coincidiram a consolidação *e* a superação da sociedade industrial de mercado. O universalismo do mercado desconhece suas zonas de tabu, instituídas por ele próprio, e enfraquece o liame da mulher ao seu "destino estamental", industrialmente criado, de ser responsável pelo trabalho doméstico e sustentada pelo cônjuge. Com isso, os acordos biográficos sobre trabalho e vida e as normas na família tornam-se frágeis; as lacunas na segurança social das mulheres tornam-se visíveis etc. Nos atuais conflitos entre homens e mulheres, eles têm de suportar as contradições de uma sociedade industrial transpostas para o âmbito pessoal, que, no processo de modernização e individualização, dissolvem os fundamentos da convivência, simultaneamente modernos *e* estamentais.

2 A dinâmica da individualização que libertou as pessoas das culturas de classe não se detém diante das portas da família. Com uma força que eles não compreendem e cuja encarnação mais profunda também são eles próprios, apesar de toda a estranheza com que ela lhes acomete, os seres humanos são desprendidos dos vínculos de gêneros, de seus atributos e pressupostos estamentais, ou sacudidos até o fundo da alma. A lei que lhes sobrevém é: *eu sou eu* e, depois disso, eu sou mulher. Eu sou eu e, depois disso, eu sou homem. Entre eu e a mulher *esperada*, entre eu e o homem *esperado* há um abismo de distância. O processo de individualização significa e provoca fatos contraditórios: por um lado, homens e mulheres em busca de uma "vida própria" libertam-se das formas e atribuições de papéis tradicionais. Por outro, diante de relações sociais cada vez mais ralas, as pessoas são *impelidas* à busca da felicidade amorosa a dois. A necessidade de

compartilhar a intimidade com alguém, da maneira como é expressa no ideal atual de casamento como comunhão de sentimentos, não é uma carência humana primordial. Ela *cresce* com as perdas que a individualização traz no reverso da medalha de suas possibilidades. Como consequência, a via direta de saída do casamento e da família tende, cedo ou tarde, a desembocar novamente neles – e vice-versa. No lado de lá do prazer ou da frustração entre os gêneros sempre há mais prazer ou frustração entre os gêneros, sua contraposição, justaposição, submissão, separação, seu viver um pelo outro – ou tudo ao mesmo tempo.

3 Em *todas* as formas de convivência entre mulheres e homens (antes, durante e depois do casamento) irrompem os *conflitos do século XX*. Nelas, eles sempre mostram sua face privada e pessoal. Mas a família é *somente o lugar, não a causa* dos fatos. Pode-se trocar de palco, mas a peça encenada continua a mesma. O entrelaçamento dos gêneros em sua complexidade de trabalho, maternidade e paternidade, amor, profissão, política, desenvolvimento e autorrealização no outro e contra o outro começar a se mostrar vacilante. No relacionamento dos casados (e não casados), inflama-se a conscientização dos conflitos decorrentes das *novas possibilidades de escolha* (p. ex., as divergentes exigências de mobilidade profissional do parceiro, a divisão do trabalho doméstico e do cuidado com os filhos, a forma de contracepção, a sexualidade). As decisões põem em evidência os diferentes e antagônicos riscos e consequências para homens e mulheres, que, assim, tomam consciência *dos contrastes de suas situações*. Por exemplo, ao definir a responsabilidade pelos filhos, decide-se sobre a carreira profissional do parceiro e, com isso, sobre sua dependência e independência financeira presente e futura, com todas as consequências distintas associadas, para homens e mulheres. Tais possibilidades de decisão têm um lado pessoal *e* um lado institucional. Isto é: a falta de soluções institucionais (como a carência de creches e jornadas de trabalho flexíveis e a insuficiência da seguridade social) potencializa os conflitos privados de relacionamento, e vice-versa: medidas institucionais aliviam a "rusga" privada entre os gêneros. Nesse sentido, as estratégias de solução privadas *e* políticas devem ser vistas em sua interconexão.

A seguir desenvolveremos e examinaremos uma a uma nossas três teses fundamentais – o "caráter estamental" da sociedade industrial, as tendências à individualização no contexto de vida feminino e masculino, bem como as situações de conflito, das quais as pessoas tomam cada vez mais consciência graças às oportunidades e necessidades de escolha.

3 A sociedade industrial é uma sociedade estamental moderna

As particularidades dos contrastes nas situações de vida de homens e mulheres podem ser teoricamente definidas em comparação com as distinções de classe. As diferenças de classe inflamaram-se no século XIX, com o empobrecimento material de amplas parcelas do proletariado, e foram travadas publicamente. As oposições entre os gêneros, evidenciadas nos dias de hoje com a destradicionalização da família, adentram sensivelmente o âmbito da vida a dois e encontram seu campo de batalha na cozinha, na cama e no quarto das crianças. Seus ruídos de fundo e indícios são as intermináveis discussões de relação ou as guerras mudas no casamento; a fuga para a solidão ou para longe dela; a perda da segurança no outro, que repentinamente deixamos de entender; a dor da separação; a idolatria dos filhos; a luta por uma fração da própria vida descolada do outro, mas ainda inevitavelmente compartilhada com ele; a descoberta da opressão nas insignificâncias do cotidiano – opressão que nós mesmos *exercemos*. Podemos dar a isto o nome que quisermos: "guerra de trincheiras dos gêneros", "recolhimento à subjetividade", "era do narcisismo". É exatamente assim que uma *forma social* – a configuração estamental da sociedade industrial – irrompe na esfera privada.

As desigualdades de classe decorrentes do sistema industrial são, assim por dizer, "imanentemente modernas", baseadas no próprio modo de produção industrial. Os contrastes entre os gêneros *não* se ajustam ao esquema das diferenças de classe modernas *nem* são mera relíquia da tradição. São uma terceira via. São, assim como as oposições de capital e trabalho, *produto* e *fundamento* do sistema industrial, no sentido de que o trabalho remunerado *pressupõe* o trabalho doméstico, e de que as esferas e formas de produção e família foram *criadas* e separadas no século XIX. Ao mesmo tempo, a resultante condição de homens e mulheres repousa em *atribuições* inatas de papéis e constituem, por isso, um estranho híbrido de "*estamentos modernos*". Com eles é estabelecida uma hierarquia estamental da *sociedade industrial*. Seu combustível e sua lógica de conflito derivam da *contradição* entre Modernidade e Contramodernidade *na* sociedade industrial. Por consequência, as atribuições e diferenças estamentais de gênero não eclodem como as diferenças de classe nos primeiros estágios da modernização industrial, mas nos *tardios* – ou seja, após a destradicionalização das classes sociais e quando a Modernidade penetra nas formas de família, casamento, paternidade e trabalho doméstico.

No século XIX, com a imposição da sociedade industrial, configuraram-se as formas de família nuclear, que hoje voltam a se destradicionalizar. O trabalho familiar e a produção submetem-se a princípios opostos de organização (cf. RERRICH, 1988). Enquanto a produção é regida pelas regras e pelo poder do *mercado*, em casa o trabalho doméstico *não* remunerado é tido como pressuposto natural. A forma *contratual* dos relacionamentos contrapõe-se ao *caráter comunitário* coletivo de casamento e família. A concorrência individual e a mobilidade exigidas para o setor produtivo deparam, na família, com uma exigência oposta: o sacrifício pelo outro, a entrega ao projeto de comunidade na família. Portanto, na planta-base da sociedade industrial, com a configuração do sustento familiar e da produção condicionada ao mercado, foram fundidas duas épocas com princípios organizatórios e sistemas de valores opostos – modernidade e antimodernidade moderna –, que se complementam, se condicionam *e* se contradizem.

Também são essencialmente diferentes as situações de vida de homens e mulheres, criadas no século XIX com a separação entre família e produção. Portanto, não existe apenas um sistema de desigualdades baseado na produção, ou seja, nas diferenças de remuneração, de profissões, de posição em relação aos meios de produção etc. Há também um sistema de desigualdades *transversal* a isso, que abarca as diferenças entre, de um lado, a "situação familiar" em sua relativa igualdade e, de outro, a diversidade das situações de produção. Os trabalhos de produção são facilitados pelo mercado de trabalho e executados em troca de dinheiro. Ao assumi-los, as pessoas se tornam *autossustentadoras* – mesmo com o vínculo ao trabalho dependente. Tornam-se agentes nos processos de mobilidade, nos planejamentos a estes relacionados etc. Segundo a planta-base da velha sociedade industrial, o trabalho familiar não remunerado impõe-se como dote natural via casamento. Assumi-lo significa, por princípio, *dependência* do outro para o sustento; quem o assume – e sabemos quem é – administra dinheiro "de segunda mão", tornando-se dependente de um casamento como elo para seu autossustento. A divisão desses trabalhos – e eis o fundamento feudal da sociedade industrial – não se submete a uma decisão. São atribuídos pela origem e pelo sexo. Por princípio, *o destino já é traçado no berço até mesmo na sociedade industrial*: trabalho doméstico perpétuo ou uma existência conduzida conforme o mercado de trabalho. Esses "destinos de gênero" estamentais são mitigados, suprimidos, agravados ou velados pela promessa do amor. O amor nos deixa cegos. Mas, uma vez que o amor também aparece como saída da dificuldade que ele mesmo cria, a desigualdade, que é real, pode não existir. Mas ela existe e torna o amor frio e vazio.

Portanto, o que surge e é lamentado como "tirania da intimidade" (Sennett) são – do ponto de vista da teoria e da história sociais – as contradições de uma modernidade cindida ao meio na planta-base da sociedade industrial, que desde sempre dividiram os princípios indivisíveis da Modernidade – liberdade individual e igualdade para além das restrições de nascimento – e os negaram a um dos gêneros e os destinaram ao outro via nascimento. A sociedade industrial nunca foi nem é possível exclusivamente como sociedade industrial, mas sempre como sociedade meio industrial, meio estamental, cuja face feudal não é um resquício da tradição, mas produto e fundamento dessa sociedade industrial, uma face incorporada ao esquema do trabalho e da vida.

Na modernização do Estado do bem-estar social após a Segunda Guerra Mundial, ocorrem dois fatos: por um lado, as exigências de uma biografia normal dependente do mercado também são estendidas ao contexto de vida feminino. Com isso não ocorre nada de novo, apenas a aplicação dos princípios das sociedades desenvolvidas de mercado de modo a ultrapassar a fronteira entre os gêneros. Por outro lado, criam-se dessa maneira, em linhas gerais, situações inteiramente novas no seio da família e entre homens e mulheres, uma vez dissolvidos os fundamentos estamentais de vida da sociedade industrial. Com a *imposição* da sociedade industrial de mercado para além da divisão dos gêneros, opera-se a *dissolução* de sua moral familiar, dos seus destinos de gênero e dos tabus de casamento, paternidade e sexualidade, promovendo até mesmo uma reunificação entre o trabalho doméstico e o trabalho remunerado.

O edifício da hierarquia estamental da sociedade industrial é composto de muitos elementos: a divisão das esferas de trabalho da família e da produção e sua organização conflitante; a atribuição das condições de vida pelo nascimento; o mascaramento do nexo total pela promessa de afeto e não solidão no amor, no casamento, na paternidade. Olhando em retrospectiva, esse edifício também precisou vencer resistências para se erguer. Até agora, portanto, a modernização foi examinada de modo bastante unilateral. Ela tem duas faces. Paralelamente ao surgimento da sociedade industrial no século XIX, instituiu-se o moderno ordenamento estamental dos gêneros. Nesse sentido, no século XIX a modernização é acompanhada da antimodernização. As essenciais diferenças e contradições entre produção e família são estabelecidas, justificadas, transfiguradas como eternas. Uma aliança de filosofia, religião e ciência de inspiração masculina dá um nó – bem dado – no todo com a ideia de "natureza" do homem e "natureza" da mulher.

Por conseguinte, a modernização não só dissolve as relações feudais da sociedade agrária, como também cria novas e hoje começa, novamente, a dissolvê-las. A mesma modernização teve, nos diferentes contextos do século XIX e do final do século XX, consequências distintas: antes a separação entre trabalho doméstico e trabalho remunerado e, agora, a luta por novas formas de recombiná-los; no séc. XIX, o liame das mulheres ao sustento pelo marido, e no XX, sua pressão sobre o mercado de trabalho; antes, a imposição dos estereótipos de papéis masculino e feminino, e, atualmente, a libertação dos indivíduos dos ditames estamentais de gênero.

Esses são sinais de que hoje a modernização se espraia para a antimodernidade que ela integrou à sociedade industrial: colapsam as relações de gênero, que são fundidas à separação entre produção e reprodução e são mantidas coesas na tradição da compacta família nuclear, com tudo o que esta contém de comunidade, pertencimento e emotividade. De repente, tudo se torna incerto: a forma de convivência, quem/onde/como trabalha, as concepções de sexualidade e amor e sua integração ao casamento e à família; a instituição dos progenitores se desmorona na contraposição entre maternidade e paternidade; os filhos, com a intensidade de vínculo deles exigida e que agora vai se tornando anacrônica, convertem-se nos últimos parceiros que não se vão (excetuando, é claro, os filhos cuja guarda é perdida no divórcio). Começam uma luta e uma experimentação generalizadas com "formas de reunificação" entre trabalho e vida, trabalho doméstico e remunerado etc. Em suma: o que é privado torna-se político, e isso irradia para todas as áreas.

No entanto, tudo isso apenas indica a direção dos desdobramentos. O ponto saliente destas reflexões reside no seguinte: os problemas da sociedade de mercado não podem ser vencidos nas formas de vida social e nas estruturas institucionais de uma sociedade de mercado pela metade. Onde homens e mulheres precisam e querem levar uma existência financeiramente independente, isto não se mostra possível nem nas atribuições de papéis tradicionais da família nuclear nem nas estruturas institucionais de atividade profissional, direito social, planejamento urbano, educação etc., que pressupõem justamente o modelo tradicional de família nuclear com seus fundamentos estamentais de gênero.

Os "conflitos do século", que desembocam em atribuições de culpa pessoais e decepções nas relações entre os gêneros, também se devem à insistente tentativa de experimentar uma libertação dos estereótipos de gênero quase somente na contraposição privada entre homens e mulheres, no âmbito da família nuclear, enquanto as estruturas institucionais são mantidas constantes. Isto equivale à tentativa de mudar a sociedade mantendo inalteradas as estruturas sociais dentro da família. O que resta é uma troca de desigualdades. Espera-se que a libertação das mulheres do trabalho doméstico e do sustento pelo cônjuge seja forçada pelo recuo dos homens a essa "existência feudal moderna", que as mulheres rejeitam para si próprias. Historicamente, isso se assemelha à tentativa de converter a nobreza em servos de camponeses. Mas, tal como as mulheres, os homens também não obedeceriam ao chamado "de volta à cozinha!" (e as mulheres deveriam ser as primeiras a saber disto!). Contudo, esse é apenas um aspecto. A noção central é que a equiparação de homens e mulheres não poderá ser alcançada em estruturas sociais que pressupõem a desigualdade entre homens e mulheres. Não podemos forçar os novos indivíduos "redondos" a entrar nas velhas caixas quadradas das diretrizes do mercado de trabalho, do sistema de emprego, do urbanismo, do sistema de seguridade social e assim por diante. Se tentarmos isto, não será de surpreender que a relação privada entre os gêneros se torne cenário de conflitos, que só podem ser "solucionados" de modo deficitário nas duras provas da "troca de papéis" ou das "formas híbridas de papéis" de homens e mulheres.

4 Libertação dos papéis feminino e masculino?

A perspectiva esboçada contrasta singularmente com os dados previamente expostos, que também documentam de forma impressionante a contratendência, ou seja, a renovação da hierarquia estamental dos gêneros. Afinal, em que sentido se pode falar de "libertação"? Mulheres e homens têm chances iguais de libertar-se dos padrões estereotípicos do seu "destino estamental de gênero"? Quais condições propiciam isto, quais dificultam?

Nas últimas décadas, como comprovam os dados reunidos acima, eventos essenciais contribuíram para libertar as mulheres das atribuições tradicionalmente femininas. Houve cinco condições determinantes para tal, sem nenhuma relação causal entre si:

Em primeiro lugar, com o aumento da expectativa de vida, alongaram-se a estrutura biográfica, a sequência das fases da vida. Como demonstra, em especial, Arthur E. Imhof em seus estudos sócio-históricos, isso levou a uma "libertação demográfica das mulheres". Se nas décadas anteriores, esquematicamente falando, a duração da vida das mulheres era longa o suficiente apenas para dar à luz e criar o número socialmente "desejável" de filhos sobreviventes, hoje essas "obrigações maternais" terminam aproximadamente no 45º ano de vida. O "existir para os filhos" tornou-se um período transitório da vida da mulher, agora sucedido, em média, por três décadas de "ninho vazio" – para além do tradicional foco de vida das mulheres. "Apenas na República Federal da Alemanha vivem hoje mais de cinco milhões de mulheres na 'melhor idade' num relacionamento pós-maternal [...], muitas vezes [...] sem qualquer atividade relevante" (IMHOF, 1981: 181).

Em segundo, os processos de modernização também reestruturaram o trabalho doméstico, especialmente na fase posterior à Segunda Guerra Mundial. Por um lado, o isolamento social do trabalho doméstico não é, em nenhuma hipótese, um atributo estrutural inerente a ele como tal, mas resultado de desdobramentos históricos, a saber, da destradicionalização do mundo da vida. Na esteira dos processos de individualização, reforçam-se as delimitações da família nuclear, resultando numa existência insular que ganha independência em relação aos vínculos restantes (culturas de classe, círculo de vizinhos e conhecidos). Só assim se produz, na existência da dona de casa, uma existência de trabalho isolada por excelência. Por outro, o trabalho doméstico é invadido por processos de automatização técnica. Diversos aparelhos, máquinas e ofertas de consumo facilitam e esvaziam o trabalho na família. Ele se converte num interminável e invisível trabalho residual entre produção industrial, serviços remunerados e o lar privado, equipado com aperfeiçoamentos técnicos. A soma de ambos – isolamento e automatização – provoca uma "desqualificação do trabalho doméstico" (Claus Offe), que também envia as mulheres, na busca de uma vida realizada, ao trabalho profissional fora de casa.

Em terceiro, se é certo que a maternidade segue sendo o mais forte atrelamento da mulher ao papel feminino tradicional, então é difícil sobrestimar a importância dos métodos contraceptivos, de planejamento familiar e das possibilidades jurídicas de interrupção da gravidez para a desvinculação das mulheres das suas prescrições tradicionais. Os filhos e a maternidade são, em tese, desejados. Mas os dados também mostram que, para muitas mulheres, a maternidade sem dependência econômica do marido e sem a responsabilidade de cuidar da família continua sendo utopia. Ainda assim, a nova geração de mulheres pode, diferentemente da de suas mães, (co)determinar se terá ou não filhos, o momento de tê-los e quantos. Ao mesmo tempo, a sexualidade feminina é libertada do fatalismo da maternidade e pode ser descoberta e explorada com autoconsciência, mesmo contra as normas masculinas.

Em quarto, as taxas crescentes de divórcio assinalam a fragilidade da manutenção do casamento e da família. As mulheres frequentemente se encontram "a um homem de distância" da pobreza. Hoje, quase 70% das mães solteiras ou separadas precisam sustentar os filhos com quantias mensais muito baixas. Junto com as aposentadas, elas são os clientes mais frequentes dos auxílios sociais. Nesse sentido, as mulheres são "libertadas", ou seja, desligadas da garantia vitalícia de segurança financeira oferecida pelo homem. A pressão, estatisticamente documentada, das mulheres sobre o mercado de trabalho (que pode pôr a perder todos os prognósticos sobre um controle do desemprego na década de 1990) também demonstra que muitas mulheres compreenderam essa lição histórica e extraem suas conclusões.

Em quinto, a equiparação das possibilidades educacionais seguem na mesma direção, também incutindo forte motivação profissional nas jovens (vide acima).

Tudo isso – libertação demográfica, desqualificação do trabalho doméstico, contracepção, divórcio, participação no sistema educacional e no mercado de trabalho –, exprime o grau de libertação da mulher das predeterminações do seu destino estamental feminino moderno; uma libertação irreversível. Mas essa espiral de individualização – mercado de trabalho, instrução, mobilidade, planejamento de carreira – também afeta a família com o dobro ou triplo de força.

Contudo, essas condições que levam à individualização sofrem oposição de outras que prendem as mulheres de volta aos seus papéis tradicionais. Uma sociedade do mercado de trabalho realmente *consolidada*, que possibilitasse a *todos* os homens e mulheres uma existência financeiramente segura e autônoma, elevaria rapidamente a taxa de desemprego. Isso quer dizer que, no contexto de desemprego em massa e expulsão do mercado de trabalho, as mulheres são, é certo, libertadas *do* sustento pelo marido, mas não são livres *para* assegurar sua autonomia pelo trabalho remunerado. O que também significa que grande parte delas segue *dependendo* da segurança financeira proporcionada pelo homem, a qual já *não existe* como tal. Esse estágio intermediário entre "liberta de", mas não "liberdade para" um efetivo comportamento de trabalho remunerado também é fortalecido pelo retorno da mulher ao vínculo com a *maternidade*. Enquanto as mulheres tiverem filhos e os amamentarem, sentirem que são as responsáveis por eles, virem nos filhos uma parte essencial da sua vida, os filhos continuarão sendo "obstáculos" desejados na disputa por posições profissionais e tentações por uma decisão consciente *contra* a independência financeira e a carreira.

Assim, o contexto de vida das mulheres é puxado de um lado para o outro pela contradição entre a libertação e a vinculação aos velhos papéis. Isso também se reflete em sua consciência e comportamento. Elas fogem do trabalho doméstico para um emprego e vice-versa, tentando compatibilizar "de alguma forma", nas diferentes fases da vida de sua biografia mediante decisões contraditórias, as condições divergentes da sua vida. As contradições do entorno reforçam as suas próprias: no processo de divórcio, precisam ouvir a pergunta sobre como puderam negligenciar suas carreiras, enquanto o serviço social lhes pergunta por que não estão cumprindo seus deveres de mãe. Com suas próprias ambições profissionais, estariam dificultando a vida profissional do marido, que já é pesada. Leis de divórcio, a realidade sobre o divórcio, a insuficiência da seguridade social, as portas fechadas no mercado de trabalho e o fardo mais pesado do trabalho familiar são algumas das contradições que o processo de individualização incorporou ao modo de vida feminino.

Para os *homens*, a situação é bem diferente. Enquanto as mulheres precisam, também por razões de segurança financeira, desligar-se do velho papel de "existir para os outros" e buscar uma nova identidade social, para os homens, a existência segura financeiramente *independente coincide* com sua *velha* identidade de gênero. O estereótipo do papel masculino como "homem de carreira" alia a individualização econômica *e* o comportamento masculino tradicional. Ser sustentado por outro, pelo cônjuge (a esposa), é algo que o homem desconhece historicamente, enquanto a "liberdade *para*" o trabalho remunerado simultaneamente à existência familiar parece natural. O trabalho obscuro que isso implica recai tradicionalmente sobre a mulher. Os prazeres e obrigações da paternidade sempre puderam ser dosadamente desfrutados como recreação no tempo livre. A paternidade nunca representou um obstáculo real ao exercício profissional; pelo contrário: inclui sua obrigação. Em outras palavras: todos os componentes que *retiram* a mulher do seu papel feminino tradicional estão ausentes no caso do homem. No contexto de vida masculino, paternidade *e* trabalho, independência financeira *e* existência familiar não são contradições que exijam luta e coesão *contra* as condições impostas na família e na sociedade. Pelo contrário: a compatibilidade entre esses fatores é prescrita e assegurada pelo papel masculino tradicional. Isso significa, porém, que a individualização (no sentido da condução da existência mediada pelo mercado) *reforça* as atitudes do papel masculino.

Portanto, quando os homens se voltam contra as prescrições do seu papel de gênero, é por outros motivos. A fixação no trabalho inerente ao papel masculino também contém contradições: por exemplo, o sacrifício no trabalho por algo que o homem não tem tempo livre ou necessidade ou capacidade para desfrutar; a competitividade por nada; o esgotamento para cumprir metas profissionais e empresariais com as quais o homem não consegue, mas deve, se identificar; a "indiferença" resultante, que nunca é real etc. Não obstante, os impulsos substanciais para que o homem se libere do papel masculino não são imanentes, mas *externamente induzidos* pelas mudanças nas mulheres – em duplo sentido. Por um lado, a maior participação das mulheres na força de trabalho alivia os homens do fardo de provedores *exclusivos*. Isto afrouxa a pressão de se submeter aos desejos e objetivos de outrem no trabalho *em prol de* esposa e filhos, viabilizando novas formas de engajamento com o trabalho e a família. Por outro lado, a "harmonia familiar" torna-se frágil. O lado da existência masculina determinado pela mulher sai do equilíbrio. Ao mesmo tempo, os homens começam a perceber a falta de autonomia nos afazeres cotidianos e como são emocionalmente dependentes. Ambos os aspectos fornecem impulsos substanciais para debilitar sua identificação com as predefinições do papel masculino e experimentar novas formas de vida.

Os conflitos colocam mais em evidência as contradições entre homens e mulheres. Dois "temas catalisadores" são centrais: *filhos* e *segurança financeira*; ambos podem se manter latentes durante o casamento, mas vêm à tona com clareza durante uma eventual separação. Na transição do modelo tradicional de casamento para o de renda dupla, altera-se significativamente a divisão de responsabilidades e chances. No caso da mulher sustentada pelo cônjuge, o divórcio resulta – grosso modo – numa mulher *com* filhos e *sem* renda e, ao contrário, num homem *com* renda e *sem* filhos. No segundo caso, pouco muda à primeira vista. A mulher tem remuneração *e* os filhos (segundo a legislação vigente). Mas aqui a desigualdade se inverte num aspecto fundamental. Na medida em que as desigualdades financeiras entre homens e mulheres são reduzidas – seja pela atividade profissional das mulheres, seja pela lei de alimentos pós-divórcio, seja pela aposentadoria –, as pessoas estão tomando consciência da *desvantagem do pai*, naturalmente e juridicamente. Com seu ventre, que lhe pertence como todos sabemos, a mulher tem posse biológica e jurídica do filho. As relações de propriedade entre sêmen e óvulo se diferenciam. A parte do pai na criança está sempre à mercê da mãe e da sua vontade, o que se aplica também, e especialmente, às questões relacionadas à interrupção da gravidez. À medida que avança o distanciamento dos papéis feminino e masculino, maior o risco de o vento mudar de direção: os homens que se desligam do foco na carreira para se dedicar aos filhos encontram um ninho vazio. A multiplicação de casos (especialmente nos Estados Unidos) de pais que *sequestram* os filhos cuja guarda foi perdida no divórcio fala por si só.

Mas a individualização, que afasta e divide a situação de homens e mulheres, também os impele, por outro lado, à vida a dois. *Com a diluição das tradições, crescem as promessas do relacionamento amoroso.* Tudo o que se perdeu é buscado no outro. Primeiro Deus saiu de cena (ou nós o afastamos). A palavra "fé", que antes já significou "ter experienciado", adquiriu conotação levemente gasta de "contra a própria convicção". Com Deus desaparece a visita a um sacerdote, e, com isso, cresce a culpa que já não pode mais ser descarregada e que, no nivelamento de certo e errado, não se torna mais exígua, porém mais vaga, mais indeterminada para o questionamento lúcido. As classes, que ao menos sabiam interpretar a miséria que nelas se acumulava, evaporaram da vida para discursos e números. As vizinhanças, que cresciam com a troca e as lembranças, estão desvanecendo devido à mobilidade. Um círculo de conhecidos pode ser estabelecido, mas gira ao redor do próprio centro. Também existe a possibilidade de participar de clubes. A gama de contatos se torna maior e mais interessante, mas sua variedade a torna mais fugaz, mais presa ao jogo de aparências. A troca de intimidades também pode ser igualmente fugaz, quase como um aperto de mãos. Tudo isso pode manter as coisas em movimento e abrir possibilidades; no entanto, a diversidade de relações não é capaz de substituir a força criadora de identidade de um relacionamento primário sólido. Como demonstram estudos, *ambos* são necessários: a variedade de relações *e* a intimidade duradoura. Donas de casa felizes no casamento sofrem com a falta de contato e o isolamento social. Homens divorciados que se reúnem em grupos para falar de seus problemas não conseguem suportar a repentina solidão, mesmo fazendo parte de redes de contatos.

Nas idealizações do casamento romântico moderno reflete-se mais uma vez a trilha para a Modernidade. A exaltação do matrimônio é a contrapartida das perdas que a Modernidade implica. Se não há Deus, sacerdote, classe ou vizinho, há pelo menos o "tu". E a dimensão do "tu" é o inverso do vazio, que reinaria se não fosse por isso.

Isso também significa que o medo de estar sozinho, mais do que o fundamento material e o amor, mantém o casal e a família unidos. Tudo que é ameaçador e temido *fora* destes é talvez, mesmo com todas as crises e conflitos, o que lhe serve de mais estável fundamento: a solidão.

Em tudo isso reside, em primeiro lugar, uma relativização fundamental da controvérsia em torno da família. A família nuclear burguesa, normatizada nas democracias industrializadas do Ocidente como convivência dos gêneros, é canonizada ou condenada; viu-se uma crise da família que alguns perseguem, enquanto outros a ressuscitam das névoas de crises que se lhe atribuem. Tudo isso está preso ao veredito de uma *falsa alternativa*. É insuficiente A abordagem de quem culpa a família por tudo o que há de bom ou de ruim. A família é apenas a superfície onde vêm à tona os conflitos históricos entre homens e mulheres. Dentro ou fora da família, os gêneros sempre se embatem e, com eles, as contradições que se acumulam entre eles.

Mas em que sentido é possível falar de libertação em relação à *família*? Com a dinâmica da individualização se estendendo à família, as formas de convivência começam a se transformar *radicalmente*. A ligação entre família e biografia individual começa a se afrouxar. A unidade familiar para a vida toda, que abarca as biografias parentais de homens e mulheres nela reunidas, passa a ser exceção, e a regra se torna o ir-e-vir entre diferentes famílias em diferentes fases da vida, ou entre formas *não familiares* de convivência. Com a mudança das fases da vida, os vínculos familiares da biografia se permeabilizam e, assim, são *superados*. As relações familiares se tornam intercambiáveis, fazendo emergir dentro e fora da família a autonomia da *biografia individual* masculina e feminina. Cada pessoa vive várias vidas familiares parciais, vinculadas às diferentes fases da vida, e também formas de vida livres de família – e, *por isso*, vive cada vez mais sua própria vida. Portanto, apenas no *corte longitudinal* da biografia – não no retrato instantâneo ou nas estatísticas familiares –, evidencia-se a individualização da família, ou seja, a inversão de prioridades entre família e biografia individual (dentro e fora da família). Por conseguinte, o grau de libertação da família é empiricamente apreendido pela *visão geral biográfica* de dados sobre divórcios e recasamentos, de formas de convivência anteriores, intercaladas e paralelas ao casamento, que – considerados isoladamente ou em relação aos prós e contras da família – permanecem contraditórios. Entre os extremos família ou não família, um número crescente de pessoas começa a "optar" por uma terceira via: um *histórico de vida plural e em fluxo*, cheio de contradições. Esse pluralismo biográfico das formas de vida, ou seja, a alternância entre famílias misturada com, ou interrompida por, outras formas de vida em comum ou vida solitária, torna-se a (paradoxal) "regra" no que diz respeito à convivência e à contraposição de homens e mulheres sob as condições da individualização. Considerando a trajetória de vida como um todo, a maioria das pessoas *adentrou*, portanto, sob dores e medos, *uma fase, historicamente prescrita, de experimentação com suas formas de convivência*, cujo fim e resultado ainda não podemos prever. Mas nenhum "erro" pode nos impedir de "tentar" novamente.

5 Conscientização das desigualdades: possibilidades e necessidades de escolha

As diferenças e oposições na realidade de homens e mulheres não surgiram ontem. Ainda assim, até a década de 1960 foram toleradas como "normais" pela grande maioria das mulheres. Há duas décadas o assunto vem ganhando mais atenção, e há esforços políticos direcionados a atingir a equiparação para as mulheres. Com os primeiros êxitos, *aguçou-se* a consciência sobre as desigualdades. As desigualdades *reais*, suas condições e causas devem, portanto, ser distinguidas da *conscientização* a seu respeito. As oposições entre homens e mulheres têm dois lados, que podem variar sem qualquer interdependência entre si: a objetividade das situações *e* sua deslegitimação e conscientização. Estabelecer uma relação entre o longo tempo de aceitação das desigualdades e sua recente problematização e, simultaneamente, perceber que apenas a redução das desigualdades realmente abre os olhos para elas nos impede de subestimar o significado que a conscientização tem por si só. São as condições dessa conscientização que investigaremos agora.

Com o avanço da modernização – como vimos na introdução –, multiplicam-se em todos os campos sociais de ação as possibilidades e obrigações de decidir. Exagerando um pouco, poderíamos dizer: "vale tudo". A definição de quem – e quando – lava a louça, troca a fralda do bebê chorão, encarrega-se das compras e passa o aspirador torna-se tão turva quanto saber quem ganha o pão, determina a mobilidade e por que se pode e se deve desfrutar os prazeres noturnos da cama sempre com a companhia cotidiana, conjugal, prevista para isto via cartório. Casamento pode ser separado de sexualidade, que, por sua vez, distingue-se de paternidade/maternidade; a parentalidade multiplica-se com o divórcio, e o todo se divide em vida em comum ou separada e é potencializado com as várias opções de lares e a sempre presente possibilidade de reconsideração. Dessa operação matemática resulta, à direita do sinal de igual, uma soma relativamente ampla e em constante fluxo, que transmite apenas uma vaga impressão da variedade de existências à sombra, diretas e multiplamente entrelaçadas, que hoje, e cada vez mais, se escondem por trás das tão fiéis e imutáveis palavrinhas "casamento" e "família".

Em todas as dimensões da biografia, irrompem *possibilidades* e *obrigações* de decidir. Em princípio, os planejamentos e acordos necessários para isso são revogáveis e dependem de legitimação por causa por ônus desiguais neles contidos. Nos diálogos, acordos, enganos e conflitos a esse respeito, emergem com clareza cada vez maior os diferentes riscos e consequências que há para homens e mulheres. Transformar fatos dados em decisões significa – em termos sistemáticos – duas coisas: em primeiro lugar, a *possibilidade de não decidir tende a ser impossível*. A possibilidade de decisão produz um dever, do qual não podemos, sem mais, recuar. Agora é preciso atravessar os esforços do relacionamento, da reflexão e, com isso, das ponderações sobre as diferentes consequências. Mas, em segundo lugar, isso quer dizer que as decisões a considerar *tornam-se agentes de conscientização sobre as desigualdades que nelas eclodem, os conflitos que se acedem e as tentativas de resolvê-las*. Esse processo já começa quando se toma a convencional decisão de mobilidade por causa da profissão. Por um lado, o mercado de trabalho exige mobilidade dos trabalhadores sem considerar as circunstâncias pessoais. Casamento e família exigem o contrário. O modelo de mercado da Modernidade pressupõe, considerado no extremo, uma sociedade sem família e *sem casamento*. Todos devem ser independentes e livres para atender as exigências do mercado a fim de garantir sua existência financeira. Em última análise, o sujeito do mercado é o indivíduo só, "não impedido" por relacionamentos amorosos, casamento ou família. De forma correspondente, a sociedade de mercado consolidada é também uma sociedade *sem filhos* – a não ser que cresçam com pais e mães solteiros, com condições de mobilidade.

Foi possível manter oculta essa contradição entre as exigências da relação amorosa e as do mercado de trabalho enquanto se considerou inquestionável que, para a mulher, o casamento significava renúncia à profissão, responsabilidade pela família e "mobilidade coadjuvante" sob o signo profissional do homem. Ela veio à tona quando *ambos* os cônjuges passaram a necessitar ou desejar liberdade para uma existência financeiramente assegurada pelo trabalho remunerado. Para essa contradição entre família e mercado de trabalho, seriam bastante concebíveis soluções ou atenuadores *institucionais* (como um salário-mínimo para todos os cidadãos ou uma seguridade social desvinculada do trabalho remunerado; a redução de todos os obstáculos que dificultam o trabalho de ambos os cônjuges; "critérios de exigência" correspondentes etc.). Estes, todavia, não existem, nem há previsão para tal. Assim sendo, os casais precisam buscar soluções *privadas*, mas que, com suas atuais possibilidades, resultam numa distribuição interna de *riscos*. A pergunta é: Quem deve *abrir mão* da autonomia e da segurança financeiras, ou seja, daquilo que é a condição óbvia para a vida na nossa sociedade? Pois quem decide acompanhar o outro precisa (geralmente) arcar com consideráveis prejuízos profissionais – isso se *ela* não for simplesmente lançada para fora dos trilhos da sua carreira. O nível de conflito também se eleva de modo correspondente. Casamento, família e relação a dois se tornam a esfera em que as contradições de uma sociedade de mercado modernizada, tornadas pessoais, não podem mais ser compensadas.

À questão decisiva da mobilidade profissional somam-se outras perguntas cruciais: quando ter filhos, quantos e quem cuidará deles; a perene e sempre desigual distribuição das tarefas cotidianas; a "unilateralidade" dos métodos contraceptivos; a terrível questão do aborto; as diferenças na forma e na frequência da sexualidade – sem esquecer a exasperação de uma perspectiva que vê sexismo até mesmo nas propagandas de margarina. Em todos esses temas cruciais e conflituosos da convivência de homem e mulher, toma-se consciência da *dissociação das situações* de ambos: O *momento* certo de ter filhos depara-se com condições e obstáculos totalmente distintos nas circunstâncias de vida masculinas e femininas. Se o casamento, afinal, já é conduzido com chance de "*recall*" – "pronto para o divórcio", assim por dizer – a separação que cabe evitar é antecipada, e as consequências desiguais para os dois emergem com cada vez mais clareza de todas as decisões e normas. Aqui, a quebra de tabus e as novas possibilidades tecnológicas que incidem na família – pensando também nas possibilidades de formação da criança apresentadas pela psicologia e pela pedagogia, nos recursos de intervenção no ventre materno que a cirurgia oferece, sem mencionar a realidade de ficção científica da genética humana (cf. cap. V) – causam a divergência de situações que antes se uniam nela: mulher contra marido, mãe contra filho, filho contra pai. A unidade tradicional da família se desintegra sob as decisões que se exigem dela. Ao contrário do que talvez alguns pensem e se repreendam por isso, muitos desses problemas não são introduzidos na família pelas próprias pessoas. Quase todos os temas conflituosos também têm uma face institucional (a questão dos filhos, p. ex., deve-se essencialmente à impossibilidade institucionalmente respaldada de conciliar a criação dos filhos com o compromisso profissional). Mas o simples fato de compreender tal situação não ajudar a criar os filhos! É relativamente inevitável que todas as forças externas que afetam a família – como mercado de trabalho, sistema de emprego, legislação etc. – sejam distorcidos e encurtados para adquirir caráter pessoal. Isso instaura na família (em todas as suas alternativas) uma ilusão, sistematicamente condicionada, de que ela abrigaria os instrumentos para mudar, na concreta relação a dois, o fado de desigualdade dos gêneros trazido à tona no século XX.

Até mesmo o núcleo da família, o santuário da parentalidade, começa a se desintegrar em maternidade e paternidade. Hoje, na Alemanha, uma em cada dez crianças já cresce numa família constituída apenas de pai ou mãe, ou seja, sob a custódia de homens ou mulheres sozinhos. Cresce o número de famílias "com um só progenitor", enquanto diminui a proporção de famílias com pai e mãe. Nessa realidade, a mãe como única provedora já não significa "ter sido abandonada", mas uma possibilidade de escolha, que é aproveitada e, diante dos conflitos com o pai (de quem a mulher só depende *para isso* e nada mais), desponta como uma saída cogitada por muitas para ter o filho mais desejado do que nunca.

Com o processo intrafamiliar de individualização também se alteram o relacionamento social com os filhos e a qualidade do vínculo com eles, como demonstram Elisabeth Beck-Gernsheim (1989; cf. tb. cap. IV desta obra) e Maria S. Rerrich (1988). Por um lado, o filho torna-se um *obstáculo* no processo de individualização. Ele custa tempo e dinheiro, é imprevisível, cria restrições, e bagunça os planejamentos cuidadosamente elaborados do cotidiano e da vida. Com sua chegada, o filho estabelece e aperfeiçoa sua "ditadura das necessidades", impondo aos pais, com a força de suas cordas vocais e o brilho de seu sorriso, o seu ritmo de vida biológico. Por outro lado, é justamente isso o que também o torna insubstituível. O filho se mostra a *última relação primária irrevogável e insubstituível que resta.* Parceiros vêm e vão, mas o filho fica. Ele é depositário de tudo que o se espera do relacionamento a dois, mas que se mostra irrealizável. Com a fragilidade dos relacionamentos entre os gêneros, o filho adquire caráter monopolizador sobre a vida a dois vivível, sobre a fruição de sentimentos no intercâmbio natural, cada vez mais raro e incerto em outras esferas. Nele se cultiva e celebra uma experiência social anacrônica, que o processo de individualização torna simultaneamente improvável *e* buscada. O ato de mimar os filhos, a "encenação da infância" que é concedida a essas pobres criaturas tão exageradamente amadas, e a disputa acirrada por eles durante e depois da separação são alguns indícios disso. A criança torna-se o *último recurso contra a solidão* que as pessoas são capazes de levantar contra as possibilidades de amor que lhes escapam. É a *forma privada do "reencanto"* que adquire sua importância com o desencanto e do desencanto. As taxas de nascimentos podem estar em queda, mas a importância dos filhos *cresce*. E, na maioria das vezes, não se tem mais do que um, já que é difícil arcar com as despesas. Mas quem crê que os custos (financeiros) impediriam as pessoas de colocar filhos no mundo é vítima de seu próprio viés "custo-benefício".

O quinhão de Idade Média moderna não só conservado pela sociedade industrial, mas produzido por ela mesma, começa a se desmanchar. As pessoas são libertadas dos seus invólucros estamentais de gênero, até então considerados naturais. É importante reconhecer esse fato nas suas dimensões históricas, pois essa mudança sócio-histórica se consuma como conflito privado, pessoal. A psicologia (e a psicoterapia) que atribuem às condições da socialização familiar o sofrimento dos clientes que as procuram massivamente sofrem curto-circuito. Quando os conflitos advindos das formas de vida prescritas explodem contra as pessoas, quando a convivência entre elas já não tem modelos para seguir, não podemos mais remeter seu sofrimento a faltas e desvios sofridos na primeira infância. Sob as condições de libertação dos modernos destinos estamentais de gênero, a sexualidade, o casamento, o erotismo e a parentalidade têm muito a ver com desigualdade, profissão, mercado de trabalho, política, família e com as formas de vida nela admitidas e tornadas inviáveis para o futuro. Essa historicização e revisão sócio-histórica das suas categorias são algo de que a psicologia ainda precisa se ocupar.

6 Fim do indivíduo ou renascença de uma enorme subjetividade?

O que essa libertação da estrutura estamental de gêneros da sociedade industrial significa para a discussão sobre o fim do indivíduo? Será que dessa maneira o interior dos seres humanos se abre para as florescentes indústrias de lazer e aventura, os movimentos religiosos e doutrinas políticas? As remanescentes competências do eu são dissolvidas e submetidas a padronizações internas, continuamente transformadas pelas modas que aquecem o mercado?

Somente à primeira vista pode parecer que o movimento social da década de 1970 soçobrou sob "autocontemplações subjetivas".

Por mais perto ou distante que se possa olhar, hoje se realiza um duro trabalho no cotidiano dos relacionamentos e vínculos dentro e fora do casamento e da família, sob o fardo das formas de vida inviáveis para o futuro. No cômputo geral, aqui ocorrem mudanças que já não podem ser costumeiramente consideradas um fenômeno privado. O que se acumula de prática sensível em convivências de todos os tipos, de tentativas de renovação (muitas vezes frustradas) na relação entre os gêneros, de solidariedade renovada devido à opressão compartilhada e admitida, tudo isso atinge as raízes da sociedade de maneira talvez até mesmo distinta daquela das estratégias transformadoras do sistema, que permaneceram dependuradas nas alturas de suas teorias (cf. MUSCHG, 1976: 31).

O indivíduo foi declarado morto e enterrado várias vezes. Após duzentos anos de crítica cultural e ideológica, ele perambula em cabeças e livros geralmente apenas como fantasma do "fator subjetivo". Theodor W. Adorno também tira essa conclusão; sob o título "Palhaço", ele observa:

> Em meio às unidades humanas padronizadas e administradas, o indivíduo segue existindo. Encontra-se até mesmo sob proteção e adquire valor de monopólio. Na realidade, porém, ele não é senão a função de sua própria unicidade, uma peça de exposição como as aberrações que outrora suscitavam o espanto e o riso das crianças. Por não mais conduzir uma existência econômica autônoma, seu caráter entra em contradição com seu papel social objetivo. Justamente por essa contradição, ele é conservado em reservas naturais, apreciado em ociosa contemplação (ADORNO, 1978).

Essa visão é contrariada pela experiência ainda incompreendida das décadas de 1970 e de 1980: *a renascença de uma subjetividade influente de modo totalmente imprevisível*[14]. Os difusos grupelhos e círculos que se formaram a respeito de tudo, mas que, do ponto de vista organizacional, não foram capazes de se sustentar muito tempo sobre as próprias pernas cambaleantes, introduziram na ordem do dia os temas de um mundo ameaçado – *contra* a resistência dos partidos e ciências estabelecidos e *contra* a enorme força de investimentos industriais bilionários. Não parece exagerado afirmar que os grupos civis assumiram a iniciativa para decidir os *temas*. A sequência rumo ao reconhecimento político é: perseguição, ridicularização e exclusão; "foi o que dissemos sempre", programa de partido, política de governo. Assim acontece com as questões femininas, ambientais, aquelas relacionadas à paz. É claro que primeiro são somente palavras, intenções, discursos enfeitados. Mas, no nível verbal, a vitória é já quase perfeita demais.

Isso pode ser apenas invólucro, oportunismo programático, mas também, quem sabe, uma mudança realmente intencional de pensamento. As ações, os lugares que dão origem aos fatos ainda permanecem consideravelmente intocados. Ainda assim, resta o fato de que os temas do futuro, que agora estão em todas as bocas, não escapam à perspicácia dos governantes ou aos embates no parlamento – tampouco às catedrais do poder econômico e científico. Pelo contrário: estão sendo inseridos na agenda política por grupos e grupelhos emaranhados em si mesmos, moralizantes, divididos e assolados por dúvidas, brigando sobre qual seria o caminho correto. A subversão democrática obteve uma vitória temática bastante improvável – e isto na Alemanha, ou seja, rompendo com uma cultura cotidiana de fé na autoridade, cuja obediência apressada já possibilitou tantos absurdos e loucuras oficiais.

Isso não é ideologia e um bálsamo para os pequeno-burgueses de uma esquerda tardia e abalada? Uma livre-transformação de retirada em revolta? Não. Ninguém diz que está melhorando, que há luz no fim do túnel. Um "novo ser humano", que de manhã escreve poemas, à tarde fabrica alfinetes e no fim do dia sai para pescar? Todavia, quem interpreta as mudanças temáticas e as transformações sociais e de consciência das duas últimas décadas na Alemanha somente da perspectiva dos "escoteiros" da luta de classes do passado mantém-se preso à rigidez das suas premissas equivocadas.

Adorno explicou a despedida do indivíduo apontando o fim da sua forma de existência econômica. É justamente nisso que reside o erro, pois *na estrutura do Estado de Bem-estar Social, o individualismo adquire uma base econômica historicamente nova* – não na empresa, mas no *mercado de trabalho*; mais precisamente, no organizado mercado de trabalho, regido por contratos salariais, amortecido por direitos sociais, mas com exigências de qualificação e mobilidade. Esse estranho tipo social, que aqui surge, de isolamento generalizado, de padronização autoimposta certamente não é a ressurreição do indivíduo burguês após seu perecimento. Mas tampouco se trata da falsa consciência do proletariado que individualisticamente se ilude sobre sua situação de classe e agora definitivamente se rende ao canto ideológico das sereias do capital. Em termos simples – talvez até simples demais – esse tipo social é o encenador da sua biografia, condenado à liberdade de escolha.

Na sociedade individualizada, o indivíduo deve aprender – sob pena de desvantagem permanente – a ver a si mesmo como eixo central das ações, como escritório de planejamento no que diz respeito às possibilidades e obrigações da sua biografia. Nas condições da biografia a ser criada, a "sociedade" precisa ser compreendida como uma "variável" que pode ser manejada individualmente. Certamente, a escassez de oportunidades educacionais é um problema que afeta a todos. "Mas como posso entrar na faculdade de Medicina com uma média de notas baixa?" Os determinantes sociais que influem sobre nossa vida precisam ser reduzidos a "variáveis ambientais" e suavizados ou driblados mediante uma "fantasia de medidas".

Exige-se um modelo ativo de ação no cotidiano, que tenha o Eu como centro, que lhe adjudique e abra oportunidades de ação e assim lhe permita controlar sensatamente as obrigações de configurar a própria biografia e as possibilidades de decisão em relação a ela. Isso significa que, sob a superfície das discussões intelectuais vazias, desenvolve-se para a própria sobrevivência uma visão de mundo centrada no eu que, por assim dizer, põe de ponta-cabeça a relação entre o eu e a sociedade, e a concebe e a faz manejável para os fins da configuração individual da biografia.

No entanto, a diferenciação das "situações individuais" é ao mesmo tempo acompanhada de um alto grau de padronização. Mais precisamente: os mesmos meios que produzem a individualização também causam a padronização. Isso vale para mercado, dinheiro, direito, mobilidade, educação etc., de forma distinta para cada um deles. As situações individuais resultantes são inteiramente dependentes do mercado (de trabalho). Elas são precisamente um aperfeiçoamento da dependência do mercado, atingindo todas as fibras da (salvaguarda da) existência. Elas surgem nas sociedades de mercado e de mercado de trabalho já consolidadas, que conhece apenas em casos limites as possibilidades tradicionais de sustento (pelo casamento, p. ex.).

Todavia, essa simultaneidade de individualização e padronização ainda não explica as situações individualizantes que surgem no mercado de trabalho. Pois estas apresentam um novo corte, abarcando os âmbitos separados do privado e do público. O aparente lado de lá das instituições torna-se o lado de cá da biografia de escolhas a ser elaborada. Assim, a existência privada individualizada torna-se cada vez mais vivamente e claramente dependente de relações e decisões que escapam totalmente ao controle dela. Isso resulta em situações conflituosas, problemáticas e arriscadas, que, por sua origem e feitio, resistem a qualquer elaboração individual. Elas abrangem, assim, praticamente tudo que é objeto de discussão e desavença na política: dos chamados "buracos na rede de seguridade social", passando pela negociação de salários e condições de trabalho, até a defesa contra abusos burocráticos, a oferta de ensino, o controle dos problemas de tráfego, a proteção ambiental etc. A individualização, portanto, avança justamente sob condições que viabilizam menos do que nunca a conquista da autonomia individual.

Em outras palavras: nossa biografia assume cada vez mais a face dupla de uma condição individual dependente de instituições. É certo que hoje são as decisões individuais e escolhas, ações ou omissões de uma pessoa que cada vez mais a conduzem para determinados caminhos de vida e para um lugar correspondente na estrutura social – por exemplo, o estudar em determinada escola, o passar ou não num exame, o escolher esta ou aquela profissão. No entanto – esse é o ponto chave –, mesmo aqueles comportamentos que inicialmente parecem totalmente privados estão amarrados, de várias maneiras, a desenvolvimentos políticos e prescrições institucionais. Deste modo, há medidas que podem definir o rumo de um destino totalmente pessoal, como, por exemplo, o objetivo específico da política educacional, que se dá conta dos grupos desfavorecidos e lhes fornece bolsas de estudo, para depois reduzir essas subvenções e se concentrar na promoção da elite; ou as regulamentações do direito da família e divórcio, da legislação tributária e da pensão por morte, que – dependendo da classificação financeira de solteiros, casados, viúvos, divorciados – fomentam ou bloqueiam a prontidão para o casamento.

Com essa dependência de instituições também cresce a suscetibilidade da biografia a crises. A chave da segurança para a vida está no mercado de trabalho. A aptidão para o mercado de trabalho exige treinamento. Quem se vê privado de uma coisa ou outra enfrentará miséria material. A possibilidade de aprendizagem conserva, assim, a dimensão de entrada na sociedade. Por conseguinte, os altos e baixos econômicos ou demográficos podem deixar gerações inteiras à margem da existência. Ou seja: situações individuais institucionalmente dependentes fazem surgir, justamente ao longo de desenvolvimentos demográficos e de conjunturas da economia e do mercado de trabalho, discriminações e preferências específicas às gerações, as chamadas *condições de coorte*. Estas sempre aparecem também como carência de benefícios de instituições estatais, que caem, dessa maneira, sob a pressão de evitar ou compensar a pré-programada falta de oportunidades de gerações e grupos etários inteiros mediante regulamentações jurídicas e redistribuições de assistência social.

As instituições, ao contrário, atuam em categorias juridicamente fixas de "biografias normais", que correspondem cada vez menos à realidade. A seguridade social, por exemplo, é baseada em padrões, que, em face da elevada taxa de desemprego, muitos não podem cumprir e aos quais escapou o desenvolvimento das condições de vida na família e entre homens e mulheres. O conceito de "sustento da família" foi substituído pela família com papéis separados e cambiáveis, como assalariados e provedores, cuidadores e educadores de crianças. No lugar das famílias "completas" entraram as variantes "incompletas". O grupo crescente de homens que são pais criando os filhos sozinhos se vê discriminado por leis de divórcios atreladas ao monopólio materno.

Portanto, uma sociedade desenvolvida a partir dos eixos da condução da vida na sociedade industrial – estratos sociais, família nuclear, papéis de gênero – contrapõe-se a um sistema de instituições assistenciais, administrativas e políticas, que agora assumem cada vez mais uma espécie de *função governante na era industrial próxima do fim*. Elas exercem uma ação normativa, pedagógica e disciplinadora sobre a vida que "se desvia" das normas oficiais de normalidade e, assim, conjuram e defendem seguranças passadas, que agora se aplicam apenas a uma pequena parte da população. Isto intensifica os contrastes entre "normalidade" institucionalmente projetada e "normalidade" socialmente vigente, e o edifício da sociedade industrial ameaça resvalar no juridicismo normativo.

Como resultado, surge um tipo novo de subjetividade social e individualidade, em que o privado e o político se mesclam, se sobrepõem e se irritam mutuamente. Isto também significa que a individualização não significa individuação, mas um híbrido de consciência de consumo e autoconsciência. Autoconsciência, que derivou de sua busca, sua incerteza, talvez até mesmo da descoberta de sua ausência, e que aceitou como elixir da vida, como fundamento, as incompatibilidades e o cinismo de lidar com elas. De certa maneira, surgem pequenos Kafkas gerais, na forma de personagens kafkianos: reais e banais personagens de ficção, que sabem se mover entre paradoxos como peixes no aquário.

E, no entanto, não é exagero dizer que na confusão das relações entre os sexos, no engajamento contra a destruição ambiental e as ameaças à paz, também se redescobriu, de forma autônoma e pessoal, um iluminismo para além da preservação de monumentos da grande filosofia em descontraída ausência de teorias, um iluminismo para uso biográfico doméstico, por assim dizer. Talvez alguns considerem isto grande palavra para coisa de pouca monta. Mas se é certo que o iluminismo tem algo a ver com arrancar uma porção de nossa própria vida da supremacia das circunstâncias, então esta ervinha de autolibertação, hoje descoberta e cultivada no jardim de nossa biografia, é, por assim dizer, uma espécie silvestre de florestas e prados, anterior ou paralela ao "iluminismo de orquídeas" filosoficamente seleto, do qual se fala hoje geralmente em conexão com o prefixo "pós". Não se deve minimizar o fato de que hoje as pessoas perfazem uma espécie de "dança em torno do si-mesmo dourado", e de que elas se perdem irremediavelmente na selva industrial de ramos terapêuticos com crescimento garantido. Mas quem vê apenas isto, ignora o novo que também se mostra aqui, hesitante e perdido em erros, lutando por participação mediante clichês de linguagem gastos, imprestáveis.

Trata-se de experiências que, segundo as teorias prevalecentes, não deveriam existir, ou ainda, não *podem* existir, mas existem, de uma forma muito concreta, incisiva mesmo; experiências que mudam radicalmente a vida das pessoas e da sociedade de "dentro" para fora. Estamos lidando aqui com algo que, para alguns, é a coisa primeira e mais concreta e, para outros, puro absurdo. Falar assim sobre elas significa estar na fronteira entre dois conceitos de experiência – o que para uns é totalmente supérfluo e, para outros, absolutamente sem sentido. Para aqueles, tal explicação de sua própria experiência não acrescenta nada, é ridiculamente abstrata. Para o segundo grupo, está-se falando de algo inexistente ou, ao menos, sobre o qual não se pode falar sensatamente. Aqui reside o dilema: subterraneamente, uma experiência, uma possibilidade de atividade no trato consigo mesmo e com o mundo espraiam-se e ganham importância, mas para alguns falar sobre essa importância não é necessário e, para outros, não é possível.

Nesse sentido, falar sobre a "era do narcisismo" (Lasch) é, de alguma forma, correto, mas também reducionista e enganoso, pois ignora o alcance e profundidade do desenvolvimento posto em movimento. Os mundos de vida individualizados entraram, em grande parte involuntariamente, numa *fase histórica de busca e experimentação.* Trata-se de vivenciar (no sentido ativo da palavra) novas formas do social, contra a dominância de prescrições de papéis cada vez mais irreais (marido, esposa, família, carreira). Trata-se da liberdade para expressar e seguir impulsos e desejos que até então se estava acostumado a reprimir. As pessoas tomam a liberdade para aproveitar a vida agora, não no futuro distante, para desenvolver e manter conscientemente uma cultura do prazer; mas também a liberdade de converter suas próprias necessidades em direitos e, caso necessário, voltá-las contra prescrições e deveres institucionais. As pessoas estão formando uma consciência de liberdade em relação a como proteger e assegurar sua própria vida contra ataques de fora e como devem se engajar social e politicamente onde perceberem que há ameaças para este território livre – possivelmente ignorando as formas e fóruns previstos para a articulação e organização políticas de interesses[15].

Essas experiências geram embriões de uma *nova ética*, baseada no princípio dos "deveres para consigo mesmo" – o qual não deve ser mal-entendido num sentido solipsista, mas como uma expressão do esforço de ajustar o individual e o social de modo novo, levando em conta identidades fugazes, projetivas, sociais. A descoberta e a superação de padronizações em nossa própria vida e pensamento tornam-se atitudes duradouras, um processo aprendizagem individual e social. No lugar das até então prevalecentes imagens fixas de ser humano, surge uma imagem aberta, mutável, também dependente da autotransformação. Nesse sentido, a autoimagem do ser humano incorporada ao pensamento e à vida a partir da face interna dos papéis sociais não é nada mais que uma hipótese (e hipoteca) histórica, da qual ainda não saímos.

As trilhas não percorridas, inexploradas, que cada indivíduo toma coletivamente, são, em última análise, a exata inversão da sequência de passos em que o Iluminismo até aqui foi dominantemente concebido e promovido. Não mais a sequência: conhecimento da natureza, desenvolvimento de tecnologias, aumento das forças produtivas, aumento da riqueza material, mudanças nas condições econômicas, sociais e políticas e, *então*, a libertação do ser humano. Em vez disso, a etapa final é presunçosamente antecipada: o desenvolvimento de si mesmo em seus bloqueios e dados sociais preestabelecidos, bem como nas possibilidades de debilitá-los e rompê-los de modo prático e por conta própria. E, em seguida, fazer esse desenvolvimento atuar – para além de casamento, família, relações de gênero – também no trabalho, na política, nas instituições e nos modos de lidar com a natureza e a tecnologia, sempre tendo em conta o problema central: descobrir e desenvolver o si-mesmo na esfera social, e definir um âmbito social que possibilite a autolibertação e o autodescobrimento mútuos.

Notas

* Versão revista e significativamente expandida de BECK, u. *Risikogesellschaft* – Auf dem Weg in eine andere Moderne. Frankfurt, 1986, cap. IV, p. 161-194.

1. Mais detalhes no cap. VI.

2. O capítulo final discorre sobre essa analogia entre amor e religião.

3. O teor romântico do ideal moderno de amor é tema de todos os capítulos.

4. O nível mais alto foi atingido em 1984, com 87 dissoluções matrimoniais para 10 mil casamentos. Desde então observa-se tendência de queda: 86 em 1985 e 83 em 1986. Cf. *Statistisches Bundesamt* (ed.), 1988, p. 78.

Divórcios na Alemanha			
ano	total	por 10 mil habitantes	por 10 mil casamentos
1900	7.928	1,4	8,1
1913	17.835	2,7	15,2
1920	36.542	5,9	32,1
1930	40.722	6,3	29,5
1938	49.497	7,2	31,1
1950	84.740	16,9	67,5
1960	48.878	8,8	35,0
1970	76.520	12,6	50,9
1980	96.222	15,6	61,3
1984	130.744	21,3	87,1
1988	128.729	21,0	–

Fontes: *Statistisches Bundesamt* (Instituto Federal de Estatística da Alemanha), 1985, p. 57, 137. • *Statistisches Jahrbuch* (Anuário Estatístico) 1983-1985, tab. 3.32-3.34. • *Wirtschaft und Statistik*, 8/1989, p. 508.

5. Classificando por duração do casamento, o número de divórcios de casais que permaneceram 16 e 20 anos casados e criaram filhos juntos foi de longe o mais elevado (360 por 10 mil casamentos, enquanto os divórcios após 2, 3 e 4 anos de casamentos oscilaram entre 146 e 230; ibid., p. 78). Presume-se que os filhos evitam a separação apenas enquanto ainda estão em casa.

6. Com efeito, o número de casamentos subiu nos últimos anos e atingiu em 1987 o patamar mais elevado dos últimos dez anos. "Mas isso não significa que os grupos etários mais jovens estariam novamente se casando com mais frequência. Pois a proporção de casamentos de quem nunca se casou antes segue em tendência de recuo." Em contrapartida, "o número de segundos e terceiros casamentos sofreu forte aumento. Se em 1960 apenas 8% dos homens e 7% das mulheres eram divorciados antes do novo casamento, no período até 1983 esse número mais que dobrou" (BURKART; FIETZE & KOHLI, 1989: 14). Desse fato depreende-se que a nova alta do número de casamentos também deriva das elevadas taxas de divórcio.

7. O *Deutsche Jugendinstitut* (Instituto Alemão da Juventude) (1988: 156) estimou 2,5 milhões, ao passo que o *Institut für Demoskopie Allensbach* (Instituto de Opinião Pública de Allensbach) (apud *Süddeutsche Zeitung*, 10-11/06/1989) estimou 3 milhões. A interpretação frequentemente ouvida de que as uniões não maritais seriam quase casamentos ou uma nova forma de noivado contradiz a composição delas: com ou sem filhos, pré ou pós-divórcio, indivíduos material ou psicologicamente lesados por divórcios anteriores, ou os chamados "concubinatos de aposentados" (BERTRAM et al., 1988: 18).

8. O grupo de sozinhos nunca casados, dos divorciados e dos casados que vivem separados totalizava 58%, enquanto o dos viúvos (mulheres e homens) girava em torno de 41,5%. Cf. *Statistisches Bundesamt* (1989: 64 ss.), cálculo com base na tab. 3.16.

9. *Bundesminister für Bildung und Wissenschaft* (Ministério da Educação e Ciência). *Grund- und Strukturdaten 1988/1989*, p. 70. Entre os formandos do ensino secundário, observou-se nos últimos anos um leve recuo da proporção de mulheres. Em 1987 era de 45,7%. Cf. *Statistisches Bundesamt*, 1988, p. 354s.

10. A discrepância é ainda maior no ensino superior: no semestre de inverno de 1987/1988, 62% dos matriculados nas universidades alemãs eram homens, contra apenas 38% de mulheres.

11. Mais precisamente, no semestre de inverno de 1986/1987 havia 61% de mulheres inscritas em Linguística e Humanidades; 38% em Direito e Ciências Econômicas e Sociais e 31% em Matemática e Ciências Naturais.

12. *Bundesminister für Bildung und Wissenschaft* (Ministério da Educação e Ciência). *Grund- und Strukturdaten 1988/1989*, p. 206-208, assim como *Statistisches Bundesamt* (1989), p. 367. No total, a proporção de mulheres era de 15% em 1987, com 5% das vagas de professores titulares ou adjuntos, 13% de professores assistentes e 19% das vagas de auxiliares ocupadas por mulheres.

13. Cf. na mesma fonte dados para cada um dos grupos de produtividade, que não são tão diferentes. Cf. tb. *Quintessenzen aus der Arbeitsmarkt- und Berufsforschung* (1984: 33s.).

14. Isso também se reflete na meteórica carreira pública e científica do conceito da individualização. A esse respeito cf., entre outros, na área de *sociologia da juventude:* W. Fuchs, 1983; W. Hornstein, 1985; W. Rosenmayr, 1985; M. Baethge, 1985; W. Michal, 1988, p. 143ss.; W. Heitmeyer e K. Möller, 1988. De *proletariado e movimentos dos trabalhadores*, cf. Mooser, 1983; K. Dörre, 1987. De *estudos da mulher*: E. Beck-Gernsheim, 1983; H. Bilden, 1989. De *desigualdade social*: P.A. Berger e S. Hradil, 1990; S. Neckel, 1989; K.U. Mayer, 1989). De *sociologia da família*: H. Bertram e R. Borrmann-Müller, 1988); H.-J. Hoffmann-Nowotny, 1988); G. Burkart et al., 1989.

15. Uma questão interessante será ver até que ponto o protesto civil democrático na RDA, totalmente surpreendente, mas, no todo, favorecido pelas rápidas mudanças no antigo bloco soviético é consequência de *individualizações retidas*. Uma rebelião contra o cabresto e a tutela burocráticos e, ao mesmo tempo, a resposta à repressão de possibilidades de desenvolvimento e autoformação, que não só foram apresentadas ou reluziram nas TVs na República Federal, mas que também, em face da segurança social alcançada na RDA, são possíveis e já passam da hora de ocorrerem.

II
Do amor ao relacionamento?: mudanças no relacionamento entre homens e mulheres na sociedade individualizada*

Elisabeth Beck-Gernsheim

Hits musicais ainda cantam o amor eterno. Em entrevistas, a vida a dois ainda é chamada de terra da esperança, como o lugar em que podemos encontrar proximidade, calor, ternura, um mundo alternativo às frias selvas de concreto lá fora.

Mas, ao mesmo tempo, já se percebem fendas profundas na imagem do mundo ideal da família. Na tela e no palco, em romances e no balbucio impotente dos relatos de experiências, para onde quer que se olhe, discussões aparecem no campo de visão. A batalha dos sexos é o drama central de nossa época. O negócio de conselheiros matrimoniais floresce, juízes de família passam por um *boom*, a taxa de divórcio é alta. E, também na vida cotidiana de famílias totalmente normais, pergunta-se calmamente: "Por que, oh, por que viver junto é tão difícil?"

O lema que nos ajuda a encontrar a resposta pode ser resumido numa frase de Elias: "Muitas vezes, é impossível entender o que está acontecendo hoje se não sabemos o que aconteceu ontem". Portanto, em primeiro lugar, voltemos um olhar para o passado. Ele deve nos mostrar como as pessoas iniciam novas esperanças de amor, mas ao mesmo tempo novos conflitos, quando as pessoas se libertam dos vínculos, prescrições e controles da sociedade pré-moderna. A interação dos dois âmbitos provoca aquela mistura explosiva que hoje vivenciamos como *amor*.

1 O amor é mais importante do que nunca

A dissolução dos laços tradicionais

Na comparação entre as sociedades pré-moderna e moderna, é repetidamente salientado que antes a vida das pessoas era determinada por uma variedade de vínculos tradicionais – desde economia familiar, comunidade de aldeia, pátria, religião até posição social e gênero. Estes vínculos sempre têm uma face dupla. Por um lado, eles restringem com rigor as possibilidades de escolhas do indivíduo. Por outro, também oferecem intimidade e proteção, uma base de estabilidade e identidade interior. Onde eles existem, uma pessoa nunca está sozinha, mas sempre acolhida num todo maior. Por exemplo, a religião:

> A ligação de nossos antepassados a crenças cristãs [...] era simultaneamente sempre imbricação de seu pequeno mundo, seu microcosmo, em um mundo grande, o macrocosmo [...]. Da imbricação do microcosmo no macrocosmo, do acolhimento de centenas e milhares de pequenos mundos no grande mundo unificador – que, por sua vez, de acordo com as ideias cristãs, repousava nos braços de Deus, que tudo envolvem – resultava não só que até mesmo a menor pessoa nunca seria causa perdida, nunca teria de depender apenas de si mesma; ao contrário, essa visão de mundo deve ter conduzido nossos ancestrais a uma estabilidade de alma, que não perdia facilmente o equilíbrio, nem mesmo diante das piores devastações da peste, da fome e da guerra.

A transição para a sociedade moderna acarreta, então, em vários níveis, desenvolvimentos que iniciam uma individualização de vasto alcance, uma desvinculação das pessoas de laços tradicionais, sistemas de crenças e relações sociais. A isto estão ligadas novas formas de condução da vida, no nível socioestrutural novas possibilidades bem como exigências, e no nível subjetivo novos modos de pensamento e comportamentos. Como Weber explicou na *Ética protestante*, este processo já começa com as doutrinas da Reforma, que anulam a certeza da salvação de épocas anteriores e abandonam o ser humano em profunda solidão interior. Este processo continua nos séculos seguintes em diversos níveis – desde a formação de um sistema econômico complexo e uma ampla infraestrutura social até o aumento da secularização, da urbanização, da mobilidade etc. –, abrange cada vez mais grupos e estilos de vida e adquire uma dimensão historicamente única no presente. O resultado de todos esses desenvolvimentos é que, gradualmente, começa a emergir uma reivindicação e coerção à vida própria (para além da comunidade e do grupo).

Para o indivíduo, essa desvinculação dos laços tradicionais provoca uma libertação de controles e obrigações anteriores. Mas, ao mesmo tempo, isso desativa aquelas condições que davam apoio e segurança às pessoas da sociedade pré-moderna. Desde as exigências do mercado de trabalho, passando pela mobilidade social e geográfica, até a pressão do consumo e os meios de comunicação de massa: todos eles trituram – em formas tanto diretas quanto indiretas, com impulsos sempre novos e força correspondentemente crescente – muitos dos tradicionais laços e relações sociais, que conectam o indivíduo com seu ambiente, sua origem, sua história. À medida que aumentam a secularização, a pluralização dos mundos da vida, a competição de valores e sistemas de crenças, são dissolvidas muitas referências que davam ao indivíduo uma visão de mundo, um contexto significativo, um ancoramento de sua existência num cosmos maior. O resultado é – como muitas vezes descrito pela filosofia, história, sociologia e psicologia – uma profunda perda de estabilidade interior. Com o "desencantamento do mundo" (Weber) começa um estado de "falta de pátria interior", o isolamento no cosmos. Vejamos, como exemplo, as mudanças na relação entre o homem e a natureza descritas por C.G. Jung:

> Nosso mundo se desumanizou na mesma medida em que aumentou nossa compreensão científica. O homem sente-se isolado no cosmos porque, já não estando ligado à natureza, perdeu sua "identificação inconsciente" emocional com os fenômenos naturais. E estes, por sua vez, perderam aos poucos as suas implicações simbólicas. O trovão já não é a voz de um deus irado, nem o raio o seu projétil vingador [...]. Pedras, plantas e animais já não têm vozes para falar ao homem, e o homem não se dirige mais a eles na crença de que possam entendê-lo. Acabou seu contato com a natureza, e com ele se foi também a poderosa energia emocional que esta conexão simbólica produzia.

Pode-se dizer que isto representa uma primeira etapa do processo de individualização: No curso de séculos de desenvolvimento, os tradicionais padrões de interpretação e sistemas de crença, em suma, as *respostas* socialmente predeterminadas, são gradualmente triturados. Outra fase começa quando o indivíduo se confronta cada vez mais com novas questões – de modo especialmente sensível na segunda metade do século XX, sobretudo com a expansão das chances de vida e oportunidades educacionais. Nas décadas de 1950 e 1960, o padrão de vida das camadas mais baixas da população melhorou num grau descrito como "espetacular, abrangente e revolucionário em termos histórico-sociais". Onde gerações anteriores muitas vezes não conhecia senão a luta diária pela sobrevivência, um ciclo monótono de pobreza e fome, agora amplos grupos sociais atingem um nível material que permite espaços de manobra e possibilidades de configuração na condução da vida. A isso se acrescenta a expansão educacional que teve início na década de 1960, que libera cada vez mais adolescentes da obrigação de ganhar dinheiro e do desgaste físico e mental num estágio precoce. Eles ganham acesso à juventude no sentido sociológico, como um período de carência e moratória. Ganham, em especial, acesso a conteúdos educacionais que não se limitam aos conhecimentos básicos, mas conduzem especificamente a outras áreas de experiência, outras formas de pensar e tradições.

A consequência dessas mudanças socioestruturais é que, pela primeira vez, amplos grupos começam a levantar questões que vão além da subsistência imediata. Justamente onde a existência se alivia, em certa medida, de limitações materiais, questões a respeito do sentido dessa existência, do significado de nossas ações podem gerar novas forças impulsivas. Velhos temas filosóficos começam agora a invadir o mundo da vida privada: Quem sou eu? De onde venho? Para onde vou? Eles trazem novos desafios – mas também novas formas de ônus ou até mesmo de sobrecarga. Os velhos padrões de interpretação tornaram-se frágeis, surgem novas dúvidas: isto deixa o indivíduo sozinho. Nem todo mundo é capaz de encontrar suas próprias respostas. O que resta são os medos e incertezas, que não mais se relacionam à esfera material, mas vão além dela – ao sentido. Segundo o psicoterapeuta Viktor E. Frankl, o "sofrimento pela vida sem sentido" se tornou o problema psíquico predominante na atualidade: Hoje, já não "nos confrontamos com uma frustração sexual, como na época de Freud, mas existencial. E o paciente típico de hoje não sofre tanto, como no tempo de Adler, com um sentimento de inferioridade, mas de uma abismal falta de sentido, que está associado a um sentimento de vazio – [...] um vácuo existencial".

O surgimento da estabilidade relacionada a pessoas

O modo de vida prevalecente até o século XVIII não era a família no sentido atual, mas a casa do "tecido sem cortes", uma comunidade econômica. Sua prioridade eram a subsistência diária e a manutenção da sequência de gerações. Nestas condições, sobrava pouco espaço para inclinações, sentimentos, motivos pessoais. Ao contrário, a escolha do cônjuge e o casamento eram um arranjo predominantemente econômico. Perguntava-se pouco pela compatibilidade (ou incompatibilidade) individual dos futuros cônjuges:

> A "felicidade pessoal" [...] consistia, para o camponês, em se casar com uma mulher com quem ele trabalhava, que lhe gerasse filhos saudáveis e o salvasse de dívidas com seu dote. Não se pode negar também que isto também seja uma espécie de felicidade. No entanto, o amor ligado à pessoa do cônjuge, o amor em si, independentemente deste fundamento, tinha pouca chance de se desenvolver.

Como mostra a pesquisa sócio-histórica, a transição para a sociedade moderna também deu início a uma profunda transformação do matrimônio e da família: a comunidade de trabalho de antes assume cada vez mais o caráter de uma comunidade de sentimento. Com o surgimento da família burguesa, ocorrem um "preenchimento sentimental da área intrafamiliar", a formação da privacidade e intimidade que caracterizam nossa imagem moderna de família.

Provavelmente não é coincidência que isto aconteça numa época em que os laços tradicionais começam a se tornar frágeis. Pois o espaço interno da família, em que agora se concentram os sentimentos e laços, assume, manifestamente, uma função de equilíbrio: ele cria um substituto para os padrões de interpretação e as relações sociais que são dissolvidos com a transição para a Modernidade. O isolamento e o esvaziamento de sentido dão impulso ao anseio por família: a família como pátria, para tornar suportável a "falta de pátria interior", como "porto" num mundo que se tornou inóspito e estranho. Vemos aqui o surgimento de uma forma historicamente nova de identidade, que é, talvez, mais adequadamente descrita como *estabilidade relacionada a pessoas*. Quanto mais os laços tradicionais perdem importância, mais as pessoas diretamente próximas se tornam importantes para a consciência e autoconsciência do indivíduo, para sua posição interna no mundo, até mesmo para seu bem-estar físico e mental.

Como ilustração empírica, consideremos o resultado de estudos sobre a relação entre apoio social e doença crônica. Foi demonstrado que uma estreita relação de confiança com outra pessoa fornece proteção psicológica importante e facilita consideravelmente a adaptação a mudanças tornadas necessárias na vida:

> Mesmo que [...] as possibilidades de contato de uma pessoa [...] sejam bastantes reduzidas quando ela se afasta do mundo do trabalho, isto não precisa causar um aumento da susceptibilidade à depressão, contanto que ela mantenha um "confidente". A qualidade dessa relação específica com alguém em quem temos plena confiança, com cuja compreensão sempre podemos contar e a quem sempre podemos recorrer com nossos problemas pessoais parece ser um fator de proteção especial [...].

Amor e casamento como âncora da identidade interna

Em certo sentido, emerge uma nova compreensão do amor como cerne desta estabilidade relacionada a pessoas. Ela é o princípio orientador do amor ao mesmo tempo romântico e duradouro, que cresce do íntimo laço emocional entre duas pessoas e dá significado e conteúdo à sua vida. Aqui o outro se torna aquele que significa o mundo para mim, e também o sol, a lua e todas as estrelas. Tomemos, como exemplo, um poema de amor clássico – *Tu és minha lua*, de Friedrich Rückert:

> És minha lua e eu sou tua terra;
> Dizes que giras ao meu redor.
> Não sei, só sei que brilho
> Em minhas noites por causa de ti...
>
> És minha alma, meu coração,
> Minha felicidade, ó, minha dor,
> És meu mundo, em que vivo,
> Meu céu, onde flutuo,
>
> Ó, és minha cova, onde deixei minhas aflições para sempre!
>
> És minha calma, minha paz,
> És o céu, a mim concedido.
> Teu amor me faz digno de mim,
> Teu olhar me transfigurou,
> Amando, tu me alças sobre mim mesmo.
> Meu bom espírito, meu melhor eu!

Esta é a forma exemplar de uma estabilidade ligada a outra pessoa, baseada no amor romântico. Seu núcleo interno pode ser descrito da seguinte forma: quanto mais desaparecem outras referências de estabilidade, mais remetemos à relação a dois nosso desejo de dar sentido e ancoragem às nossas vidas. Mais e mais depositamos nossas esperanças na outra pessoa, neste homem, nesta mulher: Ele ou ela deve conceder-nos a estabilidade num mundo que está girando cada vez mais rápido. Isto está sobriamente resumido numa sentença de Pfeil: "O 'amor conjugal romântico' é realmente necessário neste ambiente". Ou mais enfaticamente em Benard e Schlaffer:

> Talvez no passado fosse mais fácil. As pessoas acreditavam na Igreja, no Estado e que iriam para o céu se fossem uma boa esposa e mãe. Agora que Deus, se não está morto, pelo menos saiu em viagem, restam apenas as pessoas como fontes de sentido existencial. Para a maioria, o local de trabalho [...] não é realmente um local absorvente, satisfatório e que forneça sentido. [...] Restam a família, o relacionamento com as pessoas, para cujo bem-estar nos esforçamos. Compreensão, comunicação e cuidado se encolheram para o estreito círculo de relações diretas. Desprovida de relações, a pessoa se reduz às interações geladas dos dias de escritório. O tempo passa – e para quê? A pergunta a respeito do sentido é mais suportável se temos outra pessoa ou outras pessoas como ponto de fuga e orientação [...]. Podemos erguer uma pequena ilha de civilização num cosmos vazio [...].

Sobre este plano de fundo, o casamento também assume novo significado, precisamente aquele que nos é familiar hoje. Seu padrão básico foi elaborado por estudos sociológicos e psicológicos. Assim, o casamento se torna uma instância central para a "construção social da realidade": na convivência de homem e mulher, levanta-se um universo comum de interpretações, julgamentos, expectativas, abarcando desde os acontecimentos triviais da vida cotidiana aos grandes acontecimentos da política mundial. Ele se desenvolve no diálogo verbal ou não verbal, em hábitos e experiências compartilhados, numa interação contínua entre o alter e o ego. A imagem do nosso mundo é constantemente negociada, arrumada, deslocada, questionada e reafirmada.

E não apenas a construção social da realidade se torna o tema básico do casamento, mas ainda mais: a *identidade*. Esta é a face salientada de modo especial por estudos psicológicos: *na troca com o cônjuge, também buscamos a nós mesmos*. Buscamos nossa história de vida, queremos nos reconciliar com nossas decepções e mágoas, queremos planejar nossas esperanças e objetivos de vida. Nós nos espelhamos no outro, e a imagem do "tu" também é essencialmente uma imagem idealizada do "eu": "Você é uma imagem da minha vida secreta", "meu melhor eu". O casamento se torna uma instituição "especializada no desenvolvimento e estabilização da pessoa". Amor e identidade se entrelaçam intimamente.

Assim é na primeira fase do apaixonar-se:

> O apaixonar-se é a busca de nossa própria determinação... uma busca por nosso próprio eu, até o fundo. Isto é conseguido por meio de outra pessoa, em diálogo com ela, no encontro, em que cada um procura reconhecimento no outro, na aceitação, na compreensão, na confirmação e na libertação do que foi e do que é.

Assim também é na conversa íntima de um casal há muito tempo juntos:

> O passado com os seus problemas e dores não resolvidos se liberta. Não; o passado e o presente que constituem cada ser humano buscam resposta para a pergunta: Quem sou eu e para que estou aqui? E buscam, antes de tudo, outra pessoa que queira ouvir essa pergunta; como se pudéssemos nos entender a nós mesmos somente quando alguém está ouvindo e como se nossa própria história só se tornasse completa no ouvido do outro [...]. Assim, a imagem que cada um dos cônjuges tem de si mesmo e de seu mundo é produzida e confirmada, corrigida e alterada na conversação... a questão da identidade pessoal é o tempo todo negociada, ou seja, a pergunta: "Quem sou eu e quem é você"?

Mas as experiências em aconselhamento matrimonial e, em especial, os números de divórcio deixam imediatamente claro que este diálogo, inicialmente tão apaixonadamente buscado, mais tarde frequentemente falha. Ele vacila, é restringido por tabus de silêncio, é interrompido ou completamente encerrado. Por que isso acontece? Esse é o tema das seguintes seções. Elas devem mostrar como as duas tendências – o anseio crescente e o fracasso frequente – têm uma raiz comum, o que pode ser resumido numa frase: Não só as esperanças de amor, mas ainda mais suas decepções remetem à individualização crescente, que começa com a Modernidade.

2 O amor é mais difícil do que nunca

As oportunidades e limitações de uma vida própria

Os laços tradicionais da sociedade pré-moderna continham regras de conduta e regulamentos estritos. Quanto mais eles são dissolvidos, tornam-se possíveis uma extensão do raio da vida, um ganho de espaços de manobra e de chances de escolha. O curso da vida se torna, em muitos pontos, mais aberto e configurável.

A consequência imediata dessa configurabilidade é que o indivíduo é confrontado com decisões, em mais e mais níveis, desde assuntos triviais da vida diária (que lugar para as férias, qual marca de carro?) até questões que concernem ao planejamento de vida a longo prazo (que curso de formação?; quantos filhos?). Exige-se dele que seja cidadão responsável e consumidor crítico, consciente dos preços e preocupado com o meio ambiente, informado sobre energia nuclear e sobre a maneira de lidar com medicamentos. Esta "vida com excesso de possibilidades de escolhas" são frequentemente percebidas, como descrevem as teorias da modernização, como sobrecargas para o indivíduo. Mas, até agora, pouco se viu que novas pressões surgem precisamente quando o indivíduo não vive mais sozinho, mas com outra pessoa. Pois, em todos os assuntos relacionados direta ou indiretamente com o cônjuge – desde o programa de televisão até o destino de férias, desde o mobiliário até a educação dos filhos –, processo de tomada de decisão deve levar em conta as ideias, desejos, hábitos e padrões de *duas* pessoas. As consequências são previsíveis: *quanto maior a complexidade no campo de decisão, maior será o potencial de conflito no casamento.*

Este potencial de conflito é ainda aumentado pelo fato de que no verso da nova configuralibidade surgem novas exigências e restrições. Assim, os planejamentos e as decisões são, de fato, num certo sentido, livres, mas ao mesmo tempo estruturalmente determinados pela lógica da individualização, que agora adentra o curso da vida. Pois, com a dissolução da família como comunidade econômica, surgem novas formas de subsistência que *são mediadas pelo mercado de trabalho e se relacionam aos indivíduos*. O comportamento de profissionais está sujeito às leis do mercado – por exemplo, mobilidade e flexibilidade, concorrência e carreira –, que dão pouca consideração a laços privados. Quem não segue essas leis arrisca seu emprego, renda e posição social. Idealmente, o eu se torna aqui o centro de um complexo sistema de coordenadas, que inclui muitas dimensões – desde formação e mercado de trabalho até seguro de saúde e aposentadoria – e deve ser constantemente atualizado e revisado. Em particular, as exigências do mercado de trabalho se tornam um eixo central do planejamento pessoal do futuro:

> Para a maioria das pessoas, o principal vetor institucional do planejamento de vida é o mercado de trabalho e nossa referência a ele [...] o princípio organizador fundamental de projetos biográficos é nossa própria profissão, e outros projetos de carreira giram em torno da profissão e são dependentes dela.

Percebem-se, aqui, os efeitos de uma série de desenvolvimentos socioestruturais que aparecem nitidamente na Alemanha no período pós-guerra: a mobilidade em suas diversas formas – geográfica, social e cotidiana entre casa e trabalho; entre trabalho e lazer; entre educação, emprego remunerado e aposentadoria – libera cada vez mais as pessoas de laços predeterminados (vizinhos, colegas, cultura regional etc.). Do mesmo modo, a educação distancia a pessoa de seu ambiente de origem. A qualificação profissional adquirida individualmente por "desempenho" abre carreiras individuais no mercado de trabalho, que, é verdade, evoluem de modo típico para grupos profissionais inteiros, mas forçam o indivíduo a se tornar o ponto de referência de preparações e decisões, fracassos e sucessos. A participação no mercado de trabalho exige mobilidade e requer formação, de modo que os diversos componentes se complementam e se reforçam.

Esta descrição externa cobre apenas parte das mudanças de que se trata aqui. Pois a lógica da individualização, que conduz a configurabilidade básica da biografia na direção de *determinadas* escolhas e ações, tem também consequências "internas" para as pessoas envolvidas. Ela leva a uma luta pelo "espaço próprio" literal e figurativamente, à busca pelo *self*, à luta pela autorrealização. O fato de hoje essas palavras desempenharem papel tão importante – em entrevistas, terapia, literatura – não significa um surto de egoísmo coletivo. Em vez disso, estes temas exprimem justamente daquelas evoluções socioestruturais na tríade "educação, mercado de trabalho e mobilidade", avançam continuamente até os âmbitos mais internos da pessoa e agora aparecem em massa nas biografias individuais como problema aparentemente particular. Onde a vida se torna "biografia autoconcebida", a autorrealização "não é simplesmente uma nova estrela no céu de valores, [mas sim] a resposta cultural aos desafios de uma nova situação de vida" ou, mais sucintamente: uma obrigação culturalmente predeterminada.

A pergunta é óbvia: *Quanto espaço permanece na biografia autoconcebida com todas as suas restrições para um cônjuge com seus próprios planos de vida e restrições?* O outro aqui não se torna uma expectativa externa e, na verdade, um fator incômodo? Até que ponto ainda é possível uma convivência no âmbito de formas de vida em que a autorrealização se torna uma obrigação prevista? Quantas vezes surgem situações em que, mesmo com a melhor boa vontade de ambos os lados, em última análise duas mônadas estão negociando uma com a outra e não construindo um universo comum, mas defendendo seus universos distintos – às vezes de modo civilizado, às vezes amargo e sem limites?

É interessante olhar por esse ângulo os novos conceitos de amor, casamento, relação a dois, atualmente proclamados em muitos livros de aconselhamento. Em todos os tipos de variações, por vezes bastante suaves, outras vezes bastante grosseiras, mostra-se uma tendência de transformar a autoafirmação em lei – não apenas no mundo exterior do trabalho e do público, mas também agora no interior do âmbito privado. A fórmula mágica se chama autenticidade. As frases frequentemente citadas da *gestalt* terapia, reproduzidas em inúmeros cartões comemorativos, cartazes e canecas de café, exprime essa mensagem com toda a clareza.

> Eu faço o que faço;
> e você faz o que faz.
> Não estou neste mundo
> para viver de acordo com suas expectativas.
> E você não está neste mundo
> para viver de acordo com as minhas.
> E se por acaso nos encontrarmos – maravilhoso.
> Se não, o que se há de fazer?

Que contraste com os poemas de amor *à la* Ruckert! É preciso admitir que a maioria dos livros de aconselhamento não vai tão longe, mas apontam numa direção semelhante. Agora se apela não mais a uma adaptação ao outro, mas a uma delimitação consciente. Pratica-se a confrontação construtiva, o "não no amor". A terapia busca promover o entendimento "de que para duas pessoas que se amam não é desejável ser *um só* coração e *uma só* alma". E recomenda-se "regular o máximo possível de aspectos da convivência diária num contrato de casamento" – do direito e dever à "liberdade pessoal" até as "regulações em caso de separação". Nestas fórmulas e espelha o padrão básico de individualização aplicado à vida a dois. Faz-se uma tentativa de encontrar formas de conduta para indivíduos independentes com seus próprios estilos de vida e direitos, diante do difícil equilíbrio entre vida privada e vida a dois. Mas a suspeita se impõe: Esse dilema básico da sociedade individualizada não está sendo tratado com receitas que podem agravar o problema em vez de resolvê-lo? Se a ênfase agora recai no lema "brigas unem o casal", quantas vezes isto conduz à desejada tensão criativa, e quantas vezes o resultado é o "divórcio criativo", que também dá título a um livro?

> Se as negociações falharem, pode haver, de acordo com um livro diferente, um "divórcio bem-sucedido" – de modo algum a ser pensado como fracasso –, mas um que "foi previamente considerado em termos de mobilidade ascendente pessoal, com ênfase não tanto sobre o que está sendo deixado e pode, portanto, ser perdido, mas no que vem pela frente e pode ser incorporado a uma nova e melhor imagem". Após o divórcio bem-sucedido, este livro de modificação de comportamento nos diz, "pequenos casos amorosos" podem ser úteis [...]. Uma pessoa com "autoimagem positiva" não precisa se preocupar com promiscuidade. Todos esses casos serão "significativos" porque todos eles vão contribuir para o "reservatório de experiências do eu".

Quando o amor falha mais uma vez e essa esperança é extinta, temos de encontrar uma nova. O lema é então: "How to Be Your Own Best Friend". Esta é a única esperança que resta? *A individualização, que inicialmente produziu o anseio romântico, conduz coerente e inevitavelmente a uma nova fase – ao mundo pós-romântico?*

> No mundo pós-romântico, onde os antigos laços não atam mais, tudo o que importa é *você*: você pode ser o que você *quer* ser; você escolhe sua vida, seu ambiente, até mesmo sua aparência e suas emoções [...]. As antigas hierarquias de proteção e dependência já não existem; existem apenas contratos livres, livremente encerrados. O mercado, que há muito se expandiu para incluir as relações de produção, agora se expandiu para incluir todos os relacionamentos.

Com efeito, não apenas a vida do indivíduo se torna mais aberta e moldável, mas também, em especial, a forma de vida a dois. Na sociedade pré-industrial, havia um modelo claro, em que se ancoravam as necessidades de subsistência. Era o casamento como equipe de trabalho, com marido e mulher com seu respectivo âmbito de trabalho e os filhos sendo importantes como forças de trabalho e herdeiros. E hoje? Uma série interminável de perguntas: A mulher deve trabalhar fora, sim ou não, o dia todo ou por meio período? O homem deve seguir carreira em linha reta, dividir responsabilidades profissionais e familiares, ou até mesmo assumir a posição de dono de casa? Filhos são desejados, sim ou não, quando e quantos? Se sim, quem cuida da educação, se não, quem deve prevenir? Cresce a probabilidade de que – mais cedo ou mais tarde, aqui ou ali – os parceiros cheguem a diferentes respostas. E isso não por motivos prioritariamente pessoais ou porque lhes faltam disposição para comprometimento e boa vontade, mas porque em suas próprias biografias, especialmente suas biografias profissionais, levantam-se barreiras para a configurabilidade de suas vidas e também ameaças de desvantagens consideráveis: a oferta de emprego numa cidade distante é, para um, progressão na carreira, mas empurra o outro para escanteio profissional.

E, além da variedade de questões substanciais, há também a abertura no eixo temporal: cada decisão pode ser revogada no curso do casamento. De fato, ela deve até mesmo ser revogável de acordo com as restrições biográficas que são aplicadas no curso de vida individualizado e estão sempre exigindo do indivíduo a atualização e otimização de suas decisões, as quais, por sua vez, são retomadas e reforçadas pelos novos modelos psicológicos, que exigem mais abertura, capacidade de aprendizagem, crescimento. Tais postulados são – isto é indubitavelmente certo – úteis contra a mudez e indiferença da rigidez cotidiana do casamento. Mas eles também têm seus perigos. Pois o que acontece quando um dos cônjuges quer se ater às velhas formas e o outro não; ou quando ambos querem mudar, mas em direções diferentes? E tais casos não são raros:

> Há casais que haviam concordado que era melhor para todos se a mulher se dedicasse totalmente à família. Mas, depois de alguns anos, a mulher sofre com a estreiteza e isolamento do âmbito privado e quer voltar a trabalhar, enquanto o marido, satisfeito com o padrão bem-estabelecido, insistindo em direitos costumeiros, se sente ameaçado com a mudança. Há também o exemplo de casais que se casaram na década de 1960 com noções convencionais de fidelidade e, alguns anos depois, leem em toda parte sobre o "casamento aberto" como uma receita ideal. E se agora um se agarrar à segurança do que é habitual, e o outro quiser experimentar as atrações do novo: Quem está certo?

Às vezes nenhum. O certo e o errado tornam-se categorias imprecisas quando não há mais nenhum critério comum, mas os critérios de *duas* biografias, com seus diferentes requisitos e restrições, além da rápida mudança de modelos. Isto aumenta a margem para interpretações subjetivas, que acolhem os desejos de cada um – e, na verdade, em ambos os parceiros, mas com colorações características. E isto aumenta a frequência com que pelo menos um se sente incompreendido, magoado e traído.

Homem *versus* mulher

Nos textos clássicos do movimento feminista, muitas vezes se expressa a esperança de que, acabada a opressão das mulheres, também começará um novo e melhor relacionamento entre os sexos. Isto é formulado numa frase: *O verdadeiro amor é possível apenas entre pessoas livres e iguais*. Tomemos por exemplo a famosa Declaração dos Direitos da Mulher, escrita por Mary Wollstonecraft em 1792:

> É inútil esperar virtude das mulheres antes que elas se tornem, em algum grau, independentes dos homens; ou melhor, é inútil esperar que a força da afeição natural lhes torne boas esposas e mães. Enquanto forem absolutamente dependentes de seus maridos, elas serão ardilosas, mesquinhas e egoístas, e os homens que podem ser gratificados pelo carinho adulador de uma afeição canina não têm muita delicadeza, pois o amor não pode ser comprado... Se os homens, no entanto, generosamente rebentassem nossas correntes e se contentassem com uma parceria racional em vez de obediência servil, eles iriam nos achar filhas mais atentas, irmãs mais afetuosas, esposas mais fiéis... Nós iríamos amá-los com verdadeira afeição, pois aprenderíamos a nos respeitar.

Quase ninguém afirmaria que as orgulhosas esperanças de outrora foram cumpridas. Mas por que as coisas evoluíram de outra maneira? Para tanto, consideremos o processo de modernização em mais detalhes, com um olhar especial para os homens e as mulheres. A declaração clássica do debate sobre a modernização diz que, com a transição para a Modernidade, o indivíduo se liberta de referências tradicionais. Esta declaração, quando comparada com os resultados dos estudos sócio-históricos sobre a família e as mulheres, é tanto correta quanto falsa; mais precisamente: ela contém apenas metade da verdade. Pois ela não leva em conta a "outra" metade da humanidade. No início da Modernidade, a individualização se limita exclusivamente aos homens.

É exemplar disto uma passagem no *Direito natural* de Fichte, em que a relação entre a mulher e o homem é apresentada da seguinte forma:

> Aquela que sacrifica sua personalidade enquanto afirma sua dignidade humana concede necessariamente ao amado tudo o que ela possui [...]. O mínimo que se segue disto é que ela lhe transfere sua fortuna e todos os seus direitos, e vai morar com ele. Só unida com ele, apenas sob seus olhos e em seus negócios, ela ainda tem vida e atividade. Ela deixou de levar a vida de um indivíduo; sua vida tornou-se uma parte da vida dele (i. é apropriadamente indicado pelo fato de ela receber o nome do marido).

O historiador americano Degler escreve resumidamente:

> A ideia de individualismo no Ocidente tem uma longa história [...]. John Locke e Adam Smith celebraram os princípios de direitos e ações individuais, mas os indivíduos que tinham em mente eram homens. No todo, as mulheres não eram, então, consideradas senão assistentes de apoio – necessárias, é certeza, mas não indivíduos em seu próprio direito. O indivíduo como uma concepção no pensamento ocidental sempre assumiu que por trás de cada homem – isto é, cada indivíduo – havia uma família. Mas os membros desta família não eram indivíduos, exceto o homem, que, por lei e costume, era sua cabeça.

Característico do curso do processo de modernização é justamente o fato de que as biografias normais masculina e feminina, inicialmente, modificaram-se em direções bastante distintas. O contexto de vida feminina não é expandido no século XIX, mas, ao contrário, é mais restrito ao espaço interno do privado. Além do cuidado físico aos membros da família, sobretudo o cuidado psíquico também se torna papel especial das mulheres – envolver-se com o homem e suas preocupações, equilibrar situações de estresse familiar, enfim, tudo o que, nos debates atuais, se chama trabalho emocional ou trabalho sobre relacionamentos. Quanto mais o homem precisa sair para o mundo hostil, mais a mulher deve permanecer "plena e pura e bela", a fim de conservar "numa existência silenciosa, pacificada, a interioridade conciliada da vida emocional". Em meio a um mundo cada vez mais racionalizado, ela deve criar equilíbrio, um oásis de paz para o marido. "O amável mundo da mulher" deve ser um

> feliz e tranquilo oásis, uma fonte da poesia da vida, um resíduo do paraíso. E não queremos que isto nos seja tirado por nenhuma "questão feminina", por nenhuma sabichona infeliz, nem por algum economista superinstruído. Nós queremos preservá-lo [...] tanto quanto possível até mesmo para os "trabalhadores" pobres e paupérrimos com a ajuda de Deus [...] (NATHUSIUS, 1871).

> O que nos seduz nas mulheres é justamente o calor emocional, a ingenuidade e frescor, em que elas levam vantagem sobre os homens precoces, calejados pelo trabalho prematuro, e a atração que exercem sobre os homens com essas propriedades estaria irremediavelmente perdida se este encanto nelas fosse destruído pela educação (Appelius, vice-presidente do Parlamento de Weimar, no Landtag de Weimar, 1891).

> Modos masculinos e independência são a degenerescência da mulher; sua maior honra é a feminilidade ingênua, isto é, subordinar-se de coração despreocupado, ser modesta, não querer ser mais do que deve... O homem foi criado antes da mulher e para ser independente; a mulher lhe foi dada em benefício dele (Löhe, século XIX).

Em tais declarações, presentes em inúmeras variações nas áreas de política e filosofia, religião, ciência, arte do século XVIII e XIX, torna-se nítido o núcleo real das "virtudes contrastantes" emergentes aí (Habermas). Quanto mais se exigia do homem autoafirmação lá fora, mais a mulher praticava dentro de casa o autorrecolhimento. Isto pode ser visto inequivocamente numa variedade de disposições legais, que estabeleciam claramente a dependência da esposa em relação ao marido. Por exemplo, a mulher era obrigada a incorporar o sobrenome do marido, a partilhar sua nacionalidade, morar com ele, regular suas relações de acordo com seus desejos. Ele tinha o direito de monitorar sua correspondência, determinar as diretrizes da gestão doméstica e os gastos; e, em muitos casos, o poder de dispor dos bens da mulher também era transferido para o marido.

O preço de tais regulações é alto, e claramente em detrimento das mulheres. Mas sua função também é nítida. Visto que, por definição, não há, nem pode haver, desejos conflitantes entre homem e mulher, alcança-se certa forma de estabilidade, por mais opressiva que possa ser para um dos lados. Sob tais condições, nem mesmo o aumento gradual das possibilidades de escolha deve perturbar a harmonia familiar: é a vontade dele que vale. Cabe à mulher adaptar-se ao homem.

> Ela deve se acostumar desde jovem... a ver o sexo masculino como o que detém o privilégio do domínio; deve se fazer disposta a isto mediante doçura, paciência e submissão (BASEDOW, 1770).

Agatha Christie escreve nas memórias de sua infância:

> Num relacionamento, o homem era incontestável: ele era o senhor da casa. Quando uma mulher se casava, ela aceitava seu modo de vida e a posição que ocupava no mundo. Parece-me ser esta uma boa base para um futuro feliz. Se você não pode se conformar com a vida de seu futuro esposo, não aceite o emprego – em outras palavras, não se case. Vejamos, por exemplo, um atacadista têxtil; ele é católico, prefere viver no subúrbio, joga golfe e gosta de passar as férias no litoral. Você se casa com *isto*. Decida encontrar prazer em tudo isto. Não pode ser tão difícil assim.

Desde então, foram rápidas as mudanças. Libertar-se das referências tradicionais, o que permaneceu limitado aos homens no início da era moderna, é algo que, desde o final do século XIX, e especialmente desde a década de 1960, também tem ocorrido para as mulheres. Por exemplo, na educação: embora, já no final do século XIX, os caminhos educacionais já se abrissem lentamente para as jovens, a grande virada na educação das meninas somente se impôs mais de meio século depois, com a expansão educacional da década de 1960. A longa e evidente desvantagem para as jovens no campo educacional era agora especificamente combatida, e o sucesso desta empreitada superou todas as expectativas. Em apenas duas décadas, as pronunciadas diferenças de oportunidades entre os sexos deram lugar a uma distribuição quase igualitária de meninos e meninas nas escolas de ensino geral, e isto em todos os níveis, até a universidade.

Por exemplo, o emprego: embora o modelo de dona de casa e mãe tenha surgido com a ascensão da família burguesa, nas classes mais baixas as mulheres sempre precisaram ganhar dinheiro também, porque o salário do homem era insuficiente para a manutenção da família. E também na classe média, onde o trabalho na família perdia cada vez mais suas funções produtivas, no final do século XIX ele podia oferecer cada vez menos ocupação e meios de subsistência às mulheres. Cresceu o número de mulheres sem posses que dependiam de um trabalho remunerado. Mas a atividade profissional na burguesia tinha um prazo fixo, que durava até o casamento: o lugar da mulher casada ainda era o lar. Mudanças mais extensivas ocorrem apenas a partir da década de 1950. Inicialmente se assinala – na Alemanha como em outros países industrializados – um forte aumento de mulheres casadas com uma atividade profissional: cada vez mais mulheres continuam trabalhando não apenas até o casamento, mas até o nascimento do primeiro filho, e algumas retornam ao trabalho quando as crianças crescem. Numa segunda fase, ocorrem – de novo na Alemanha como em outros países industrializados – mudanças significativas na relação entre maternidade e emprego, que se refletem em especial no aumento do número de mães que trabalham fora. Assim, para um número sempre maior de mulheres, a atividade profissional hoje é muito mais do que apenas uma fase intermediária: "Não ter um emprego remunerado se torna uma exceção para as mulheres, uma exceção cada vez mais claramente limitada à fase de cuidar das crianças pequenas".

A isto se acrescentam as mudanças demográficas: desde o início da Modernidade, a expectativa de vida aumentou e atingiu, perto do fim do século XX, um grau sem precedentes históricos. Por outro lado, o número de crianças caiu drasticamente, a começar principalmente pela Europa, com um primeiro declínio de nascimentos no final do século XIX, que continuou intensamente desde os anos sessenta do século XX. A interação destas duas tendências alterou decisivamente os contornos da biografia normal do sexo feminino. Pois precisamente aquela tarefa, que com a dissolução da "casa total" e a ascensão da família burguesa, ocupou cada vez mais o centro da vida das mulheres – a saber, a criação dos filhos – assume agora, em termos puramente temporais, um espaço cada vez menor na vida da mulher. Surgiu uma fase historicamente nova da vida, a fase do "ninho vazio", em que a mulher não é solicitada por filhos.

Assim, as mulheres são, ao menos em parte, desvinculadas do laço familiar por mudanças na educação, profissão, ciclo familiar, legislação etc. e podem esperar cada vez menos sustento pelo homem e são relegadas (em forma, contudo, muitas vezes contraditória) à independência e autossuficiência. O correlato subjetivo desses desenvolvimentos é que as mulheres hoje estão cada vez mais descobrindo – devem descobrir – expectativas, desejos, planos de vida, que já não são ligados unicamente à família, mas também à própria pessoa. Elas precisam, primeiro no sentido econômico, planejar sua própria segurança existencial, se necessário até mesmo sem o homem. Elas não podem mais se ver apenas como "apêndices" da família, mas devem cada vez mais se compreender como pessoas individuais, com interesses e direitos, planos de futuro e possibilidades de escolhas próprias.

Vejamos as frases clássicas de *Casa de bonecas*, de Ibsen:

> Helmer: Então você se esquiva de seus mais sagrados deveres [...] para com seu marido e filhos?
> Nora: Eu tenho outros deveres que são igualmente sagrados.
> Helmer: Não tem. Quais deveres seriam esses?
> Nora: Deveres em relação a mim mesma.
> Helmer: Você é, antes de tudo, esposa e mãe.
> Nora: Não creio mais nisto. Creio que sou um ser humano acima de tudo, assim como você..., ou melhor, tentarei me tornar um.

Aqui interessa, sobretudo, indagar como tais alterações repercutem na relação entre homens e mulheres. Não resta dúvida de que há, por um lado, novas oportunidades e possibilidades: um vínculo entre homem e mulher, que já não se baseia predominantemente, como na sociedade pré-industrial, nos requisitos materiais da subsistência; nem, como no modelo burguês do século XIX, na complementaridade dos caracteres sexuais definidos como opostos, uma complementaridade que, no cerne, sempre significa também subordinação das mulheres. Em vez disso, há agora um vínculo que se baseia na afinidade, ou numa formulação mais cautelosa, na parceria igualitária de duas pessoas que são interiormente próximas no caráter e atitude perante a vida. Trata-se do vínculo que é concebido como visão nos textos clássicos do movimento feminista. É aquele "maior milagre de todos" que aparece como uma esperança no final da *Casa de bonecas*, de Ibsen:

> Helmer: Nora... nunca poderei ser mais do que um estranho para você?
> Nora: Ah! Torvald, para isso seria preciso o maior dos milagres... Seria preciso transformarmo-nos os dois a tal ponto... Ah, Torvald! Já não acredito em milagres.
> Helmer: Eu, porém, quero crer neles. Diga. Deveríamos nos transformar a tal ponto que...
> Nora: ...a tal ponto que nossa convivência se tornasse um verdadeiro casamento.

Aqui não interessam as formas ideais e os possíveis milagres, mas o outro lado, os múltiplos fracassos dos relacionamentos hoje em dia. Deste ponto de vista, não devemos ignorar que, com a mudança da biografia feminina normal, também surgem novos riscos e ônus para o relacionamento entre homens e mulheres. As considerações da seção anterior, que tematizaram as chances e limitações de uma vida própria, permaneceram imprecisas num ponto decisivo.

Porque elas já pressupunham uma situação em que homens *e* mulheres atuam como parceiros de decisão, mas esta constelação não está, de modo algum, dada desde o início. Vale, portanto, complementar: o que há de decisivamente novo no campo do amor e casamento não é a individualização da biografia, tal qual elaborada nas teorias sociológicas, ou melhor: individualização da biografia masculina, que começou na transição para a Modernidade. A novidade crucial aqui é, antes, a individualização da biografia *feminina*, a desvinculação da mulher da integração na família, que começou lentamente apenas no final do século XIX e continuou com mais rapidez a partir dos anos sessenta do século XX. Ou ainda mais incisivamente: enquanto era apenas a biografia masculina que estava subordinada ao padrão básico da individualização e a mulher era, complementarmente, encarregada da existência dos outros, a coesão familiar se mantinha em grande parte intacta – ainda que ao preço da desigualdade das mulheres. Mas agora esta "divisão da Modernidade ao meio" não pode perdurar por mais tempo, uma nova era começa na história da mulher – bem como na história do homem *e* da mulher. Só agora se concretiza o fato de que, no momento do amor, há o encontro de duas pessoas que estão sujeitas, *ambas*, às possibilidades e restrições de uma biografia autoconcebida.

Isto é já visível nas expectativas que homens e mulheres têm em relação à vida a dois. Como Jessie Bernard disse, todo casamento é sempre composto por dois casamentos: o do homem e o da mulher. Esta fórmula chama a atenção para uma situação que permaneceu indetectada por um longo tempo, mas ganhou visibilidade cada vez maior em consequência do movimento das mulheres e de estudos feministas. Desde então, é cada vez mais evidente que as expectativas e esperanças que homens e mulheres ligam à palavra "amor" não concordam em pontos importantes. Como Lilian B. Rubin diz em tom de provocação: no âmbito íntimo de seu encontro, homens e mulheres são "estranhos íntimos". Isto se aplica aos desejos, à sexualidade e ao erotismo, bem como à divisão do trabalho ou ao comportamento nas conversas do cotidiano, aos temas e padrões de comunicação entre os parceiros. Tais diferenças entre os gêneros típico incluem principalmente o fato de que os homens enfatizam mais o lado instrumental do amor e do casamento, o sustento na vida cotidiana, "que tudo corra bem". As mulheres, por outro lado, colocam muito mais ênfase nos sentimentos e proximidade interior, justamente "na compreensão mútua".

Esta diferença de expectativas provavelmente não é nova. É nova apenas a maneira de lidar com elas. Pois, na medida em que as mulheres se veem como pessoa com desejos próprios, elas deixarão de suportar em silêncio o fato de não serem estes realizados. Ao contrário, vão expressar seus desejos, reclamar por eles enfaticamente; e se tudo o mais falhar, irão até as últimas consequências, incluindo o divórcio. Conforme relatado em estudos recentes sobre as causas do divórcio: as mulheres depositam grandes expectativas sobre uma convivência boa, emocionalmente satisfatória e, portanto, mostram-se mais insatisfeitas com seu casamento do que os homens. Este é o caso de Nora, a personagem de Ibsen que deixa uma casa que parece feliz ao marido; e está disposta a retornar somente se isto resultar "num casamento", ou melhor: um casamento de acordo com o entendimento *dela*. A tendência, implícita aqui, talvez possa ser expressa na seguinte fórmula: anteriormente, no caso de decepção as mulheres desistiam de suas esperanças. Hoje, no entanto, eles se agarram às esperanças – e abrem mão do casamento.

Num estudo recente, as mulheres foram perguntadas por que tinham saído de um casamento que, por todos os critérios externos, parecia "inteiramente bom". A autora resume os resultados como se segue:

> Elas foram embora porque queriam mais do que podiam obter de seus casamentos. O que pode ter sido considerado casamentos aceitáveis para as nossas mães – e certamente para nós quando procuramos realizá-los – já não é aceitável. Estas mulheres queriam mais do que um teto sobre a cabeça, um marido para sustentá-las e crianças para cuidar. Queriam intimidade emocional, igualdade na relação, e desejavam exercer controle sobre sua própria vida.

Assim, aumenta o potencial de conflito; e, ao mesmo tempo, as possibilidades de redução de conflitos são reduzidas. Pois, quanto mais as mulheres aprendem a se afirmar de forma independente – até mesmo têm de aprender isto frente à tendência da época à individualização –, menos vão aceitar as soluções praticadas pelas gerações anteriores: adaptação ao homem e abandono de seus direitos e desejos. Agora desaparece aquele aglutinante que antes garantia a coesão, a saber, o velho papel das mulheres, o autorrecolhimento em favor dos outros, prontidão para esforços tão infinitos quanto invisíveis que criam o equilíbrio no clima emocional. Quem agora deve realizar o trabalho para o bom relacionamento? Muitas mulheres estão cansadas dos esforços intermináveis, muitos homens ainda são inexperientes, e ambos os sexos ficam sobrecarregados quando, após a pressão da competição no trabalho, à noite ainda têm de enfrentar uma montanha de trabalho emocional.

A situação é agravada ainda mais pelo fato de que mudanças de ritmo e grau, como as observamos hoje, dificilmente podem fluir sem problemas, mas quase inevitavelmente geram atritos. Tanto os homens como as mulheres estão presos entre antigos modelos e novos modos de vida, confrontados com a mudança de imposições dependendo dos grupos e estilos de vida, e, especialmente, com expectativas internas conflitantes: a fase entre "não mais" e "ainda não" é uma mistura contraditória. As consequências serão sentidas em muitos níveis, tanto para homens quanto para mulheres. Em primeiro lugar, há o problema que pode ser chamado de pobreza da mulher solteira. Isto se refere a mulheres com baixa escolaridade que se veem privadas das tradicionais seguranças do contexto de vida do sexo feminino, mas também não estão suficientemente preparadas para as restrições da biografia autoconcebida. Essas mulheres estão "a apenas um homem de distância da assistência social" – e quando este está ausente, como é o caso de um grupo crescente de solteiras e divorciadas, o resultado, como muitas vezes já descrito, é a "feminização da pobreza" (Diana Pearce). Na outra extremidade da hierarquia social há um problema, ainda pouco conhecido, mas que se torna gradualmente visível. Trata-se das mulheres que fazem carreira de modo independente, mas muitas vezes tem de pagar um preço elevado por isso na vida privada: a "solidão da mulher profissionalmente bem-sucedida".

Desenvolvimentos deste tipo são descritos, por exemplo, pela psicóloga Jean Baker Miller. Segundo sua experiência, os problemas que levam as mulheres a procurar terapia mudaram notavelmente dentro de poucos anos. No início da década de 1970, eram principalmente mulheres de meia-idade que tinham se casado jovens, criado os filhos e finalmente percebido que, para tanto, tiveram de sacrificar suas próprias necessidades. Hoje, no entanto, as que procuram ajuda terapêutica são, muitas vezes, mulheres profissionalmente bem-sucedidas da geração mais jovem, diligentes, solteiras ou divorciadas, cuja necessidade de relações pessoais ainda não foi satisfeita em sua vida. Pois a mulher que dedica a vida ao trabalho dificilmente terá à disposição um dono de casa que cuide dos âmbitos emocionais negligenciados. As consequências são previsíveis: "Ou ambos os parceiros são totalmente empenhados em seguir as definições tradicionais de sucesso, de modo que nenhum tem energia para cuidar da relação, ou a mulher de carreira constata que ela absolutamente não tem um parceiro".

Isidora, heroína de um romance de Erica Jong, se encaixa bem neste contexto. Isidora, autora celebrada e três vezes divorciada, pensa melancolicamente:

> [...] mulheres realizadas [...] assumem – erroneamente – que o que vale para os homens também vale para elas: que a realização trará consigo fama, fortuna e lindos amantes [...]. Mas, infelizmente, muitas vezes obtemos o contrário. Tudo que o que nossas conquistas nos compram no departamento do amor são homens ameaçados, pênis flácidos, abandono. E olhamos para o passado e nos perguntamos por que trabalhamos tão arduamente para a glória profissional, quando a felicidade pessoal é a perda que temos de pagar.

Ao mesmo tempo, em alguns grupos também crescem sinais de um novo tipo de mulher que para se liberar das antigas dependências defende diretamente o lema: A mulher é ela própria, com ou sem um homem. A busca da identidade própria leva a uma delimitação geral em relação aos homens, e o olhar, seguindo as leis de formação reativa, passa a focar unilateralmente os próprios direitos. É especialmente sintomático disto o mercado de literatura feminina, em que a relação entre os sexos, por vezes, deságua em mera confrontação. O título, deliberadamente provocativo, tem mais que um significado simbólico. "Agora é minha vez" pode resumidamente descrever o lema das novas tendências. Em vez de "nós" há agora um "Ele ou eu", e em caso de conflito "Eu sou eu". Após a subordinação, agora é a vez do "Ajuste de contas". Quando, na sexualidade rápida, apenas os corpos se juntam enquanto suas pessoas continuam estranhas uma para a outra, o outro é chamado de "Misógino" e publicamente se proclama a "Morte do príncipe encantado". Por fim se diz: "Melhor ficar sozinha".

Os impactos da dissolução do velho papel feminino para os homens são menos bem documentados; em parte provavelmente porque os homens ainda têm cada vez mais poder e, portanto, mais possibilidades de se esquivar; mas em parte, sem dúvida, porque lhes é consideravelmente mais difícil expressar seus sentimentos e sofrimentos. O diagnóstico pode variar dependendo do ângulo e também do sexo do observador. Alguns veem o "homem inseguro". Outros constatam repressões, indisposição para compreensão, fixação em privilégios. Seu julgamento sobre os homens nesse período de mudanças decreta "Muitas vivências, mas nenhuma compreensão" – os antigos patriarcas em novas roupas. Por certo, os novos sinais são confusos e contraditórios para homens, não correspondem às expectativas de sua própria socialização e contêm alguns ataques, explícitos ou velados, à autoimagem masculina. Homens das mais diferentes origens e formações fazem coro para perguntar: "O que as mulheres querem?" Muitos deles estão, em princípio, dispostos a reconhecer as exigências como justificadas, mas ficam teimosos e relutantes quando isto traz consequências desconfortáveis para sua própria vida, quando têm de enfrentar as cansativas questões sobre quem lava as louças ou cuida dos filhos. Como afirma um estudo empírico recente: "Os homens estão divididos em suas reações. Sua teoria não se traduz em prática. Por trás de *slogans* de comunhão de interesses se esconde uma desigualdade real." E surge um novo ideal: a mulher que, conforme os interesses do homem, é ao mesmo tempo independente e suficientemente disposta a se adaptar. O estudo citado afirma: "A mulher independente, que sabe o que quer, é desejada. Esta nova mulher é uma mulher que regula os seus assuntos (e de outros membros da família) de forma independente e responsável e, assim, ajuda a aliviar o peso sobre o homem". No entanto: "Os homens têm problemas com a emancipação quando a independência da mulher ameaça se voltar contra eles, e exigências e interesses são impostos contra eles". Como um homem em outro estudo descreve:

> O que a gente quer é casar com uma mulher com curso superior, intelectual o suficiente para manter uma conversa, confiante para nos ajudar em nosso negócio ou nos ajudar com os processos de tomada de decisão ao longo da vida, mas que também esteja disposta a cuidar da família e da casa. Se você encontrar uma mulher assim, você pode se dizer vitorioso.

Em face dessas experiências, dolorosas para todos os envolvidos, o movimento das mulheres se voltou para um novo tema nos últimos anos. O foco de atenção agora é o difícil ato de equilíbrio entre liberdade e vínculo. Não se busca aqui um retorno à forma antiga com todas suas dependências e restrições. Continuam a existir as esperanças em torno de um relacionamento com direitos iguais. Mas, com mais frequência do que antes, levanta-se um questionamento, fruto de muitas decepções: O amor é possível entre iguais? Existe amor após a emancipação? Ou liberdade e amor são opostos inconciliáveis?

Por um lado, o amor tira a autonomia: "[...] pois você me faria seu Sancho Pança num cavalo magro, roubaria minha personalidade e minha vida. Ai de mim, se eu aceitasse seu amor e retribuísse".

Por outro lado, as pessoas perdem o amor por causa da autonomia: "Sabíamos, quando perdemos nossa inocência, que estávamos arriscando perder o amor. Mas nossa certeza de que a iluminação sempre faz a dor valer a pena foi um conforto frio quando descobrimos, com bastante frequência, que não podíamos aplicar o que havíamos aprendido à vida privada sem destruir o amor".

Um dilema se levanta. O problema na antiga forma das relações entre os gêneros era a opressão das mulheres, o que também mantinha essa forma em vigor. A nova forma tem seus problemas no fato de ambos os sexos terem agora uma biografia independente, ou, pelo menos, uma pretensão a ela. Talvez os conflitos daí resultantes sejam apenas produto de uma fase intermediária infeliz na história da humanidade e dos gêneros, tal como Erica Jong exprime: "Eles ainda se amam, mas não podem viver juntos – pelo menos não agora." Talvez haja, nesta fase, pouca chance de individualização bem-sucedida, mas sim formas de vida no processo de tentativa e erro em que, como a conclusão de um estudo sociológico diz, "Tais estruturas auxiliares podem se tornar cada vez mais necessárias para as mulheres no momento presente. E provavelmente não só para as mulheres".

A pergunta incômoda que resta fazer é: E se as dificuldades atuais forem mais do que uma simples fase? Se representarem o produto inevitável da tendência de individualização que marcou uma época e que inicialmente abrangia apenas os homens, mas também as mulheres cada vez mais nos últimos anos? Duas biografias autoelaboradas podem se entrelaçar, ou as pessoas estão jogando tanta areia no motor que tornam inevitáveis as hesitações e a estagnação?

A crise de meia-idade

As estatísticas mostram um estado de coisas que não pode deixar de chamar a atenção. A taxa de divórcio também sofre forte aumento justamente em casamentos longos, aparentemente estáveis, de 18 a 20 anos de duração ou mais. As explicações podem ser encontradas na literatura de aconselhamento psicológico, que fala bastante sobre a crise da meia-idade (conjugal), caracterizada pelo fato de que, após os anos de estrutura comum, começa uma fase de busca de distância, até mesmo de delimitação. Os cônjuges voltam a se lembrar intensamente de seus próprios desejos, mas, ao mesmo tempo, encontram-se unidos em muitos níveis e trocam acusações por causa disto. "Eu quero liberdade!" é o lema desta fase, que muitas vezes é acompanhada de lutas de poder prolongadas que assumem diversas formas – desde negação, fuga para a doença, tentativas de escapar com terceiros até a violência explícita –, mas sempre giram em torno de uma pergunta: "Quem pode sobreviver como pessoa independente?" Agora, a cena do casamento é, de certa maneira, dominada por tentativas de sobrevivência na vida em comum. Vejamos duas descrições a partir de perspectivas contrastantes. Inicialmente, a visão interna deste acontecimento, extraída do romance de Erica Jong:

> E aqueles [...] anseios que o casamento sufocou? Anseios de cair na estrada de vez em quando, descobrir se ainda você pode viver sozinha dentro de sua própria cabeça, descobrir se poderia conseguir sobreviver numa cabana na floresta sem enlouquecer; descobrir, em suma, se você ainda estaria inteira depois de tantos anos sendo a metade de alguma coisa [...]. Cinco anos de casamento tinham me deixado [...] ávida por solidão.

Em seguida, uma visão externa, a descrição do conselheiro matrimonial:

> A maioria dos casamentos começa com uma espécie de paixão pela convivência e compartilhamento; o indivíduo é quase extinto, tudo está sujeito à vida em comum. Os anos de construção obrigam um monte de coesão, um monte de coisas um pelo outro e pelos filhos, pela casa que é construída, pela posição profissional a ser alcançada [...]. Mas, após os longos anos de convivência, [...] quando desaparece muito daquele impulso jovem e o brilho se apaga; se as possíveis posições profissionais foram alcançadas e novas metas são difíceis de encontrar – então, uma velha questão reaparece de modo novo, mais premente: "Quem sou eu?" Outra paixão vem à tona, uma paixão por autonomia, autoafirmação, pela vida própria [...]. A questão "Quem sou eu?" torna-se, necessariamente, uma pergunta ao parceiro: "Você realmente sabe quem eu sou?" [...] A ruptura, a dissolução do casamento parece menos ameaçadora do que desistir de nós mesmos, nossos próprios desejos.

Para uma explicação sobre esses processos, podemos recorrer às leis do desenvolvimento psicológico, segundo as quais o amadurecimento pessoal sempre passa pela delimitação. O que na fase difícil da infância e na crise da adolescência é o desprendimento dos pais é, agora, na crise da meia-idade, uma desvinculação da simbiose do casamento.

> Em muitos aspectos, este conflito é semelhante [...] à confrontação de adolescentes com a casa dos pais e, de fato, busca os mesmos objetivos: restaurar a identidade própria, sair nadando das profundezas da unidade simbiótica, retonar à compreensão de que o outro jamais será capaz de compartilhar minha solidão.

O que na perspectiva psicológica soa como uma espécie de fenômeno natural, como um curso no destino *do* casamento, mostra na perspectiva sociológica uma característica sócio-histórica particular. Para resumi-lo: a crise da meia-idade não é evento natural, mas *social*. Ela é, de início, um produto de processos de individualização; é, mais especialmente, o produto de um estágio avançado desse desenvolvimento, abrangendo também a individualização do contexto de vida das mulheres; e, por fim, ela é o produto de um desenvolvimento demográfico, a saber, o enorme aumento da expectativa de vida, que torna possível que muitos casais alcancem a meia-idade do casamento.

No decorrer de um século

> ocorreu quase uma duplicação da duração média do casamento (sem divórcio): um casal que se casava em 1870 vivia junto uma média de 23,4 anos; por volta de 1900, já eram 28,2 anos; em 1930, 36 anos; parceiros que se casavam em 1970 podiam esperar que o casamento duraria em média 43 anos até a morte de um dos cônjuges [...].

Somente quando estes três desenvolvimentos coincidem – individualização geral, individualização para mulheres, aumento da expectativa de vida –, há a ocorrência frequente da crise de meia-idade. Ela é, portanto, uma invenção historicamente nova, abarcando amplas camadas da população somente na segunda metade do século XX. As etapas individuais deste desenvolvimento podem ser descritas da seguinte forma: Na sociedade pré-industrial, havia pouco espaço para a individualidade, seja na vida da pessoa seja no casamento, o qual era concebido como uma comunidade de trabalho. Em consequência, pode-se supor que, naquela época, a necessidade de reencontrar a própria identidade desempenha um papel ínfimo ou até mesmo nulo. Isto muda à medida que a pessoa individual passa para primeiro plano. Ademais, essas mudanças começam a alcançar o contexto de vida do sexo feminino. E, finalmente, há mudanças porque as pessoas hoje estão conscientes de que, após a fase de construção da carreira e do ninho, ainda terão muitos anos pela frente. Agora se ergue a pergunta, mais premente do que nunca: "Então isto é tudo?" Trata-se, em outras palavras, da crise de meia-vida que agarra o indivíduo. Ele vê as decepções e fracassos de sua vida até então, e, no horizonte interior, nasce a visão de uma vida nova e diferente, que compensa as deficiências do passado.

Esse é o ponto em que muitas vezes nos perguntamos pelas coisas de que abrimos mão por causa do outro. Vem a lembrança dos grandes planos da juventude, vemos as concessões da vida em comum. Muita culpa – em parte com razão, em parte não – é jogada sobre o outro: o casamento vira bode expiatório para a vida própria que não foi vivida. Subconscientemente, a pessoa reconhece que já não pode fazer um monte de coisas e simplesmente nem se atreve a fazer outras (é muito velha para ser um astro do piano, não tem coragem suficiente para o sonho de emigrar para a América do Sul). Mas se é impossível recomeçar do zero, é preciso, pelo menos, agir onde se pode, no domínio imediato da relação a dois. Pelo menos aí se pode conquistar margem de manobra. E a vontade cresce ainda mais quanto mais o outro, também lutando por sua própria identidade, demonstra resistência. Assim, o cônjuge se torna adversário: o casamento como cenário (válvula de escape, para-raios, sucedâneo) das lutas pela autoafirmação e autopreservação.

Considerando a sequência típica das lutas de poder agora incipientes, percebe-se, não raro, um paradoxo que poderia ser chamado de bloqueio do "Não com você nem sem você". Estes são os casos, muitas vezes descritos na literatura psicológica, em que os cônjuges travam a luta por poder durante anos, em sempre novas rodadas de relacionamento, variações e escalações. Mas, ao mesmo tempo, eles também não conseguem afastar-se um do outro. Eles se separam e se reúnem novamente, vivem uma vez juntos, mas separadamente, depois novamente separados, mas juntos; sentem-se presos numa situação desesperadora. Amigos que observam esse processo ao longo dos anos só balançam a cabeça no final: para quem não está envolvido, tudo parece incompreensível, até mesmo irracional. Vejamos, novamente, duas descrições de perspectivas contrastantes.

A visão interna, extraída do romance *Um homem*, de Oriana Fallaci:

> Eu tinha voltado [...] para lhe deixar uma carta, dizendo que não estava disposta a continuar nesse relacionamento mais longo [...]. Agora, a guia foi rompida, ai de mim se tentasse reatá-la com o nó na garganta; ai de mim, se meu equilíbrio, meu ganho em distância fossem perturbados. Só havia uma maneira de isso acontecer: o risco de ouvir sua voz [...]. Um telefonema teria sido suficiente. Mas esse medo durou apenas uma semana, na segunda semana eu não acreditava mais no medo. Isso foi um erro grave. No décimo sétimo dia de minha fuga, o telefone tocou: "Alô, sou eu! Eu!" [...] E algumas horas depois, eu estava no avião: Estou indo, Don Quixote, estou indo; Sancho Pança continua sendo seu Sancho Pança, ele sempre existirá, você sempre poderá contar comigo, aqui estou eu! [...]. Em outras palavras, meu problema era insolúvel, minha chance de sobrevivência era nula e minha fuga não tinha servido para nada.

A visão de fora, um estudo de caso da terapia:

> É claro, havia brigas constantes, férias separadas, poucas coisas em comum. Apesar de seu eterno blá-blá-blá sobre uma possível separação, nenhum deles dava o menor passo nesse sentido, embora cada um – a julgar pelas aparências – pudesse viver sozinho sem dificuldades. Quando falei sobre isso com Karin, ela expressou fantasias francamente absurdas de que ficaria "totalmente sozinha" após a separação e ninguém mais "se importaria" com ela [...]. (Ela, graças a sua profissão, tinha mais conhecidos e amigos do que Dieter!) Eu ouvi Dieter gritar, numa de suas cenas frequentes de completa histeria, que ele "se enforcaria no sótão" se Karin não desfizesse a mala imediatamente. Um observador externo ficaria com a impressão de que estava lidando com dois lunáticos. Mas, claro, na vida fora do casamento eles

eram pessoas bem-ajustadas e queridas. O caso é que, de um modo incomumente violento, eles mostravam que não poderiam "se separar" e, em todo caso, nenhum queria ser deixado pelo outro. Em conversas tranquilas, era possível ouvir cada um deles dizendo que "por si" estaria pronto para separar havia muito tempo.

Esses processos mostram, evidentemente, momentos daquilo que é chamado de entrelaçamento simbiótico na psicologia; uma constelação que produz consequências tão desesperadas como absurdas. Psicólogos veem nisto a eterna batalha entre autonomia e dependência, "proximidade e distância", "fusão e resistência". Mas *por que* ocorrem esses entrelaçamentos, por que são insolúveis? Segundo a perspectiva sociológica desenvolvida aqui, eles não surgem por acaso nem são (ou apenas no nível mais geral) intrínsecos à natureza humana desde Adão e Eva. Em vez disso, *são uma expressão e reflexo das contradições que surgem no curso de processos de individualização*, que, em outros aspectos, correm ao lado uns dos outros, mas se encontram aqui de forma particularmente condensada. Por trás estão as demandas, aspirações, e coerções opostas, que determinam o espaço privado hoje, como descrito até aqui: o amor se torna, ao mesmo tempo, mais importante e mais difícil do que nunca. Estas duas linhas de desenvolvimento podem ser tratadas separadamente no papel, mas estão inextricavelmente soldadas no peito do indivíduo e levam a sempre novos enredamentos e contradições, não importando como os chamamos: estabilidade relacionada a pessoas *versus* autoafirmação; intimidade *versus* individualidade; simbiose *versus* vida própria.

Este dilema, apresentado aqui em categorias teóricas e abstratas, é o tema de muitos romances modernos, também particularmente frequente na literatura feminina mais recente. Vejamos novamente dois exemplos:

Primeiro, a heroína de Erica Jong, Isidora, que expressa seus inconciliáveis desejos num diálogo interior:

> Eu: Por que ficar sozinha é tão horrível?
> Eu: Porque se nenhum homem me amar eu não tenho identidade...
> Eu: [Mas] você sabe que odiaria ter um homem que a possuísse por completo e consumisse seu espaço para respirar...
> Eu: Eu sei – mas eu anseio por isso desesperadamente.
> Eu: Mas se você tivesse isso, você se sentiria presa.
> Eu: Eu sei.
> Eu: Você quer coisas contraditórias.
> Eu: Eu sei.
> Eu: Você quer liberdade e também quer intimidade.
> Eu: Eu sei.

Em seguida, outra vez Fallaci:

> Enquanto o amado aprisionar o outro com suas demandas e cordas, este se sentirá privado de si próprio e achará errado ter de desistir do

trabalho, de uma viagem ou de uma aventura por causa dele; aberta ou secretamente, acalentará mil rancores, sonhará com liberdade, ansiará por uma vida sem fiança, em que possa se mover como a gaivota voa através da poeira dourada; que castigo cruel são as cadeias com que o amado prende o outro e o impede de abrir as asas [...]. Mas quando ele vai embora, e este espaço livre, infinito se escancara à nossa frente, quando podemos voar à vontade no pó de ouro, uma gaivota sem amor e sem cordas, sentimos o vazio aterrorizante. E o trabalho, a viagem e a aventura de que desistimos mostram-se agora em toda sua futilidade; não sabemos o que fazer com a liberdade conquistada, como um cão sem dono, uma ovelha sem rebanho, perambulamos, lamentamos a escravidão perdida e daríamos a própria alma para poder voltar e novamente seguir as exigências do carcereiro.

Assim o dilema básico é instalado nas contradições da sociedade individualizada. Ele penetra em todos os relacionamentos, mas pode se fortalecer vigorosamente em casamentos de longa duração. Porque aqui agora ambos os aspectos se destacam ainda mais incisivamente, com força concentrada. Todos os hábitos e estipulações, rituais e concessões da vida diária, suportados ao longo de tantos anos: Quem se não meu marido/minha mulher cerceia as necessidades de minha pessoa de forma tão direta, tão próxima, implacável? Todas as experiências e lembranças em comum, as alegrias e tristezas compartilhadas, entrelaçadas com as camadas mais profundas da minha pessoa: Quem mais ocupa parte tão grande na minha vida como meu marido/minha mulher? A velha expressão bíblica "E eles se tornaram uma só carne" assume novo significado nestas condições. Ela agora é sentida de duas maneiras, como ameaça e maldição e como consolação e promessa, e tudo ao mesmo tempo. Daí a hesitação que pode se arrastar por anos, a incapacidade de ir embora, porque existe sempre o outro lado.

Um observador externo vê lutas intermináveis, sem vencedores: Por que, só quero saber por quê? A solução do enigma se torna visível se reconhecemos como o anseio por amor na Modernidade coincide com a aspiração de autonomia da meia-idade, e tanto este anseio quanto esta autonomia desdobram sua lógica particular com emaranhados intermináveis. Sob essas condições, o casal sofre o confronto, mas também usa todos os meios para provocá-lo. Cada um perde o que procura no outro como lugar de segurança. Mas também pode ganhar alguma coisa, ou seja, a autoafirmação obtida com as lutas.

Agora sei por que queria que minha esposa voltasse.
Porque ela fez de mim o que eu sou...
Quando pensei que ela havia me deixado, eu me dissolvi,
Deixei de existir. Ela me levou a esse ponto!
Não posso viver com ela, isto agora é insuportável;
Não posso viver sem ela, porque ela me tornou incapaz de ter qualquer própria existência.
É isso o que ela fez de mim em cinco anos de casamento!

Ela tornou o mundo um lugar onde não posso viver,
A não ser sob suas condições. Preciso ficar sozinho,
Mas não no mesmo mundo. Portanto, eu gostaria que o senhor me
pusesse em seu sanatório. Eu poderia ficar sozinho lá? (ELIOT, T.S.
The Cocktail Party, Ato II).

Filho no lugar do parceiro?

Nas contradições da sociedade individualizada, a relação com o sexo oposto muitas vezes dá ensejo para dores e ofensas. É natural supor que homens e mulheres, a fim de poupar a esfera psíquica, comecem a desenvolver estratégias de mitigação de risco, ou seja, formas de comportamento que incorporam tentativas de autoproteção. Encontramos sinais disso quando olhamos para os recentes desenvolvimentos em matéria de casamento e família. O repertório de possibilidades é amplo: desde a "terapia pré-marital", uma terapia especial antes do casamento, passando pela celebração de contratos de casamento para regular o tipo de convivência, até a convivência sem papel passado, para manter a separação tão simples quanto possível em caso de conflito. Em alguns grupos cresce, nitidamente, o medo de compromisso, uma desconfiança a qualquer forma de vínculo, porque quem se antecipa em reduzir as esperanças não precisará sofrer decepção. Usando novamente títulos de livros atuais para formular isto: na fase "Para além dos sonhos" cresce o "Medo da intimidade". Vejamos outra passagem de um romance de Erica Jong:

"Você é minha cara-metade, meu par", ele disse. "Agora que eu te encontrei, nunca vou te deixar". "Meu querido", disse Isidora, lutando contra a sensação de que poderia haver alguma verdade em suas palavras. Depois desta noite, nunca mais vou vê-lo novamente, ela pensou. Ele é uma miragem, um sonho... A gente não pode se agarrar a uma paixão como esta, ela não dura, não fica. Um homem tão sedutor assim pode ganhar seu coração e depois te abandonar. Ela não estava pronta para isto depois do recente desgosto com Josh. Talvez ela nunca esteja pronta para isso novamente.

Mas isso produz um novo dilema. Se o indivíduo reprime a esperança de uma relação a dois duradoura – onde vai parar aquele anseio que caracteriza a era da estabilidade ligada a outra pessoa, e a necessidade de proximidade e calor? Uma opção aqui é transferir este anseio para uma pessoa diferente. Em vez de amor por um homem ou uma mulher, entra em cena o amor pelo filho. Vejamos esta opção em mais detalhes:

A primeira fase do processo de individualização restringe muitos dos laços tradicionais que propiciavam às pessoas um lugar no mundo e estabilidade interna. Este foi o momento histórico para o surgimento de um novo padrão da estabilidade ligada a pessoas, que levou o amor entre homem e mulher ao centro. Agora chegamos ao próximo nível do processo de individualização. Os laços tradicionais foram triturados ainda mais. E o amor entre homem e mulher também se tornou vulnerável, ameaçado mais do que nunca pelo fracasso. O que resta é o filho. Ele promete um vínculo tão fundamental, abrangente, indissolúvel como nenhum outro nesta sociedade. Quanto mais outros relacionamentos se tornam intercambiáveis e revogáveis, mais o filho pode se tornar o ponto de referência para novas esperanças: o filho como garantia última de permanência, como âncora da vida própria.

Esta perspectiva ajuda a compreender vários desenvolvimentos que ainda são numericamente limitados, mas se expandem em ritmo acelerado. Em primeiro lugar, há o aumento significativo de nascimentos fora do casamento. Aqui concorrem diferentes causas, mas pode-se supor que também esteja surgindo um novo tipo de mãe solteira. Trata-se da mulher que quer um filho sozinha, sem marido e fora do âmbito da relação a dois tradicional. Numa formulação programática: "O casal em foco nestes dias consiste em mulher e filho... Um casal que procura prazer. Um casal que faz amor..." Ou como diz Ursula Krechel ironicamente: "A nova unidade política se chama maeefilho" [sic]". Num romance da nova literatura feminina, isto é formulado da seguinte maneira:

> Eu quero um filho quando tiver trinta e oito anos [...] e tê-lo completamente sozinha. Por meio do banco de esperma ou de um amante casual, sem sequer acender a luz, sem olhar para ele, só quero transar e depois descobrir que estou grávida.

Esses desejos podem receber novo impulso com a tecnologia reprodutiva moderna. Já há relatos – dos Estados Unidos e da Austrália – de mulheres que passaram por tratamento *in vitro* durante o casamento e agora, apesar do fracasso no casamento, querem um implante de embriões congelados; por outro lado, os homens vão aos tribunais contra isso, porque rejeitam uma possível paternidade após a dissolução do casamento. Num primeiro caso, o tribunal já se pronunciou a favor da mulher e lhe transferiu a custódia temporária dos embriões. Isto delineia um cenário do futuro: quando o amor pelo homem desaparece, a mulher quer manter pelo menos os embriões.

Sem dúvida, estas tendências não são representativas da maioria das mulheres. Mas o que chama a atenção é que há sinais, entre as jovens, de uma mudança dramática na atitude em relação à maternidade sem casamento. Enquanto no início da década de 1960 quase todas achavam importante que uma mulher com filho fosse casada, no início da década de 1980 nem sequer a metade das jovens pensava assim. Também é sintomático o fato de que livros e revistas populares voltados para mulheres já forneçam conselhos sobre o tema: "Um filho, sozinha – como posso fazer isso?" Já foi proclamado numa fórmula de autoconfiança desafiadora: "Mães que criam filhos sozinhas: mais felizes sem parceiro". Aqui já soa um tema que se tornou recorrente na literatura feminina recente. Nesta perspectiva, o amor pelo filho substitui o amor por um homem. Vejamos o relato da experiência de uma mulher que resolveu criar um filho sozinha:

> Sei agora quais condições de vida e de amor tenho de criar para mim para me sentir bem com Harpo [o filho]. Se alguém chega e quer estragar isto ou me causar problemas, eu já mando dar o fora [...]. Foi o Harpo que provocou essa mudança em mim; os homens perderam a importância que tinham na minha vida. O que eu construo para mim – profissional, privada e materialmente, minha vida com Harpo – é independente deste ou daquele homem, pois nenhum namorado vai me dizer o que fazer ou me dar ordens.

São mais claras ainda as frases que escreve Oriana Fallaci, em sua *Carta a um filho que nunca nasceu*:

> E seu pai, você sabe: quanto mais penso nisso, mais acredito que nunca o amei. Eu o admirava e ansiava por ele, mas nunca o amei. Muitos menos os outros antes dele, fantasmas decepcionantes de uma busca sempre frustrada [...] talvez seja verdade o que minha mãe sempre afirmou: O amor é o que uma mulher sente pelo filho quando o aperta nos braços e nota quão sozinho, indefeso e vulnerável ele é. Enquanto for indefeso e vulnerável, ele pelo menos não insulta e desaponta a gente.

E, como sempre, em Erica Jong:

> [...] nossos filhos [...] nos dão alegria mais pura do que o amor romântico [...] Depois de se separar de Josh, ela quis ter outro bebê [...]. Mas quem seria o pai desse bebê de sua fantasia [...]. Bem – por que simplesmente não ter um bebê e que se dane o pai? Era provável que ela, de qualquer modo, acabasse criando o filho sozinha [...]. Esta é a nova família, mãe e filhos e um amante (ou novo marido). De qualquer forma, somente a mãe e as crianças estão solidamente ligadas. Os homens vêm e vão.

Mas Erica Jong comete um erro: A "nova família" evidentemente não consiste em mãe e filho. É cada vez maior o número de casos em que os homens, após o divórcio, não deixam o filho para a mãe, mas querem mantê-lo para si mesmos. "Os homens lutam por seus direitos", e a "Dor de um pai divorciado" é grande. Como diz um conselheiro:

> Já vi pais chorando por medo de perder os filhos; antes, só as mulheres choravam por seus filhos. Especialmente os pais mais jovens sentem uma perda dramática quando não conseguem a custódia. Estes são nossos casos mais difíceis.

Aumentam até mesmo os casos de uma nova forma de rapto de crianças. Um número crescente de homens que não recebe a guarda leva a criança à força. Mas mesmo quando as coisas não chegam a esse ponto tão dramático, é possível reconhecer certa tendência, certo tema muito semelhante em homens e mulheres. Quando a pessoa sofre rejeição, indiferença e frieza no relacionamento com o parceiro adulto, o filho passa a ocupar o centro das emoções. É exemplar disso um trecho de *Kindergeschichte*, de Peter Handke:

> Foi um tempo sem amigos; até mesmo sua mulher tinha se tornado uma estranha incômoda. Por isso a criança era tanto mais real... Em todo esse tempo ele e a mulher se trataram, na melhor das hipóteses, objetivamente; e nos seus pensamentos eles eram, com frequência, apenas "ele" e "ela" um para o outro [...]. Agora, com a criança pequena, ela o encontrava quase exclusivamente na estreiteza da casa, onde a visão dela se tornou indiferente para ele e, com o tempo, até mesmo desagradável – como provavelmente ele também, que já não se mostrava como "seu herói" igual a antes com seu trabalho ímpar, cessou de ser alguém especial para ela [...]. Também foi negligente da parte dele transferir para a criança sem pensar duas vezes os gestos mais amigáveis, íntimos e secretos e os pequenos gritos, que haviam se tornado ao longo dos anos fórmulas fixas ao lidar com a mulher [...]. Era quase como se finalmente a criança fosse a coisa certa para ele, e ele não precisasse mais de mulher alguma.

É digno de nota, neste contexto, um fato que nunca é registrado nas estatísticas, mas que podemos descobrir aos poucos ao ler os inúmeros relatos de experiências de "novas" mulheres e mães. Um tom especial ressoa neles de modo impressionante. As mulheres não cessam de relatar que são surpreendidas, tomadas e até mesmo abaladas pela intensidade de seus sentimentos pelo filho. Dizem experimentar uma ligação e um amor como nunca conheceram, tão abrangente e profundo, sim, "o grande amor romântico". "Eu me perguntei se poderia ter um ataque cardíaco pela intensidade emocional que a gente sente quando é mãe", escreve Jean Lazarre.

> Minha ligação com o bebê era... um anseio físico, intenso, cego, mais comparável com a paixão. Todos os meus outros relacionamentos se desvaneciam diante dessa ligação.

> Pela primeira vez na vida, estou aprendendo realmente o que é o amor... Você [o filho] me força a esboçar uma nova concepção de intimidade. Eu me sinto próxima às pessoas com quem discuto ideias quatro vezes por ano? Sinto-me próxima aos amigos com quem posso ser eu mesma, mas somente com hora marcada? Sinto-me próxima a estranhos, cuja decência, sabedoria, humor me inspiram, mas com quem eu não convivo? Não me sinto próxima a ninguém como me sinto em relação a você.

> Minha filha é o grande amor romântico de minha vida. Isto não me deixa feliz, porque eu tenho um monte de coisas contra o amor romântico, mas sei que o que eu sinto por ela se assemelha às descrições de amor de revistas femininas – dos poetas medievais, dos místicos religiosos – muito mais do quaisquer outros sentimentos que eu já tive [...]. Minha filha me obrigou a ter mudanças desconfortáveis nos as-

pectos emocional, psicológico, político e social. Eu me sinto atormen-
tada, de modo intelectual, emocional e prático, exatamente da maneira
que eu tinha jurado que nunca deixaria um homem me atormentar. Eu
mesmo me infligi essa opressão e não me arrependo; ao contrário, eu a
aceito com amor e alegria.

Declarações como estas talvez não causem surpresa a quem vê o amor materno como o cerne da mulher e de sua natureza. Mas o apelo à natureza tornou-se questionável, desde que pesquisas recentes mostraram que o vínculo
entre mãe e filho em séculos anteriores era muito menos emocionalmente determinado do que hoje. Portanto, parece aqui mais pertinente uma explicação
que não se refira à natureza, mas às formas de vida da sociedade individualizada.
Desta perspectiva, a relação com o filho ganha novo apelo entre outros motivos
porque, a julgar por sua qualidade, ela é fundamentalmente diferente daquela
ligada ao parceiro adulto. Também poderíamos dizer que seu encanto está justamente aí porque ela é inata e não adquirida pelos acasos biográficos, sendo,
portanto, afastada da lógica da sociedade de troca, de modo irremediável, abrangente e duradouro. Ao menos nos primeiros anos, essa relação seria uma forma
de devoção estável, imune a decepções, em que podemos nos entregar sem o
medo de sermos feridos e abandonados?

3 Utopia da esperança

Mostramos como, na transição da sociedade pré-moderna para a moderna,
podem ser identificadas três fases na relação entre homem e mulher. Na primeira, a da família como uma comunidade econômica, não havia uma biografia
independente para nenhum dos parceiros. Na segunda, onde a "casa completa"
começou a se desintegrar, a biografia do homem se abriu para processos de individualização. A coesão da família foi preservada – ainda que sob rigorosa repressão dos direitos das mulheres. E, mais ou menos desde os anos sessenta do século
XX, vê-se claramente o início de uma época em que ambos os sexos (embora em
graus variados) experimentam as bênçãos e fardos de ter uma vida própria.

Nesta fase, surgem novas oportunidades para uma parceria verdadeira, mas
também, obviamente, inúmeros conflitos, com confrontação e isolamento dos
gêneros. Pois a relação entre homens e mulheres se encontra agora sob um dilema central: por um lado, o desejo e a necessidade de ser um indivíduo separado;
por outro, a necessidade de uma comunhão duradoura com outras pessoas, as
quais, por sua vez, estão sujeitas às exigências e expectativas de suas próprias
vidas. Este dilema cria na consciência e nas ações dos envolvidos infinitas contradições, lutas, complicações. A questão crucial aqui é se estas vão permanecer
e se agravar até que, no final, apenas os terapeutas sejam os companheiros da
nossa solidão. (Ou talvez a alma se apegue a um animal de estimação, como
num romance de Elisabeth Plessen: "Seu filho tinha sido morto na Rússia [...]

A mulher tinha ido embora [...]. Para a alma ele tinha um gato".) Por outro lado, há a esperança de que as coisas poderiam ser diferentes, de que é possível encontrar formas de lidar e regras, para reunir duas biografias autoconcebidas.

Mas como? A visão do conselheiro matrimonial "de que as relações interpessoais perturbadas não precisam de nada mais urgente do que o diálogo" pode estar correta, mas está longe de ser suficiente. Faz-se necessário, justamente também no nível social, a reconsideração de algumas prioridades que vêm sendo cada vez mais intensificadas nos tempos modernos e que enfatizam a pessoa individual e admitem as relações privadas apenas como massa de manobra (p. ex., as regras de mobilidade e flexibilidade, concorrência e carreira). Isso requer uma visão apoiada pela política, partidos políticos, organizações e instituições de que a Modernidade, no curso de seu desenvolvimento histórico, atingiu um nível crítico, em que já não é possível seguir aplicando as regras vigentes até aqui – sob pena de uma deflagração de conflitos na relação entre os gêneros (com os custos resultantes para a ação política e estatal). E naturalmente também se requer, no nível privado, que homens e mulheres aprendam a ter compreensão, paciência e prontidão para fazer concessões – e a coragem para constantes processos de negociação. Seria uma utopia? Apenas a tentativa poderá mostrar. Para citar Beatrice Webb: "Estamos no final de uma civilização; resta saber se estamos no início de uma nova".

Nota

* Versão revista e atualizada dos ensaios de E. Beck-Gernsheim: "Von der Liebe zur Beziehung?" In: BERGER, J. (org.). *Die Moderne* – Kontinuitäten und Zäsuren, Sonderband 4 der Sozialen Welt. Göttingen, 1986, p. 209-233. • "Bis dass der Tod euch scheidet?" *Archiv für Wissenschaft und Praxis der sozialen Arbeit*, cad. 2-4/1986, p. 144-173.

III
Amor livre, divórcio livre: a dupla face dos processos de libertação*

Elisabeth Beck-Gernsheim

"Seu/Sua para sempre." Uma imagem central de nossa sociedade é o amor romântico, um vínculo emocional estreito que leva ao altar e perdura por toda uma vida, como diz a fórmula clássica: "[...] Até que a morte os separe". Mas as estatísticas mostram uma imagem diferente. É crescente o número de pessoas vivendo sozinhas; muitos vivem juntos sem ser formalmente casados; muitos se divorciam. Cada vez mais homens e mulheres estão divididos entre antigos ideais e novas tentativas, entre relações a dois e separações. Isso não tem apenas consequências privadas, mas também sociais:

> Até agora não foi considerado nem calculado o que as crises de relacionamento, o sofrimento amoroso e a dor da separação custaram e continuam custando economicamente em termos de forças, recursos e dinheiro. Mas, mesmo na ausência de dados e números concretos, pode-se concluir que a separação tornou-se um problema econômico, que engole uma parte não negligenciável do produto nacional bruto (JAEGGI & HOLLSTEIN, 1985: 36).

Aqui fica claramente visível que processos de individualização sempre têm uma dupla face. Por um lado, eles contêm uma oportunidade de mais liberdade, entendida como uma ampliação do raio da vida, como ganho de espaços de manobra para ação e oportunidades de escolha. Por outro lado, também chegam novos riscos, conflitos e rupturas na trajetória de vida. Este duplo aspecto dos processos de libertação, a dialética entre as promessas e as desvantagens da liberdade, é particularmente evidente no campo das relações entre os gêneros. Onde o casamento é libertado das constrições, controles e obrigações da sociedade pré-moderna, onde ele se torna união voluntária entre dois indivíduos, surgem ao mesmo tempo novas irritações, lutas, conflitos no espaço interno da relação a dois. Em outras palavras: *quando o amor finalmente triunfa, ele deve ainda enfrentar muitas derrotas.*

Esse é precisamente o paradoxo que permeará as seguintes considerações. Descreveremos primeiro uma breve história de sua gênese e, em seguida, tentaremos desvendar seu núcleo sistemático, sua lógica interna, aquela dinâmica que arrasta homens e mulheres para um ciclo de esperanças, desilusões, novas experiências. Nada disso é acidental, mas inerente à estrutura típica das ações da Modernidade e à dupla face dos processos de liberação. Para resumir numa ideia básica: o princípio da "livre-escolha" cria novas margens de manobra para a ação, mas também – como seu reverso, por assim dizer – novos fardos e incertezas.

1 Antigamente: obrigações e certezas

Como demonstrado de forma consistente por estudos sócio-históricos, o casamento na sociedade pré-industrial não era tanto a união de duas pessoas, mas muito mais a união de duas famílias ou até mesmo clãs[1]. Assim, não havia escolha do parceiro no sentido que conhecemos hoje, nem atenção aos sentimentos de inclinação pessoal. Em vez disso, o raio das possibilidades de casamento era estreitamente limitado de antemão pelos critérios de origem – de *status* e propriedade até etnia e religião –, e o casamento era, então, arranjado mediante uma rede de familiares, parentes, comunidade da aldeia. As pessoas raramente se casavam por amor; elas se pautavam primariamente por fins que serviam à família como comunidade econômica e civil: para ganhar uma força de trabalho e ter um herdeiro para a empresa familiar, para garantir a propriedade existente, para aumentar riqueza e prestígio. Como exemplo, vejamos a situação na aristocracia inglesa dos séculos XVI e XVII:

> A pressão mais forte dos pais era, inevitavelmente, aplicada às filhas, que eram mais dependentes e protegidas, consideradas membros de uma raça inferior e praticamente não tinham alternativa senão obedecer, porque o celibato era ainda menos atraente do que um marido indesejado [...]. No início do século XVI, testamentos e contratos de casamento em que as crianças pequenas eram, com antecedência, vendidas como gado eram bastante comuns em todas as classes e regiões [...]. Para os filhos, a liberdade de escolha era quase tão limitada como para as filhas. O desejo de não deixar o casamento fora do controle da família por causa da tutela e da importância financeira do contrato de casamento levava o pai, enquanto ainda vivo, a casar seu filho e herdeiro com uma mulher que ele mesmo escolhera. O filho geralmente estava sob domínio do pai, pois financeiramente [...] era dependente dele [...] (STONE, 1978: 445-447).

É óbvio que tais regulamentos contêm muitos elementos de coerção. Os "perdedores" mais evidentes no sistema de casamento tradicional são, antes de tudo, os grupos desfavorecidos economicamente – seja por sua posição entre os irmãos, por seu sexo, por sua posição social. Eles são incapazes de satisfazer certas regras econômicas desse sistema e são, portanto, antecipadamente excluídos das oportunidades de casamento – por regras de herança, demandas de dote, proibições legais de casamento para os destituídos de posses etc. Os "afetados" no sentido negativo incluem ainda os homens e mulheres que são forçados a se casar com alguém que, por decisão da família, parece vantajoso. Finalmente, existem os casais que querem se casar, mas não podem porque não se encaixam nos critérios de origem: a tragédia de "amor e intriga" descrita com tanta frequência na literatura mundial.

> Duas casas, iguais em dignidade – na formosa Verona vos dirão – reativaram antiga inimizade, manchando mãos fraternas sangue irmão. Do fatal seio desses dois rivais um par nasceu de amantes desditosos, que em sua sepultura o ódio dos pais depuseram, na morte venturosos (SHAKESPEARE. Prólogo de *Romeu e Julieta*).

Não há dúvida, portanto, de que as regras tradicionais deixam pouco espaço para desejos pessoais, que são rigorosamente reprimidos em caso de conflito. Mas é igualmente inquestionável que as mesmas regras também auxiliaram a dar ao casamento um nível mínimo de confiabilidade, estabilidade, manutenção. Onde o casamento era arranjado pela associação da família e pela comunidade local, essas pessoas também tinham interesse em sua preservação e podiam exercer influência por uma variedade de formas de controle social. Quando as escolhas eram regidas por origem e *status*, também havia garantia de que homens e mulheres, em pontos importantes, teriam aprendido hábitos e normas semelhantes, bem como expectativas e regras de vida semelhantes. Quando homens e mulheres trabalhavam juntos para a economia familiar, na exploração agrícola ou na oficina de artesanato, eles eram "fundidos" pela vivência compartilhada de esforços, riscos, fatalidades – por exemplo, na luta com a natureza e sua violência – pelas colheitas em conjunto e pelas épocas de fome que atravessam juntos. Imhof descreve o seguinte sobre a família rural:

> Não eram o proprietário da fazenda e seu bem-estar individual que eram [...] decisivamente importantes, mas o bem-estar e a reputação da própria fazenda; não a família específica vivendo ali neste ou naquele tempo, mas a sucessão familiar, a linhagem. Uma geração atrás da outra giravam em torno deste ponto central, um dono de fazenda atrás de outro, mas muito menos como um indivíduo do que como um portador de papéis. No centro havia uma ideia, um valor, não um ego (IMHOF, 1984: 20).

Tania Büxen descreve de forma semelhante a família nobre:

> A relação entre os cônjuges não era uma relação pessoal; no sentido estrito, eles não podiam pessoal ou diretamente fazer feliz ou desapontar um ao outro; ao contrário, precisavam propiciar um para o outro a maior significância pela relação que mantinham e a significância que esta tinha para eles, a saber, como trabalho em conjunto na vida. Jamais seria o caso de comparar a esposa do Duque de Rohan e outras mulheres: estas podiam ser muito mais belas, talentosas e desejáveis, mas aquela continuava sendo a única mulher no mundo que poderia dar à luz um Duque de Rohan. As festas que ela oferecia

eram as festas dos Rohan, os pobres que ela ajudava eram os camponeses e os pobres dos Rohan (BLIXEN, 1986: 67-68).

2 A Modernidade: mais liberdade, mais incerteza

Estudos histórico-sociais também mostram como uma nova forma de relacionamento matrimonial se impôs gradualmente na transição para a Modernidade. O poder da associação familiar é aos poucos reprimido. O direito de voz das pessoas comprometidas com uma união para a vida toda é fortalecido. "Não são mais as famílias que se unem e se aliam, mas as pessoas que escolhem umas às outras" (ROSENMAYR, 1984: 113). É claro, estas escolhas não eram completamente arbitrárias, mas – especialmente no início da idade moderna – geralmente dentro dos limites do meio social, da origem, da propriedade e da religião[2]. Portanto, o amor romântico também permanece, sorrateiramente, ligado às leis da sociedade. Mas, da perspectiva dos envolvidos, ao longo dos séculos o peso é retirado da determinação alheia e da coerção e transferido para a escolha própria.

> Nos últimos 1.000 anos, as concepções sobre o método correto da promoção de casamentos passaram por quatro fases sucessivas. Na primeira fase, o casamento era arranjado pelos pais com relativamente pouca atenção aos desejos dos filhos. Na segunda, os pais ainda preparavam o casamento, mas concedia aos filhos um direito de veto; na terceira, os filhos escolhiam, mas os pais mantinham o direito de veto; na quarta fase, por fim, alcançada somente neste século, os filhos escolhem seu cônjuge com autonomia e se importam muito pouco com a opinião dos pais (STONE, 1978: 475).

O advento da Modernidade traz, portanto, uma nova promessa: a possibilidade de felicidade pessoal, quando o amor é libertado de cadeias externas. Não se trata mais de uma união arranjada pelos outros, que parece adequada segundo critérios externos – em vez disso, há agora a relação íntima e interior, que cresce do vínculo emocional entre duas pessoas que desafiam as barreiras de classe e *status* e reconhecem a legitimidade de apenas uma norma – a voz do coração. E no final tudo deve sair como está no conto de fadas: "E eles viveram felizes para sempre".

> Ó Deus, que sol se levanta para mim!
> Se fosse possível que os pais se entendessem
> Tão facilmente como nós!...
> Logo que os pais se reconciliarem, poderei
> Declarar-te publicamente minha noiva...
> Agnes! Agnes!
> Que futuro abre suas portas!
> Serás minha esposa, minha esposa!
> Sabes a medida de tanta felicidade? (KLEIST. *Die Familie Schroffenstein*).

Mas o que aconteceu com essas altivas esperanças? São dificilmente factíveis. A realidade é diferente do que promete o conto de fadas. Os psicólogos atestam: "O grande problema da existência privada para as pessoas de nossa época é a relação a dois" (JAEGGI & HOLLSTEIN, 1985, contracapa). Os demógrafos deduzem das estatísticas: "A atividade do divórcio fervilha" (SCHMID, 1989: 10). Conselheiros e terapeutas conjugais vivem uma ótima fase. Livros sobre relacionamentos alcançam edições em massa. Em face de tais desenvolvimentos, tornam-se mais frequentes palavras como "relacionamento", "relação complicada", "relacionamento descartável". Cientistas falam solenemente de "casamento serial" e "monogamia a prestações".

Isto criou uma situação paradoxal. Homens e mulheres de hoje não precisam mais obedecer aos desejos da família; ao contrário, podem mais do que nunca decidir com quem querem se casar. Por conseguinte, seria de supor que a convivência com o parceiro pudesse agora oferecer maiores chances de satisfação. Mas o fato é que cada vez mais homens e mulheres estão saindo do casamento.

3 Em busca de um mundo em comum

Entre as marcas da Modernidade se inclui o fato de que a vida do indivíduo está mais aberta, mas também mais complexa e contraditória. Várias condições que se acentuam nitidamente hoje em dia contribuem para esta mudança estrutural: rápida mudança social e a diferenciação em diversas subdivisões em que se aplicam diferentes padrões e expectativas; erosão dos laços tradicionais e ambientes de vida, novas formas de mobilidade social e geográfica – quem nasceu em Rosenheim muda-se para estudar ou trabalhar em Hamburgo, passa as férias no Lago Garda e o fim da vida talvez em Mallorca.

Uma das consequências é que o indivíduo tem de mostrar mais empenho do que antes para se orientar no sistema de coordenadas do mundo ao seu redor e construir uma identidade razoavelmente estável. Como os estudos sociológicos e psicológicos mostram, o relacionamento conjugal ganha novo significado neste contexto. Como se descreveu no capítulo anterior, ele se torna uma instância central para a construção social da realidade e um lugar importante da identidade interna.

Mas este novo significado do casamento também cria novo desgaste. A grande oportunidade de comunhão pessoalmente escolhida, a criação de um mundo próprio além das exigências da família, de parentesco e do clã exigem grande esforço do casal. No novo sistema de casamento, o casal não só pode, como *deve* desenvolver, eles próprios, vida em comum. Berger e Kellner mostrar as linhas básicas desta constelação:

> Antes, o casamento e a família eram firmemente ancorados numa rede de relações, que os ligavam à comunidade mais ampla [...]. Ha-

via poucas barreiras entre o mundo da família individual e o da comunidade mais ampla [...]. A mesma vida social pulsava pela casa, rua e municipalidade. Formulado em nossos termos: a família e o relacionamento conjugal nela estavam incrustados numa esfera de comunicação consideravelmente mais ampla. Em nossa sociedade atual, ao contrário, cada família constitui seu próprio mundo segregado à parte, com seus próprios controles e sua comunicação própria, fechada.

Este fato exige maior engajamento do cônjuge. Ao contrário de épocas anteriores, quando a formação de um novo casamento significava apenas um acréscimo de diferenciação e complexidade a um mundo social já existente, hoje os cônjuges se veem perante a tarefa muitas vezes difícil de criar seu próprio mundo privado em que viverão [...]. O caráter monogâmico do casamento potencializa o dramático e incerto investimento deste empreendimento. O sucesso ou fracasso do casamento depende das idiossincrasias atuais e do futuro desenvolvimento dificilmente previsível dessas idiossincrasias exclusivas de duas pessoas [...] – de acordo com Simmel, trata-se da menos estável de todas as relações sociais [...]. Numa relação formada por apenas duas pessoas e dependente de seus esforços, o processo contínuo de criação do mundo tem de fortalecer sua intensidade por causa da escassez numérica dessas relações. Isto, por sua vez, acentua o drama e incerteza (BERGER & KELLNER, 1965: 225).

Além disso, os mesmos processos de diferenciação no tecido social que tornam o casamento uma instância importante na confecção do mundo biográfico dificultam, ao mesmo tempo, desenvolver e manter um projeto em comum. Pois duas pessoas que se unem via certidão de casamento (ou mesmo sem) são, agora bem mais do que antes, estranhas, isto é, vêm de diferentes origens e contextos de vida; e isto certamente é válido mesmo quando elas, por critérios convencionais (classe, religião, nacionalidade, raça), seguem as regras de endogamia. Na medida, porém, em que são "estranhos" neste sentido, eles aprenderam diferentes prioridades e expectativas em sua história de vida antecedente, outras regras implícitas sobre, por exemplo, modo de vida, comunicação e tomada de decisão. Os esforços são cada vez maiores para garantir concordância sobre um projeto em comum. Berger e Kellner falam a respeito:

O casamento em nossa sociedade é uma operação dramática em que dois estranhos se encontram e se redefinem [...]. Aqui, o termo "estranhos", é claro, não quer dizer que os candidatos ao casamento provêm de camadas sociais muito diferentes – com efeito, os dados mostram que o caso é o oposto. A estranheza reside, antes, no fato de que, diferentemente dos candidatos de formações sociais anteriores, eles provêm de áreas *face-to-face* diferentes [...]. Eles não têm um passado comum, apesar de seus respectivos passados serem de estrutura semelhante [...]. Em nossa sociedade móvel, a "comunicação" significativa que cada um dos parceiros conduzia antes do casamento acontecia em áreas sociais que não se sobrepunham (BERGER & KELLNER, 1965: 223).

Além disso, o princípio da livre-escolha do parceiro que, no início da Modernidade, se voltou primordialmente contra a influência da família e dos pais, ganha um significado renovado sob as condições da crescente mobilidade social e geográfica. Embora a maioria dos casais ainda siga as regras de endogamia, aumenta agora o número daqueles que abandonam por completo as fronteiras tradicionais de seu meio e círculos de casamento e escolhem um parceiro de origem significativamente diferente – em termos de classe social, educação, religião ou nacionalidade[4]. (Hoje, na Alemanha, um em cada doze casamentos é de nacionalidade mista (ELSCHENBROICH, 1988: 364.) Aqui se aplica ainda mais a afirmação de que dois "estranhos" estão se juntando. E a pergunta que se levanta para eles de modo especial é: Como cada um pode ajudar o outro nesse processo de autodescoberta que pertence à definição moderna de amor e também sempre traz, inevitavelmente, um confronto com o próprio passado, com as próprias raízes? Nestas circunstâncias, o princípio da livre-escolha do parceiro significa não somente que a pessoa pode se casar com outra de origem diferente, mas também que *deve se envolver* com os medos e esperanças de sua história de vida, com os padrões perceptivos e os horizontes axiológicos de uma cultura estranha. Um estudo americano sobre casamentos entre judeus e não judeus chegou à conclusão:

> Quando o homem e a mulher compartilham um meio social comum, um patrimônio cultural comum, um senso geral de similaridade social, o confronto com o passado pode facilmente continuar sendo um assunto puramente pessoal. O que cada um revela para o outro são os segredos pessoais e familiares, por assim dizer. No entanto, quando o homem e a mulher não compartilham um conjunto comum de pressupostos básicos sobre suas memórias coletivas, os aspectos mais minúsculos da autoexpressão se tornam grandes declarações sobre a história cultural própria – goste-se ou não (MAYER, 1985: 70).

Justamente esses casamentos que não permanecem dentro do raio normal dos círculos de casamento mostram, de forma especialmente condensada, a característica da escolha moderna de parceiros, a escolha livre. A existência de tais casamentos tornou-se possível porque a escolha do parceiro não está mais sujeita a influências e forças alheias, mas é unicamente dependente do consentimento do casal. Um estudo alemão sobre casamentos biculturais constata que eles "por seus pressupostos eram casamentos bastante modernos: correspondem ao ideal de amor romântico, são individualistas". E continua: "A 'base romântica' desta relação é, ao mesmo tempo, um problema e uma oportunidade" (ELSCHENBROICH, 1988: 366). As oportunidades podem ser descritas da seguinte maneira:

> Se tudo correr bem, se ao longo dos anos permanecer algo da ousadia inicial, do aspecto experimental e otimista, os casamentos biculturais são particularmente animados e interessantes. Quando os problemas de comunicação intercultural podem ser integrados à família, isto pode promover a solidariedade e criar um amplo horizonte na família (p. 366).

No entanto, também há desvantagens típicas. Um "potencial de risco" em tais casamentos é que sua preservação não é mais sustentada por instâncias externas, vinculantes para ambos os cônjuges. Em vez disso, essa sustentação deve ser continuamente produzida somente pelo casal. E isso será tanto mais difícil quanto mais distantes forem os mundos de onde eles provêm. Pois, enquanto no primeiro estágio da paixão, as diferenças normalmente ficam em segundo plano e somente importam as coisas em comum, no decorrer do casamento as diferenças biográficas dos cônjuges se fazem sentir novamente. Isso significa, contudo, que as linhas divisórias que já pareciam superadas no ato de escolher um parceiro mostram, em fases posteriores do casamento, que continuam ativas e agora têm de ser admitidas, negociadas e equilibradas por iniciativa própria do casal. O estudo americano sobre casamentos entre parceiros judeus e não judeus sugere uma imagem teórica desta constelação de problemas:

> Enquanto os momentos iniciais da paixão evocam um sentimento de um intenso e duradouro presente, em que o passado e o futuro são irrelevantes, a manutenção de amor parece ter o requisito oposto. Ela parece exigir a sondagem do passado e o mapeamento do futuro. Também traz em seu discurso a individualidade dos amantes, o que inevitavelmente implica suas heranças culturais. Simplesmente não há um eu que não seja ligado de alguma forma a uma ascendência, uma rede familiar e uma história... O diálogo no casamento misto é também, inevitavelmente, uma conversa sobre cultura, história e o sentimento pessoal sobre a tradição (MAYER, 1985: 72).

O estudo alemão de casamentos biculturais mostra o padrão de desenvolvimento com base em dados empíricos:

> Em [...] entrevistas os casais biculturais descrevem estágios típicos de seus relacionamentos. No período inicial da paixão há um otimismo exuberante, um sentimento abençoado de ausência de fronteiras e [...] certo orgulho pelo não conformismo. Depois da experiência de desgastes internos e externos, segue-se muitas vezes uma fase de retirada e de uma renovada identificação com as origens [...]. As pessoas vivenciam como seu sistema de valores tem raízes profundas; e muitas passam por tal experiência pela primeira vez. Sem esse confronto, o sistema de valores próprio geralmente segue *despercebido*, inconsciente – e justamente por isso parece "normal" (ELSCHENBROICH, 1988: 366-368 – itálico no original).

4 Em busca da causa comum

Na sociedade moderna, o casamento se libertou das restrições e exigências da antiga economia familiar – e também dos laços nela contidas. Em certo sentido, ele passou a "flutuar livremente" e se tornou um espaço blindado da "vida privada", destinado a ser primordialmente uma comunidade emocional e de lazer. Isto cria um novo espaço de liberdade – mas, numa formulação inversa, isto significa que existe cada vez menos uma estrutura de suporte e de segurança no lado de fora. A "causa comum", dada de antemão pela associação familiar e sequência de gerações, desapareceu (OSTNER & PIEPER, 1980). Em vez disso, as pessoas envolvidas devem negociar individualmente e então produzir qual deve ser a "causa comum": o "molde vazio da privacidade" deve primeiramente ser preenchido (p. 120). Isto certamente pode criar nova intimidade. Mas também é evidente que crescem as áreas de potenciais conflitos.

O que amor significa aqui?

Qual pode ser a base dessa nova comunidade? A resposta parece simples à primeira vista. De acordo com a definição moderna do relacionamento conjugal, este se define principalmente como uma comunidade emocional: sua base deve ser o "amor". Mas esta é uma definição muito ampla e vaga. Pois o conteúdo que constitui e deve constituir o amor mudou várias vezes ao longo da história – nos últimos séculos e especialmente nas últimas décadas. No presente, coexistem múltiplas versões – tradicionais, modernas, pós-modernas –, que em conjunto formam uma mistura instável. A consequência desta "simultaneidade de coisas não simultâneas" é que a palavra "amor" se liga a ideias, expectativas, esperanças bastante diversas e também especialmente a regras e modos de comportamento diferentes (cf., p. ex., as tão frequentes discussões sobre "monogamia *versus* relação múltipla"). A produção dessa reivindicação normativa chamada "amor" requer, assim, complicados processos de coordenação e mediação. E já podemos intuir: isto lança a base para potenciais conflitos. Vejamos, a respeito, o estudo sobre casamentos biculturais:

> O ponto em comum do casamento ocidental moderno, a "identidade compartilhada pelos cônjuges", normalmente nasce e renasce no diálogo. No entanto, a expectativa de verbalização difere de acordo com a cultura. A maneira ocidental burguesa de lidar com conflitos – discussão, esclarecimento – não é, de maneira alguma, uma necessidade universal. Pode ser inútil, se a parte alemã insistir nisto com seu cônjuge estrangeiro. Pois, em muitas outras culturas, uma relação estreita não é considerada critério de um "bom casamento"; elas dão valor, antes, à confiança mútua, responsabilidade, cuidado à família, divisão do trabalho entre os gêneros e existência prática, sólida (ELSCHEN-BROICH, 1988: 368).

A isto se adiciona o fato complicador de que, mesmo na história individual de cada casal, o significado de "amor" se altera furtivamente. E isto é especialmente verdadeiro quando há predominância do ideal de "amor romântico", cuja fase inicial é determinada por um excesso de sentimentos que se alimenta, em boa parte, do fascínio pelo "outro", pelo desconhecido. Mas ao longo dos anos os cônjuges inevitavelmente conhecem um ao outro. O cotidiano se instala. Disto pode nascer uma nova forma de vínculo – enraizamento, familiaridade e confiabilidade –, que surge de uma história comum. Mas muitos casais são derrotados por esta dinâmica. E isso não é acaso, não é destino, mas já estava embutido naquele ideal. É a "armadilha do amor romântico": a paixão do início se prolonga indefinidamente como expectativa, mas não pode ser satisfeita dessa maneira. O que resta é decepção.

O autor americano Jeffrey Ullmann reuniu, em seu livro *Singles Almanac*, as declarações apaixonadas de contemporâneos famosos – e o que sobrou delas (apud *Abendzeitung*, 23/10/1987).

> • Richard Burton sobre Elizabeth Taylor: "Seu corpo é um milagre da arquitetura". Depois: "Ela é muito gorda e tem pernas curtas".
> • Elizabeth Taylor sobre o primeiro marido, Conrad Hilton Jr: "Ele me entende como mulher e como atriz". Depois: "Quando me casei com ele, caí de minha nuvem rosada – perdi peso e só conseguia comer comida de bebê".
> • Brigitte Bardot sobre seu segundo marido, Jacques Charrier: "Eu o amo tanto. Seu sofrimento é meu também". Depois: "Ele era um problema tão grande para mim".
> • Rita Hayworth sobre seu terceiro marido, o príncipe Ali Khan: "Meu príncipe dos príncipes". Depois: "Ali pode fazer o que quiser – não quero mais saber dele".
> E sobre seu quarto marido, Dick Haymes: "Eu vou segui-lo para qualquer lugar no mundo". Depois: "Eu não sei onde se enfiou – pouco me importa".

E o que mais dificulta a busca por pontos em comum talvez seja o fato de que homens e mulheres têm expectativas diferentes sobre a vida de um casal. Tais diferenças típicas dos gêneros incluem especialmente – como descrito no capítulo anterior – o fato de que os homens enfatizam mais o lado instrumental do amor e do casamento, o sustento na vida cotidiana, "que tudo esteja indo bem". As mulheres, por outro lado, colocam muito mais ênfase nos sentimentos e na proximidade interior, "que haja compreensão mútua". Vejamos um exemplo disto numa entrevista com marido e mulher[4]:

> Sra. O: Muitas vezes tenho vontade de passar mais tempo com meu marido.
> Sr. O: Sim, mas o que isso significa em termos práticos, quando diz querer mais tempo com seu marido?
> Sra. O: Bem, fazer algo juntos.

Sr. O: Quer mais na cama ou o quê?

Sra. O: Quero mais em sentido geral, talvez mais comunicação ou – você afinal tem problemas – podemos nos sentar juntos e conversar mais, bater papo.

Sr. O: Falar sobre o que, então, sobre o quê?... Sobre o jornal *Bild*, o trabalho, é tudo uma merda, sobre o que afinal você quer conversar...

Sra. O: Temos de dialogar mais, falar sobre os planos, e então pode você vir e, bem, pode se abrir, falar mais.

Sr. O: Ah, sim, sobre o quê, planos? – É tudo uma merda, essa sua tagarelice estúpida...

Sra. O: Muitas vezes acho que você poderia me ligar, e assim por diante.

Sr. O: Esses tempos já se foram, porque temos apenas um telefone, que não está funcionando... E também, que perda de tempo é essa? O que pode sair daí, talvez só blá-blá-blá, sim, não, como está o tempo...

Sra. O: Tudo bem, querido, mas pelo menos há algo entre a gente de vez em quando, algum tipo de conexão, ou alguma coisa assim.

Esta diferença de expectativas provavelmente não é nova. Mas o potencial de conflito presente nelas começa a irromper apenas nos dias de hoje. Pois, na medida em que as mulheres se veem como pessoa independente com desejos próprios, elas vão aceitar cada vez menos a solução praticada pelas gerações anteriores: adaptação ao homem, sob sacrifício de suas próprias expectativas e desejos. Agora, cada vez mais mulheres também querem receber o que deveriam fornecer no velho papel feminino: sentimentos, ternura, carinho. Agora mais mulheres estão se cansando de ser agente da harmonia e da paz na família. Os *best-sellers* da literatura feminina refletem claramente essa tendência. Eles anunciam programaticamente uma rejeição do amor, ou pelo menos daquela forma que exaure as forças da mulher continuamente. O diagnóstico é: "Quando as mulheres amam demais" (NORWOOD, 1985). Isto exige um "novo contrato emocional" entre os sexos (HITE & COLLERAN, 1989: 44ss.). E se este não for cumprido? Então se extrai a sóbria conclusão: "Um homem a todo custo: não" (HITE & COLLERAN, 1989).

Complexidade ou a dor da escolha

Na sociedade pré-industrial, o relacionamento conjugal era unido pelo laço de ferro da "causa comum", a economia familiar e seus requisitos. Havia, portanto, uma tarefa solidamente definida e, desde o início, eram claras as expectativas postas sobre os cônjuges. Com a dissolução da família como comunidade econômica, esses requisitos perderam sua razão de ser. No lugar dela, começou na fase seguinte a ascensão da família burguesa, caracterizada por uma polarização dos papéis de gênero – o homem é o provedor e a mulher, o "coração" da família. No final do século XX, estas especificações e prescrições de cada papel estão cada vez mais frágeis. Uma olhada no Código Civil alemão (*BGB*) pode nos relevar os espaços de decisão que se abrem com isto.

Primeira versão do BGB de 1896, em vigor desde 01/01/1900	Lei de reforma do direito matrimonial de 1976, em vigor desde 01/07/1997
§ 1.354: Cabe ao marido a decisão em todos os assuntos relativos à vida conjugal; ele determina o local de residência e a moradia.	Revogado
§ 1.355: A mulher adota o sobrenome do marido.	Quanto aos nomes de casados [...] os cônjuges podem escolher o sobrenome do esposo ou da esposa.
§ 1.356: A mulher tem [...] o direito e o dever de conduzir os negócios domésticos compartilhados.	Os cônjuges regulam a condução dos negócios domésticos por mútuo acordo.

Sem dúvida, a liberdade de escolha que se abre contraria velhas coerções que, em pontos decisivos, impunham incondicionalmente a subordinação das mulheres. Agora ambos os parceiros têm direito de palavra e a oportunidade de apresentar seus próprios direitos e interesses. Mas essas oportunidades inevitavelmente terão suas desvantagens. O que parece tão fácil de ler no papel provoca alguma turbulência na convivência cotidiana. Pois agora duas pessoas, cada uma com suas próprias expectativas, desejos, inclinações, têm de encontrar um caminho comum num número cada vez maior de situações. Não há aqui uma lei de "harmonia conjugal pré-estabilizada" que garanta que ambos sempre chegarão às mesmas decisões ou, pelo menos, a decisões semelhantes. Em termos concisos: a ampliação do âmbito de ação significa libertação de velhas limitações e coerções. Mas, no contexto da relação a dois, também significa, pelo menos potencialmente, mais motivo para desacordos, desentendimentos e brigas. Como consequência, aquele "acordo" previsto pelo legislador para homens e mulheres infelizmente nem sempre é alcançado.

Não poucos casais, antes de ir ao cartório, têm uma discussão "calorosa" sobre o nome da família. (Sem dúvida, como as estatísticas mostram, no fim são os homens que mantêm seu sobrenome. Mas isto, como se sabe, não diz nada sobre quantos debatem no estágio "anterior" – ou quantos não chegam a casar por causa disto.) Sob a pressão da mobilidade profissional e geográfica, a definição da residência da família também representa um problema de difícil resolução. Por isto mesmo, a regulamentação da vida cotidiana comum – contanto que exista alguma – se torna um terreno fértil para conflitos e explosões. E nem sempre se trata apenas de questões "externas". Muitas vezes, também se alcança um nível mais profundo em que os papéis dos cônjuges, a forma da comunhão e da identidade recíproca aguardam negociação.

> O ordenamento do casamento e da família burgueses [tinha] um contexto de referências e significados elementar e estabelecido culturalmente, que unia amor, casamento, convivência/condução doméstica comum, sexualidade e formação da família plausivelmente "sob o mesmo teto". [...] A atual desinstitucionalização do casamento/família [...] consiste, essencialmente, no fato de que o tão claramente delineado

contexto referencial e semântico para a ação perde a obrigatoriedade e afrouxa: de A não se segue mais necessariamente B; do amor não se segue mais (de modo vinculativo e motivacionalmente obrigatório) casamento/união, do estarem casados não se segue mais o morarem juntos como algo óbvio (casais sem filhos que moram separados, "casamento de fim de semana"), mas também do estarem casados não se segue necessariamente um privilégio sexual ou o desejo de ter filhos. O amor passa bem sem casamento, e casamento também vai bem sem filhos; com efeito, casamento e parentalidade se distanciam um do outro claramente, o casamento "puro" (sem filhos) se torna opção tanto quanto a maternidade "pura", sem marido. A coabitação sem casamento pode ocorrer (como na maioria dos casos) sem filhos, mas também com filhos. Consequentemente, não podemos, sem mais, inferir da coabitação um casamento, nem da mãe um pai "coexistente" como seria típico, nem de modo algum da sexualidade uma relação entre casados. É claro que "o pacote" da velha instituição está desatado; os elementos individuais são, conforme o caso, "isoláveis" e acessíveis, mas também combináveis em várias versões. Além disso, podem ser selecionados sucessivamente – dependendo das circunstâncias e também, em princípio, sem qualquer sequência óbvia ou obrigatória (TYRELL, 1988: 154s.).

Hoje, homens e mulheres estão expostos a todo um caleidoscópio de ofertas de interpretação sobre quais podem ou devem ser os (correntes ou novos) significados de "homem" ou "mulher", "amor" ou "relação a dois", "maternidade" ou "paternidade" (WEHRSPAUN, 1988: 165). A relação entre os sexos tornou-se uma confusão entre velhos ideais e novos modos de vida, com a "nova complexidade" atingindo os recessos mais íntimos. "Queremos nos amar, mas não sabemos como": Esta frase, estampada um grafite do muro de uma casa, é uma caracterização concisa dessa situação.

Trabalho sobre o relacionamento no diálogo contínuo

O que fazer então? Quando se ausentam as diretrizes externas, elas precisam ser definidas internamente. "A nova sociedade está [...] condenada [...] a produzir e tornar obrigatórias as novas regras do jogo, cujo fundamento parece possibilitar a coexistência e a sobrevivência" (WEYMANN, 1989: 6). Isto faz lembrar uma nova versão do velho Münchausen, que queria tirar-se do pântano puxando os próprios cabelos, só que agora o esforço tem de ser do casal. Em qualquer caso, os processos de conciliação são necessários, começa uma "gestão da relação por meio da negociação" (SWAAN, 1981). Seus atores se movem (às vezes para frente, às vezes em círculos) num "ambiente de questionamento prolixo" (SCHLODDER, 1984):

Relacionamentos são estabelecidos, mantidos, perturbados e novamente rompidos – mas, acima de tudo, eles são discutidos. O resultado enche volumes, especialmente da literatura contemporânea: a literatura "não é mais um discurso sobre o amor, mas na melhor das hipóteses um discurso sobre o discurso sobre o amor" (HAGE, 1987). Para ilustrar, vejamos o monólogo de um homem "enfrentando esta situação":

> Provavelmente cada um tem o tipo de amor que merece. Eu tenho Anna, nosso relacionamento já tem cinco anos. Outros, nesse mesmo tempo, já teriam um apartamento juntos ou pelo menos um filho. Nós não. Cada um vive na sua – cada um na sua: sua cama, sua conta de telefone, seu carro, sua máquina de lavar roupa –, a modalidade de nosso relacionamento nunca foi bem esclarecida. Quem se importa com o que, quem desempenha qual papel? Viver juntos combina com independência? Temos de processar um monte de coisa ainda. Ainda não somos um casal de verdade, embora muita gente ache que sim. Mas quebramos a cabeça pensando o tempo todo se deveríamos nos tornar um ou não.

> A única coisa que realmente alcançamos nos últimos anos são muitos argumentos bons – vivemos com eles. Se eu critico Anna por querer ficar em bares todas as noites, ela diz que estou sendo possessivo. Se ela quer passar o feriado sozinha e eu quero ir com ela para Toscana no verão, ela acha que isto é um impulso pseudorromântico e diz que estou com medo de perdê-la [...]. Parece-me, muitas vezes, que nosso amor é feito de acordos: cláusulas emocionais num contrato sexual cheio de letrinhas miúdas [...]. Sempre digo para mim mesmo: não se irrite, caso ela mais uma vez não queira passar a noite com você. E ela o tempo todo: "Simplesmente preciso de tempo para mim. E de qualquer maneira não posso te oferecer nada quando ando tão pensativa". Mas só estou querendo ficar perto dela. Ela não entende. "Isso me sufoca", diz.

> "Por que vocês simplesmente não se casam?", recentemente me perguntou um amigo. "É absurdo carregar o fardo de duas casas por tantos anos." Isso pode ser verdade. Mas li em algum lugar que um casal típico, depois de vinte anos juntos, conversa apenas oito minutos. Algo assim jamais poderia acontecer com a gente (PRASCHL, 1988).

Essas intermináveis discussões sobre o relacionamento podem soar estranhas para um observador externo. Mas elas não são apenas uma expressão de confusão pessoal ou de um egoísmo desenfreado, que como um bacilo estaria contaminando um número crescente de homens e mulheres. Uma interpretação desse tipo pode parecer plausível à primeira vista, mas ela toca apenas a superfície e, portanto, é deficiente. Pois o que acontece na esfera privada e parece ser confusão pessoal é também, em especial, uma consequência da Modernidade e dinâmica de liberdade que esta modernidade desencadeia.

Enquanto havia proibições e prescrições que regulavam o fluxo diário e a vida conjugal, era claro, para a maioria das perguntas, qual era o comportamento "adequado", desejado por Deus e natural. Para que grandes palavras, perguntas longas, explicações extensas? Tudo isso era desnecessário. Cada cônjuge conhecia as regras, e também sabia que o outro as conhecia. (Mesmo quem não quisesse obedecer sabia exatamente o que estava fazendo: violando maneiras e costumes, rebelando-se.) Ocorreu a este respeito uma mudança profunda nas últimas décadas e, em particular, nos últimos anos. Quanto menos expectativas são estipuladas, mais os homens e mulheres serão capazes de definir, eles próprios, seu relacionamento; sim, terão de fazer isso. Daí as perguntas: O que é certo, o que é errado? O que você quer, o que eu quero? O que devemos fazer?

"Um casal moderno: pouco amor, muitas palavras" (SWAAN, 1981). Agora é preciso um diálogo contínuo para produzir e conservar a causa comum, isto é: preencher o livre-espaço da privacidade com definições compatíveis de amor, casamento, parceria. Isso exige um esforço sem fim, muito tempo, nervos, paciência, em suma, um "trabalho sobre o relacionamento". E este é um trabalho duro, semelhante a um trabalho de Sísifo: nunca se alcança um fim, após cada novo entendimento se faz necessária uma nova negociação. "O que a liberdade deveria significar, uma abertura fundamental da esfera privada, se transforma em fardo" (OSTNER & PIEPER, 1980: 128).

> Para não fracassar, o indivíduo deve fazer algo por sua felicidade. Aumenta a necessidade de desempenho imposta pela família. Ser um "bom parceiro" significa esforço, atenção, reflexão conjunta. Conflitos precisam ser identificados logo, enquanto são, por assim dizer, "fissuras". Desativá-los requer sensibilidade para as necessidades do parceiro [...] (VOLLMER, 1986: 217).

Quando não há orientações exteriores, é mais importante do que nunca que o entendimento entre os parceiros tenha sucesso. Nestas condições, certamente não é por acaso que a psicanálise, a psicologia e terapia desde os anos de 1960 experimentem enorme popularidade, voltando-se cada vez mais para a dinâmica das relações de casais. As diretrizes que elas proclamam com frequência são "abertura" e "sinceridade". Os parceiros devem admitir sentimentos, mostrar sua personalidade, não se esconder atrás de medos, tabus, convenções. De um livro de aconselhamento, publicado pela primeira vez em 1970:

> Estamos firmemente convencidos de que...os problemas cruciais de um amor íntimo só podem ser resolvidos em relacionamentos que são abertos, livres, críticos e autênticos, isto é, que deem a cada um dos parceiros a oportunidade de começar a partir de si mesmo, oferecer-se ao outro, sem precisar se desfigurar e se ajustar ao parceiro (apud BACH & DEUTSCH, 1979: 26).

Esta ênfase na abertura resultante da destradicionalização das condições de vida da Modernidade se tornou, dentro de poucos anos, sinal, marca de uma nova cultura ou subcultura. Em consequência de sua transmissão pela ciência popular, ela é, de fato, muitas vezes banalizada, preparada para a mídia de massa e, portanto, diluída. Nos cafés da cena alternativa (e outros lugares), o bacilo do "diálogo sobre a relação" se espalha: homens e mulheres que se abrem constantemente para ter e manter proximidade – ou para recusá-la. Nestas conversas, cada sentimento, cada emoção são trazidos à luz, remexidos, definidos e catalogados: meu medo da perda, você não para de reclamar, o problema dele com o pai. "Os parceiros partem da ideia de que eles devem 'contribuir' para a relação, não podem dissimular, mas tentar se dar bem um com o outro com franqueza desimpedida" (HAHN, 1988: 179).

Este trabalho sobre a relação pelo diálogo contínuo gera o risco de tirania da autenticidade. As pessoas esquecem que a alma humana tem muitos nichos, sinuosidades, emaranhados que talvez não possam ser funcionalmente processados. Esquecem a questão do "equilíbrio": Quanta verdade, quanta abertura, quanto desnudamento da alma podemos esperar de nós mesmos e do outro? As consequências nem sempre contribuem para a prosperidade da relação. Não só a mentira pode ser explosiva, mas também a autenticidade constantemente aplicada. E a autotematização não é apenas libertação dos pecados dos pais (e mães), mas também uma arma perigosa. "'Que haja verdade entre nós', diz Thoas para Ifigênia no drama de Goethe: mas apenas depois de separarem para sempre. O relativo sucesso da instituição clássica da autotematização, como a confissão ou a psicanálise, se devia ao fato de que os destinatários das revelações normalmente não eram ao mesmo tempo seus objetos" (HAHN, 1988: 179).

Moralidade da mudança, obrigação de otimização

Conforme descrito até agora, a emancipação das ordens de vida tradicionais é uma das características essenciais da Modernidade. É crucial perceber que este processo, em princípio, não conhece limites, disparando, portanto, um "impulso de expansão", de fato, uma permanente "moralidade da mudança" (cf. BERGER, 1986: 90s.; WEHRSPAUN, 1988). Pois as barreiras que a ação humana anteriormente enfrentava – os mandamentos de Deus e da natureza, da origem e da posição social – são continuamente trituradas. O resultado é que, na definição de metas, não há mais instâncias que possam nos interromper, regras que possam nos deter. A norma da ação agora é a ordem do aumento: ainda mais rápido! ainda maior! ainda mais bonito!

Esta mentalidade de melhoramento é efetiva não apenas quando se trata de marca de carro ou local de trabalho, mas também inclui o âmbito do relacionamento do casal. Como mostram muitos estudos, as exigências sobre o relacionamento conjugal são agora muito maiores do que antes. Agora já não é suficiente que as pessoas se deem razoavelmente bem. Elas querem mais, desejam felicidade e realização, ou seja, o sonho americano, *The Pursuit of Happiness*, em sua própria casa. Isso acaba por criar, como contrapartida, um potencial para decepções. Pois quanto mais elevadas as expectativas sobre o casamento, mais os cônjuges perceberão como insuficiente seu próprio casamento – comparado com este critério exigente. Além disso, esse sonho também produz sua própria armadilha, porque ele, definido como absoluto, desperta esperanças inatingíveis. Em toda convivência íntima e duradoura, existem, além da experiência de felicidade, momentos de frustração, rejeição, raiva, culpa e ofensa – resumidos sucintamente na redação de um estudante: "Família significa guerra e paz" (apud LÜSCHER, 1987: 23). A expectativa de felicidade, entendida pura e literalmente, colide com a realidade dos relacionamentos, com os conflitos, concessões e crises que irão surgir em qualquer vida conjunta. Eis a experiência de um terapeuta com prática de longa data:

> Os inúmeros livros sobre casamento que proclamam como promessa os mandamentos do crescimento e amadurecimento, não tratam, ou tratam muito pouco daquele outro lado que também faz parte do crescimento pessoal, ou seja, as profundezas da angústia e da violência destrutiva e sua superação. [Eu vejo] a família não como um lugar de refúgio, um lugar onde imperam puro prazer e alegria – o que ela também pode ser, é evidente – [...] mas como um lugar onde o ser humano, a mais bárbara de todas as criaturas, pode aprender a compartilhar o tempo e o espaço de forma não violenta ou destrutiva [...]. Abrir-se completamente para a pessoa com quem se vive e ao mesmo tempo conhecer as experiências, atitudes, esperanças, medos de si mesmo (e dela) que estilhaçam a imagem que se fez dela é [...] uma experiência longa e extremamente dolorosa [...]. [Neste sentido] o casamento e a vida familiar são um lugar maravilhoso... para conhecer todo o esgoto da vida [...].

> Desta perspectiva, cheguei à conclusão, após 26,5 anos de casamento, de que a felicidade não é o objetivo do casamento. O casamento tem muitos lados gloriosos; é um lugar onde podemos aprender a conviver com pessoas diferentes de nós mesmos em termos de idade, sexo, valores e perspectivas. É um lugar onde odiamos e aprendemos a dominar o ódio, um lugar onde podemos aprender a rir, amar e conversar (JOURARD, 1982: 177-179).

Mas o que fazer quando a realidade não corresponde ao ideal? Segundo o antigo modelo de casamento, as pessoas estavam intimamente ligadas umas às outras, por mais incompatíveis que fossem seus temperamentos e inclinações. A nova mentalidade de melhoramento aponta agora exatamente na direção oposta: é melhor terminar o casamento do que conformar-se com deficiências e fazer concessões à expectativa de felicidade. Em outras palavras, quanto menos barreiras externas o ideal de amor enfrentar, maior será a pressão para não nos contentarmos com um casamento de "qualidade inferior". Aqui também reside uma das causas do aumento do número de divórcios: "As pessoas se divorciam tanto [...] porque suas expectativas a respeito do casamento são tão altas que elas não querem se conformar com aproximações insatisfatórias" (BERGER & BERGER, apud JAEGGI & HOLLSTEIN, 1985: 36).

[...] como o terceiro marido, após a sexta semana, salta bem menos, mas se torna mole e caseiro, tem o suficiente do lado fisiológico e pensa novamente no aspecto social, no trabalho e acha que deve convidar os Van Vries, fala de sua promoção e seu reumatismo, ela percebe, de repente, cheia de grandeza moral e dignidade, que se equivocou. Esse sentimento de ter se enganado a si mesma não desaparece. Então ela decide, muito generosamente, falar com ele, e, para causar impressão, coloca um alto turbante. "Querido terceiro tecedor" diz a aranha dobrando as pequenas patas peludas, "sejamos dignos um do outro e nos separemos sem acusações baratas. Não vamos macular com insultos inúteis a nobre lembrança da felicidade passada. Eu lhe devo a verdade, e a verdade, meu querido, é que eu não te amo mais [...] eu me enganei. Eu acreditei com toda minha alma que você seria o senhor aranha eterno. Sinto muito. Saiba que um quarto senhor aranha entrou em minha vida e significa tudo para mim (COHEN, 1983: 330s.).

Este fenômeno também indica um desejo de expandir, reforçado e acelerado quase que de dentro para fora: a expansão dos espaços de liberdade é um processo que nos conduz para frente (NUNNER-WINKLER, 1989). Em termos concretos, isso significa que as novas opções de separação e divórcio agem subliminarmente mesmo onde são estatisticamente limitadas. Só o fato de elas terem se tornado visíveis (com enorme contribuição da mídia de massa) já afeta as formas tradicionais de vida e de casamento. Quem hoje mantém o casamento sempre faz isso com o conhecimento de que existem saídas: pode-se também fazer algo diferente. A manutenção do casamento é percebida agora – porque existem alternativas – como uma expressão de escolha consciente e cai, assim, sob a obrigação de uma justificação. Uma caricatura de Chlodwig Ploth exprime vividamente essa situação (apud NUNNER-WINKLER, 1989):

Dois velhos amigos se encontram no pub.
A: Cara, que beleza estar de volta. Como está o pessoal por aqui? Os Krögers, por exemplo, como estão?
B: Eles se separaram há muito tempo. Ele vive com outra mulher em Sachsenhausen, mas ela não sei onde está.
A: Ah, sim, e os Zierfelds?
B: Brigaram faz pouco tempo. Ele foi embora e agora vive numa habitação coletiva. Ela ainda vive em Bornheim com Volker – um professor. Não sei se você o conhece. E vocês como estão?
R: Bem, as coisas não deram certo para a gente. Susi está morando em outro lugar com um cara simpático e eu vivo no antigo apartamento com Karin, que é psicóloga. E vocês, como vão?
B: Nós, bem, ainda estamos juntos, mas você sabe, já refletimos muito sobre isso, realmente. Mas temos nosso garoto; e na maior parte do tempo, não sei se você entende, tudo corre muito bem entre nós. Pode ser estranho, mas é assim, sabe?
A: Não precisa se desculpar, amigo, eu te entendo, não se preocupe.

O simples aumento da necessidade de oferecer justificativas para manter formas tradicionais de vida intensifica ainda mais a espiral de mudanças. Para conservar tradições acostumadas, basta a ausência de inconvenientes extremos; por outro lado, a justificação de escolhas comportamentais exige justificações positivas. Em outras palavras: uma situação de casamento predeterminada é aceita desde que não seja insuportável, mas uma livremente escolhida deve se mostrar como a "melhor" no horizonte de opções alternativas. Com isso, a mera necessidade de justificativa já eleva os padrões pelos quais se mede a felicidade.

Trabalho que cria linhas divisórias

Até agora, debatemos que a comunhão que atualmente une os cônjuges se funda na expectativa de amor – o que, como vimos, cria alguns problemas. Mas a estes problemas internos, inerentes ao próprio ideal de amor acrescenta-se outro ponto: a criação desta comunhão não ocorre num espaço sem sociedade; ao contrário, sofre muitas influências externas, enfrenta novos controles e restrições, que prejudicam a comunhão. É bastante crucial aqui a forma de trabalho hoje predominante, que já não cria, como na sociedade pré-industrial, um elo unificador por meio da economia familiar, mas ao contrário: traça linhas divisórias entre homem e mulher.

Existem os chamados casamentos tradicionais, de acordo com o padrão "o homem é o chefe de família, e a mulher, responsável pela casa e família". O problema bem conhecido é que homens e mulheres vivem em mundos diferentes; de um lado, as regras e exigências da profissão, de outro, a monotonia e o isolamento da existência da dona de casa. A comunicação entre esses mundos é difícil; onde ela já não é possível, acaba havendo silêncio e alienação.

> Ela não percebe que você está sem ar; ela não tem ideia de que seu braço está cansado; é claro, sabe que ele se esforça; que ele sustenta a casa, satisfaz todos os desejos, paga todas as despesas; claro, ela conhece os conflitos dele, o humor; ela também tem seus conflitos, seus humores; também mantém suas preocupações longe dele.

> Mas um dia você se pergunta: Como isso pode ir em frente? Não há mais vigor, impulso; nenhum interesse ou acompanhamento; nenhum planejamento em comum; apenas coisas óbvias e divisão pacífica do trabalho. Você no mundo aí fora, eu dentro de casa [...]. Assim nasce a felicidade pacífica de um casamento de dezesseis anos, e a vida parece um pote de leite coalhado, azedo e denso, em que você se afoga como uma mosca, com toda sobriedade (WASSERMANN, 1987: 93).

Por outro lado, há os casamentos que prevalecem na geração mais jovem, em que ambos os cônjuges trabalham fora – e, por isto, enfrentam novos encargos e conflitos. Pois hoje o trabalho profissional é quase sempre, por sua estrutura interna, "profissão de uma pessoa e meia", o que significa:

tanto pela quantidade quanto pela qualidade de suas necessidades, ela é de tal modo organizada que dificilmente leva em conta as exigências do trabalho diário privado; ela pressupõe tacitamente que o profissional pode reivindicar os trabalhos e serviços auxiliares de outra pessoa, que na maioria dos casos é a esposa [...]. O trabalho diário feito pela mulher cria a base diária para a nutrição, vestuário, bem-estar do marido e para o cuidado da próxima geração; ela liberta o homem das preocupações e pressões cotidianas, para que ele possa atender, sem impedimentos, as exigências do trabalho profissional (BECK-GERNSHEIM, 1980: 68s.).

Em face de tais pressupostos, o que significa quando mais e mais mulheres entram no mercado de trabalho? As consequências podem ser vistas com aritmética simples: falta agora a ambos cônjuges a terceira pessoa que diminui o trabalho de fundo e faz carinho. Portanto, após a labuta diária, vem ainda a disputa sobre trabalho no âmbito privado, onde as mesmas acusações são repetidas em círculo, as questões eternas sobre quem lava a louça, vai ao supermercado e cuida das crianças. Isto é conhecido da experiência cotidiana e bem confirmado por muitos estudos. Mas também é apenas uma parte do problema, porque na vida cotidiana e na teoria muitas vezes esquecemos que, além do trabalho doméstico no sentido mais restrito, é necessário ainda o trabalho emocional. O ser humano, e ainda mais aquele que trabalha, não vive só de pão, mas precisa também de apoio psicológico. Pois as regras do mercado, perceptíveis de várias maneiras no cotidiano profissional – ritmo e disciplina! concorrência e carreira! – traduzem-se em tensão e irritação internas. (Não por acaso, surgiu no século XIX a construção da polarização dos caracteres sexuais, que remete a mulher à posição de "oásis de paz" para o homem profissional.) Daí as muitas contrariedades no clima interno; daí as queixas sobre a escassa compreensão do outro porque cada um fica com seu dilema e espera ser compreendido. E isso não é egoísmo ou fracasso individual. Não, é um evento coletivo, o mesmo drama de inúmeras cozinhas e salas de estar: o resultado direto da profissão-de-uma-pessoa-e-meia, que exaure a todos.

Outra característica deste trabalho de uma pessoa e meia é que muitas de suas "exigências tácitas" são feitas sob medida para o homem, tendo ao seu lado a esposa constantemente adaptável. Apenas para citar o exemplo mais visível: sob as condições de elevada taxa de desemprego, a mobilidade geográfica é muitas vezes um pré-requisito importante para encontrar um emprego; e em muitos campos profissionais a mobilidade também é condição essencial para uma promoção. Mas o que ocorre quando ambos trabalham? Só em raros casos de sorte, a mobilidade envia marido e esposa na mesma direção. É mais frequente que a oferta profissional em outra cidade seja para um dos cônjuges importante trampolim para a entrada ou avanço na carreira, mas traga para o "acompanhante" perdas significativas na carreira ou até mesmo desemprego. Sob essas condições, duas alternativas se apresentam. Ou casamento de fim de semana e deslocamentos de um lado para o outro; isto custa esforço de coordenação e tempo, e os planos de organização acabam cercando a vida privada. Ou ficar juntos no sentido literal, com desvantagens consideráveis para um dos cônjuges, renúncia às suas próprias oportunidades com possíveis consequências de longo prazo (e dificilmente previsíveis); isto significa negociação e ponderação, muito material explosivo e inflamável. Sim, claro, tudo pode ser compensado por um monte de compreensão mútua. Mas de novo: Quanto disso é triturado diariamente nos moinhos da profissão-de-uma-pessoa-e-meia?

Minhas coisas, suas coisas: mentalidade de contrato

Deste modo, aumentam tanto o desamparo quanto a necessidade de aconselhamento. Livros com conhecimento enlatado sobre amor, casamento, relação a dois estão em alta, numa seleção tão vasta quanto colorida, uma espécie de supermercado de filosofias de vida e de amor. Do nosso ponto de vista seria interessante considerá-los em termos da seguinte pergunta: Que regras eles apontam para obter a comunhão pessoal?

Mas logo se percebe que a formulação da questão está errada, pelo menos em parte. Sem dúvida, há muitos livros cujo objetivo é derrubar os muros de frustração, mudez e resignação, para novamente possibilitar um acordo sobre a comunhão. Mas também é inegável que há cada vez mais livros de aconselhamento em que o tema da comunhão é marginalizado – isto quando chega a ser mencionado. Esses livros focam em outra diretriz, em todos os tipos de variações, às vezes suaves, às vezes explicitamente formuladas: em vez da preservação do "nós", aparece a do "eu". É cada vez mais recomendado "regular o maior número possível de aspectos da vida diária num contrato de casamento" (PARTNER, 1984: 85ss.). Não se trata aqui de restabelecer a comunhão, a proximidade interior por meio do diálogo. O objetivo é, antes, que o indivíduo assegure suas "próprias coisas" por normas jurídicas. E cada vez mais casais estão seguindo o conselho. Na Alemanha (*Süddeutsche Zeitung*, 13/06/1985), como nos Estados Unidos (*International Herald Tribune*, 24/09/1986), está crescendo o número de casais que assinam contrato matrimonial antes do casamento.

> A noiva do homem era magra. Ele gostava dela assim. Não queria que ela mudasse. E estava determinado a fazer tudo ao seu alcance para garantir sua magreza [...]. Antes do casamento, o noivo fez a noiva concordar com um contrato segundo o qual ela teria de pagar, no caso de ganho de peso, uma multa que seria reembolsada com a nova perda de peso. Esta não era uma mera promessa. O casal garantiu o acordo assinando um contrato de casamento com um advogado de Nova York.

> Bem-vindo ao casamento no estilo contratual, *circa* 1986, em que os acordos legais cada vez mais especificam tudo, desde a divisão do guar-

da-roupa depois do casamento até a questão sobre quem fica com o apartamento de aluguel controlado após o divórcio. Não raro, são os acordos pré-nupciais que estipulam que os cônjuges se alternam na escolha do lugar das férias, participam igualmente na disciplina dos filhos ou que expuseram um para o outro a natureza de suas experiências sexuais anteriores [...]. Os advogados dizem que estão deparando com uma crescente demanda por todos os tipos de contratos de casamento, desde aqueles puramente financeiros até aqueles que contêm disposições específicas relacionadas ao estilo de vida (*International Herald Tribune*, 24/09/1986).

E se, apesar de tudo, surgirem diferenças com o passar do tempo? Ainda assim acordos podem ser concluídos. Onde não há mais coisas em comum, a nova filosofia ávida por oferecer conselhos projeta novas formas de conduta civilizada que redescobrem o velho princípio do *do ut des*, traduzido simplesmente como "o que não me agrada em você, o que não lhe agrada em mim serão eliminados num processo de troca". Já existem livros de aconselhamento que recomendam "acordos para mudança de comportamento mútua". Vejamos algumas instruções:

Cada parceiro recebe algo que ele/ela quer do outro. Por exemplo, você estipula "vestir um vestido bonito de manhã em vez de um esfarrapado". Ele concorda "voltar a tempo para jantar em casa em vez de sair e beber com os amigos". Eles começam com comportamentos simples e, gradualmente, transitam para outros mais complicados ("Você deve mostrar mais iniciativa no sexo". [...] "Ele deve me beijar com mais frequência") (BAER, 1976, apud EHRENREICH & ENGLISH, 1979: 275).

A livre-escolha de parceiro, sem as pressões sociais predeterminadas, gerou um resultado paradoxal, com novas formas de controle mútuo no âmbito privado. Mas este resultado certamente tem sua própria lógica. Onde tudo é aberto, tudo tem de ser negociado. Onde não há mais uma causa em comum, cada um procura proteger seu próprio interesse no campo interno do relacionamento. Os livros de aconselhamento do tipo referido acima refletem esta tendência e ainda a ampliam. A questão sobre o que vai acontecer com a comunhão do casal também tem formulação incorreta, porque não se trata dela aqui, ou pelo menos ela não é mais uma prioridade. Uma recomendação para contratos de casamento diz, coerentemente, que se deve formular logo as "regras para caso de divórcio" (PARTNER, 1984: 128s.), o que se resume no lema: "Ambos os parceiros reconhecem expressamente o fato de que não há como segurar o casamento por muito tempo" (p. 128).

Temos, desse modo, o seguinte quadro: no casamento moderno, a base comum dos cônjuges é produzida por amor e sentimentos. Em concordância com isso, surge uma nova regra de decisão: quando faltarem os sentimentos, o casamento deve terminar. Na forte base emocional do casamento, no modelo cultural do "amor romântico" já está instalada, portanto, uma raiz para a mudança de seu significado – "uma ligação, que naturalmente vale por uma vida toda, se converte numa ligação que é mantida apenas sob certas condições" (FURSTEN-BERG, 1987: 30).

5 Os esforços da perseverança

> *Os esforços das montanhas estão atrás de nós,*
> *Diante de nós se encontram os esforços das planícies.*
> Bertolt Brecht

O que une as pessoas hoje não é uma causa comum, mas a expectativa de felicidade pessoal: o parceiro "certo", uma mistura de homem ou mulher dos sonhos e companheiro(a) para o que der e vier. Mas os sonhos mudam com os tempos. A felicidade revela ser volátil. Ou em outras palavras: ao espaço livre criado na transição para a Modernidade é inerente um fator "vulnerabilidade" do relacionamento conjugal.

> Família como espaço livre significa... que a família está, em princípio, aberta a *qualquer* definição, contanto que continue "privada", ou seja, que não sirva diretamente à subsistência. Mas assim a família também não está aberta a nenhuma definição (pelo menos não uma permanente) (OSTNER & PIEPER, 1980: 123 – itálico no original).

A esperança dos velhos tempos girava em torno da liberação das barreiras externas. A promessa era clara: derrubado o obstáculo, qualquer que fosse – resistência da família, considerações de classe, falta de dinheiro –, então a vitória do amor verdadeiro seria certa. E, sem dúvida, era certo que esse amor duraria para sempre.

> Estou casada há dez anos. Sei o que é viver inteiramente para e com aquilo que mais amo na terra... Não conheço cansaço da companhia de meu Edward; ele não conhece nenhum da minha [...]. Conversamos, creio, o dia todo; falar um ao outro é apenas uma forma de pensar mais animada e audível [...] combinamos perfeitamente em caráter – e o resultado é uma perfeita concórdia (BRONTË, 1966: 475s.).

A experiência do presente é a seguinte: onde o casamento está mudando, onde a comunidade de trabalho dá lugar à comunidade emocional, os sentimentos se tornam trabalho. O amor, como se mostra nas condições modernas, não é um evento de ocorrência única, mas um evento pelo qual se deve lutar de novo todos os dias. E, não apenas em tempos bons e ruins, mas também nas folgas, nas incertezas e coerções de coordenação da sociedade moderna. Isso requer uma combinação de paciência e tolerância à frustração. Significa duro trabalho de negociação, muitas vezes acompanhado de turbulência, uma espécie de conferência de cúpula em miniatura e constante, e com o fator agravante de que os participantes após longos anos de prática conhecem de perto as fraquezas, as sensibilidades, pontos críticos da outra parte. Depois de se livrar de velhas restrições, o amor é posto sob nova prova: ele tem de enfrentar os esforços da perseverança.

> Andando, sentados ou deitados,
> estão eles juntos.
> Conversaram. Calaram-se.
> É tudo...

> Fala-se pelo silêncio. E se cala com palavras.
> A boca corre vazia.
> O silêncio se compõe de dezenove tipos
> (se não mais).

> Da visão de suas almas e gravatas
> eles ficaram irados.
> São como gramofones com três discos.
> Isso deixa nervoso (KÄSTNER, apud GROFFY & GROFFY, 1986: 283s.).

O amor como um idílio de aconchego? Quem dera. Os espaços livres que se abrem com a Modernidade são "chances arriscadas" (KEUPP, 1988) também aqui. Com a intensidade do sentimento crescem os equívocos, confusões, complicações – em suma, o possível sofrimento. (Onde podemos escalar um cume, também podemos cair no abismo. Amor rima com dor, não só nos versos de álbuns de poesia.) Os conflitos que surgem nas relações entre homens e mulheres hoje não são meramente pessoais, inerentes a diferentes tipos de egoísmo, mas *também* estão enraizados na definição moderna de amor e casamento. Aqui os sentimentos deveriam ser a base, mas são notoriamente instáveis, como se diz num filme de Woody Allen: "O coração é um músculo extremamente flexível"[5]. O tema da literatura clássica sobre o amor era "Vocês não podem ficar juntos", mas na literatura moderna ele se transformou em: "Vocês não podem viver juntos". Ou como Dieter WellersHoff escreve: "Antes os amantes se debatiam contra as paredes das instituições, hoje eles patinham no pântano de uma ideologia da felicidade" (WELLERSHOFF apud HAGE, 1987).

Desse ângulo, podemos extrair a conclusão de que o que parece ganho de liberdade escorre novamente entre os dedos. "Parece que as restrições do passado foram agora substituídas pelas exigências do presente" (MAYER, 1985: 87). No entanto: As formas de vida e amor da sociedade moderna podem conter muitas decepções e conflitos. Mas as épocas anteriores, com sua rigorosa restrição da liberdade pessoal, certamente não eram melhores, pelo menos não pelos critérios de hoje. Por isso, o objetivo não pode ser um retorno às velhas formas com seus muitos controles e restrições. O objetivo deve ser, antes, o de encontrar novas formas de convivência que permitam espaço livre *e* sejam duradouras.

Um passo importante para isso poderia ser o reconhecimento da "face dupla" dos processos de liberação, a constante dialética entre promessas e reveses. Talvez fosse então possível buscar a promessa de felicidade no outro lado *também*: nos esforços da perseverança. Conforme se diz numa versão moderna de *Romeu e Julieta*: "O grande amor? Eu acho que é quando duas pessoas conseguem se tolerar por toda sua vida" (CAPEK, 1985). No mundo frio da liberdade, o amor é definido como o que antes era, muitas vezes, uma carga e hoje aquilo cuja falta é lamentada, ou seja, durabilidade. Na mudança de épocas e seus problemas, o amor permanece como utopia, como projeto de um mundo melhor.

> Esses casamentos que começam com o amor são um mau sinal. Eu me pergunto se esses grandes amantes nas histórias que lemos continuariam a amar sua adorada se ela ficasse doente, sempre de cama, e se ele, o homem, cuidaria dela como se cuida de um bebê, você sabe das coisas desagradáveis a que estou me referindo. Acho que ele não a amaria mais. O verdadeiro amor, permita-me dizer-lhe, é hábito, é envelhecer juntos (COHEN, 1984: 18).

Notas

* Contém partes de BECK-GERNSHEIM, E. "Freie Liebe – freie Scheidung". In: WEYMANN, A. (org.). *Handlungsspielräume*. Stuttgart, 1989, p. 105-119.

1. Cf., p. ex., Rosenbaum, 1978, 1982; Schröter, 1985; Sieder, 1987; Stone, 1978, 1979.

2. P. ex., Borscheid, 1986; Mayer, 1985.

3. P. ex., B. Mayer, 1985; Schneider, 1985.

4. Este trecho de entrevista foi retirado de um material extenso e inédito, que fazia parte do projeto "Criação dos filhos na classe mais baixa" no Instituto da Juventude Alemã, Munique. Cf. Wahl et al., 1980.

5. Hanna e suas irmãs, cena final.

IV
Tudo por amor ao filho

Elisabeth Beck-Gernsheim

"Amor, casamento, carrinho de bebê": O amor conduz ao altar e, logo em seguida, chega um bebê... O mundo parecia tão simples nos anos de 1950. Desde então muitas coisas mudaram. O fato de duas pessoas se casarem porque se amam não pode mais ser dado por certo. E, para aqueles que decidem se casar, o desejo de ter filhos também não pode mais ser dado por certo.

Vivemos numa "sociedade anticriança"? Uma coisa é certa: os países altamente industrializados registram um declínio significativo na taxa de nascimentos desde a década de 1960. Numa comparação internacional, a República Federal da Alemanha foi, durante muito tempo, o país mais fortemente afetado. Mas isto também mudou nesse meio-tempo: na Itália, o país clássico dos *bambini*, nascem ainda menos crianças.

O amor ao filho – no século XIX, ele foi cantado e versificado, também ligado à "essência" da mulher, posto em pedestal e envolto num mito romântico. No final do século XX, isto se tornou um tema especialmente para revistas de pais e mães e livros sobre como cuidar dos filhos; virou uma categoria para instruções pedagógicas e regras de conduta, uma palavra-chave que obriga os pais a diversos programas, todos circulando em torno da promoção ótima dos rebentos. O afeto é gerido por especialistas, para que ele seja bem dosado; e também porque há armadilhas: Já se alertou contra a "o terror da afeição" (GRONEMEYER, 1989: 27).

Amor ao filho – um vínculo eterno e natural, predeterminado pela história humana, talvez até mesmo ancorado nos genes? Talvez as coisas sejam um pouco mais complicadas. Precisamos olhar com mais precisão a relação entre pais e filhos. Quais são as esperanças e desejos que se prendem a esta relação, quais restrições e obrigações? Como era antes, como é no presente, e qual imagem do futuro se pode vislumbrar?

Taxas de natalidade mundiais para 1.000 habitantes
Itália em última posição

Quênia 55,0
Tanzânia 50,0
Irã 47,6
Iraque 45,0
Argélia 40,1
Egito 37,5
Índia 33,7
México 32,7
Turquia 29,1
Israel 23,1
União Soviética 19,9
Brasil 19,3
China 19,0
Polônia 16,1
Romênia 15,8
Estados Unidos 15,5
França 13,8
Alemanha Oriental 13,6
Reino Unido 13,6
Noruega 13,0
Holanda 12,7
Bélgica 11,8
Suíça 11,7
Áustria 11,3
Espanha 11,2
Japão 11,1
Dinamarca 11,0
Grécia 10,6
Alemanha Ocidental 10,5
Itália 9,6

Fonte: ONU, apud *Die Zeit*, 23/12/1988.

1 O desejo de ter filhos hoje

Em séculos anteriores, casamento e parentalidade estavam diretamente ligados. Mas isso não significa necessariamente que os homens e mulheres gostavam mais de crianças do que hoje. Na sociedade pré-industrial, crianças eram necessárias, antes de tudo, por motivos econômicos: como força em casa e no campo, para a segurança da velhice dos pais, para a herança da propriedade e do nome[1]. Para as classes abastadas, os filhos tinham um impacto solidamente financeiro, materializado em heranças e dotes. Não admira que eles fossem, em geral, bem-vindos e às vezes – especialmente quando se tratava de primogênitos e meninos – também fervorosamente esperados. Mas, além disso, havia inúmeras situações em que as crianças eram vistas como economicamente inúteis, até mesmo onerosas – por exemplo, quando as crianças se tornavam numerosas e a família crescia em demasia. As pessoas não podiam se dar o luxo de nutrir muitos sentimentos pelos filhos. Um exemplo ilustrativo é um texto bávaro de cerca de 1800:

> O camponês se alegra quando sua esposa lhe traz a primeira garantia de amor, também se alegra com a segunda e a terceira, mas não tanto com a quarta. A alegria dá lugar às preocupações [...]. Todos os filhos nascidos depois ele os olha como criaturas inimigas, que tomam o pão dele e do restante da família. Até mesmo o mais terno coração de mãe se torna indiferente para o quinto filho, e ao sexto ela deseja a morte pura e simples (apud IMHOF, 1981: 44).

O folclorista Karl von Leoprechting escreve algo semelhante em 1855:

> De resto, apenas algumas dessas muitas crianças sobrevivem; podem-se esperar, no máximo, quatro de uma dúzia, as outras geralmente vão para o céu muito cedo. No caso de criancinhas que morrem, raramente há grande sofrimento, é um lindo anjo no céu, já temos o suficiente com o restante. Mas se morre uma criança mais velha, que poderia começar a trabalhar em breve, todos se lamentam [...][2].

No final do século XX, o vínculo entre casamento e parentalidade já não é tão inevitável como anteriormente. Isto tem a ver, em parte, com mudanças econômicas: com a industrialização, a família como comunidade econômica se dissolve; a vantagem econômica de ter filhos diminui gradualmente e, em vez disso, os custos sobem. Uma mudança drástica ocorreu desde então, que pode ser assim formulada: "da bênção de ter filhos para o ônus de ter filhos" (BOLTE, 1980: 66). Nas últimas décadas, e mais ainda nos últimos anos, esta evolução tem recebido um impulso vigoroso. Pois o custo financeiro de criar um filho cresce abruptamente, muito mais rápido do que a renda, a taxa de inflação e o custo de vida.

A criança como experiência de sentido e de si mesma

Os homens e mulheres que hoje optam por ter filhos certamente não fazem isto na expectativa de vantagens materiais. No plano de fundo estão outros motivos, que se referem às necessidades emocionais dos pais: no final do século XX, as crianças têm sobretudo uma "função de utilidade psicológica" (FEND, 1988: 160). O resultado de pesquisas das ciências sociais aponta na mesma direção:

> Filhos não trazem vantagens econômicas – o caso é o oposto exato. Hoje os pais também não podem esperar de seus filhos apoio prático

e ajuda em situações difíceis – nossa sociedade salienta em demasia a individualização dos estilos de vida para isso. A recompensa real que permanece é o valor emocional que as crianças têm: o importante sentimento de ser responsável, competente, emocionalmente necessário, e, acima de tudo, ver-se realizado na próxima geração e novamente "representado" como ser humano (HURRELMANN, 1989: 11s.).

Em que essa se exprime "utilidade psicológica"? Há uma escala de motivos conhecidos, como, por exemplo, o fato de que a criança pode cimentar o casamento dos pais ou realizar as esperanças de ascensão em que os pais se veem frustrados. Além disso, onde prevalecem as tendências de individualização, também normalmente surgem novas expectativas. Um estudo demográfico observa: ter filhos é algo que cada vez mais se conecta com o desejo de sentido na vida e de enraizamento e, ao mesmo tempo, com uma "busca de felicidade", que visa a um "prazer com a relação" (MÜNZ, 1983: 39).

> [...] o desejo de ter filhos [é] relacionado ao eu, relacionado ao presente: os pais hoje querem obter algo... com o parto, a amamentação, com a criação e o cuidado dos filhos [...]. A pretensão de autorrealização por meio dos próprios filhos... está mais difundido... É [característico] que a parentalidade não seja compreendida por um número crescente de pais primariamente como serviço, como forma de devoção, como obrigação social. Ao contrário, é declaradamente buscada como uma forma de vida em interesse próprio (MÜNZ, 1983: 39).

O que se insinua aqui é um paralelo no padrão básico de desenvolvimento histórico. A mudança por que passa o relacionamento conjugal na transição para a Modernidade mostra-se de modo bastante semelhante na relação entre os pais e o filho. Em ambos os casos, desapareceu a "causa comum", produzida pelas exigências da família como comunidade econômica e de trabalho. Em ambos os casos, a relação das pessoas envolvidas se desprende de interesses econômicos – e se abre para os interesses, esperanças, desejos "privados". Em ambos os casos, a relação é cada vez mais determinada pelas necessidades emocionais crescentes e até mesmo vicejantes, que surgem no curso dos processos de individualização (com todas as recompensas, mas também com os abismos inerentes à intensidade do sentimento). Como escreve o pesquisador sobre socialização Jürgen Zinnecker: quanto mais se dissolve a base objetiva, mais sobressai na relação entre gerações uma "crescente importância do imaginário". Os adultos tomam a infância e a adolescência como "tela de projeção para os desejos não vividos e utópicos" (ZINNECKER, 1988: 129). E esta tendência não se mostra primeiramente na interação real entre pais e filhos, mas já nas expectativas que giram em torno do desejo de ter filhos[3].

Na sociedade altamente industrializada, as pessoas são constantemente treinadas a demonstrar um comportamento racional, frente às leis da competição, carreira, tempo e disciplina. A criança representa o outro lado, o lado "natural".

E justamente isso constitui também uma esperança, uma promessa. Isto se torna claramente visível em muitas entrevistas e depoimentos de mulheres, em parte também de homens, da geração mais jovem. Ao lidar com o filho, as mulheres querem redescobrir habilidades e exprimir necessidades cuja falta é dolorosamente lamentada na civilização técnico-científica: paciência e serenidade, solicitude e empatia, sensibilidade, abertura, proximidade. Por meio da maternidade, ela também procura uma esfera contraposta ao mundo profissional, onde domina unilateralmente a razão instrumental, e sentimentos são, na maioria das vezes, perturbadores. O vínculo com a criança contradiz tudo o que é exigido diariamente, toda "racionalidade" no sentido direto. E ela também é buscada especialmente como um contrapeso vivo. Como podemos ler num comentário: "Onde se vê tanta energia vital e alegria como numa criança?" (Testemunho em *The Boston Women's Health Book Collective*, vol. 2, 1980: 645.)

Já começa a aparecer nas pesquisas o seguinte tema: a "naturalidade de crianças (pequenas) num ambiente que se tornou 'inatural'" (HÖPFLINGER, 1984: 104). E essa naturalidade obviamente exerce força de atração especial no grupo de novas mulheres (e homens), que são influenciados pelas ideias da psicologia e da psicanálise, educação e ciência social. Porque é característica dela uma nova "sensibilização", que é claramente um resultado da reforma da educação e das esperanças suscitadas com ela. As pessoas tomam consciência do endurecimento e incrustação interiores, que haviam sido exigidos no processo de civilização e que geraram como produto final a "personalidade reduzida em todos os aspectos" (Heike Sander). Nesse sentido, a criança suscita a ideia de "pessoas autênticas – relações autênticas" (Testemunho em HÄSING & BRANDES, 1983: 208). Com efeito, projeta-se uma visão alternativa, um modelo de ser humano e seu desenvolvimento, cuja marca consiste, sobretudo, no fato de que seu olhar se volta nostalgicamente para trás: "As crianças vêm ao mundo com a alma viva – nossas almas tornaram-se pedreiras" (Testemunho em HÄSING & BRANDES, 1983: 191). E o título de um relato de experiência torna-se um credo: "A criança é o ser humano" (Relato de experiência. In: ROOS & HASSAUER, 1982: 220ss.). Um observador dos novos pais escreve:

> Mães e pais não dão desinteressadamente; eles querem receber muitas coisas dos filhos. A criação dos filhos é uma transação de troca [...]. Eles querem ser criados por seus filhos. Filhos e filhas devem ajudar os pais alcançar seu próprio ideal de espontaneidade, sensibilidade, imparcialidade, criatividade. Aqui não são os pais que estão criando os filhos, mas o inverso, os filhos estão criando os pais. Os filhos e filhas encarnam, literalmente, o ideal do eu de seus pais (BOPP, 1984: 66, 70).

Acrescente-se a isso que as margens de liberdade que surgem no curso dos processos de individualização têm, como se sabe, seu lado negativo: "O homem da Modernidade [europeia] está condenado à liberdade, é um sem-teto" (WEYMANN, 1989: 2). Exatamente aqui a paternidade também ganha um significado pessoalmente novo, e justamente quando a modernização e a liberação atingem um estágio historicamente avançado, quando laços tradicionais, religiosos, regionais estão se tornando cada vez mais frágeis e a civilização técnico-científica cria predominantemente leis funcionais, restrições materiais e estruturas de comunicação austeras e impessoais. Aqui, a criança, sua educação e cuidado podem proporcionar novas relações de valor e sentido e até mesmo se tornar um fulcro de sentido da existência privada. Quando os objetivos são arbitrários e intercambiáveis, a crença na vida após a morte se desvanece e as esperanças terrenas amiúde se revelam transitórias – justamente nessas circunstâncias um filho também promete a possibilidade de oferecer uma âncora e conteúdo à vida.

Essa motivação é diretamente expressa por homens e mulheres de classes mais baixas. Um estudo suíço de planejamento familiar e desejo de ter filhos constata que a visão das crianças como sentido e obra da vida era generalizada principalmente entre as pessoas com baixo nível educacional (HÖPFLINGER, 1984: 146s.). Um estudo alemão sobre famílias da classe baixa aponta em direção semelhante. À pergunta "O que significa para você ter filhos, ter uma família?" foram dadas respostas como:

> "Assim a vida ganha sentido".
> "Sabemos para quem existimos, para quem trabalhamos".
> "Queria saber qual é meu lugar."
> "A vida é muito mais bela quando você sabe que alguém precisa de você. Quando você mora sozinho e vive sem se preocupar com o amanhã, você não tira nada disso, você não vê nada depois de dez anos. Agora, na família você sabe o que realizou. Você sabe pelo que viveu" (WAHL et al., 1980: 34-38).

Mas não é entre os grupos socialmente desfavorecidos que a criança se torna conteúdo e sentido da vida. Se olhamos o material com entrevistas a respeito, percebemos rapidamente: mesmo entre as "novas" mulheres (e homens), há muitas expressões semelhantes. Como relata, por exemplo, uma escritora: "Eu queria um filho, uma família minha, alguém que precisasse de mim e me quisesse" (Relato de experiência. In: DOWRICK & GRUNDBERG, 1980: 80). Os autores que descrevem o ambiente dos novos movimentos sociais observam – às vezes de modo irônico, às vezes até mordaz – uma generalizada busca de sentido no desejo de ter filhos. Eles registram o desejo de ancoragem: os novos pais que têm filhos "porque precisam de parentes", para ter a sensação "de pertencer a algum lugar onde o mapa do mundo não para de mudar" (DISCHE, 1983: 32). Eles falam daqueles que procuram no filho "o sentido do mundo" e a "salvação da aflição [pessoal]" (HEINZE, apud ROOS & HASSAUER, 1982: 40). Eles mostram em cartum o "estranho desejo de ter filhos", que torna a criança um veículo das carências de sentido dos pais (cf. ROOS & HASSAUER, 1982: 70). Uma mulher descreve em retrospectiva sua própria situação na época em que optou por ter filhos:

Tive meu filho [...] em um momento em que estava extremamente insegura. A faculdade estava quase no fim, mas o desemprego me esperava. O clima em minha pátria política, a esquerda não dogmática, ia de sombrio a desesperador no final dos anos de 1970. A casa compartilhada com outras pessoas se desintegrava, meu namorado estava interessado por uma loira, e nas ruas e bares de Bockenheim, em Frankfurt, se difundia cada vez mais a atmosfera *no future* que floresceria mais tarde na década de 1980. A crescente perda de laços e pontos de referência me deixa feliz/leve, mas também tonta/temerosa. Eu percebi que a liberdade não é apenas bonita e desejável. Pelo contrário, ela tem uma natureza dupla confusa [...]. Eu também tive meu filho [...] por medo do vazio, que [...] se abria diante de mim, medo do meu futuro incerto [...]. Ao fundar minha família, eu queria construir um mundo alternativo. Foi isso. Eu tinha escapado à temida liberdade (Relato de experiência. In: HÄSING & BRANDES, 1983: 180s.).

Sem filhos por amor às crianças?

É claro, o desejo de ter filhos também enfrenta hoje fortes barreiras. Em primeiro lugar, há o desejo de uma "vida própria", que surge na sociedade individualizada e, depois de afetar o plano de vida dos homens, agora também abarca as mulheres. Isto mostra inevitavelmente que falta uma pessoa de "plano de fundo", alguém que naturalmente esteja disponível para cuidar de uma criança. Uma das principais razões para isso é também – o que é ainda pouco considerado na ciência como no grande público – o aumento das exigências impostas pelo desejo de ter filhos. Pois a paternidade na sociedade moderna tem se tornado cada vez mais uma tarefa repleta de responsabilidades (cf. cap. IV). – E justamente esta crescente responsabilidade repercute agora como ônus e barreira no processo de tomada de decisão[4].

Quanto mais se difunde a máxima da "promoção ótima", tanto mais se eleva o nível – já na fase de planejamento – das precondições materiais. Esta tendência pode ser vista hoje em todas as camadas, não mais como antes apenas na classe média em ascensão: "As despesas em ter filhos e educá-los se atrelam, especialmente nas camadas inferiores, a uma perspectiva de educação e sucesso na vida" (FUCHS, 1983: 348). A lista de necessidades é longa, desde dinheiro no bolso e quarto para as crianças até férias, brinquedos e esportes, e, o que não se pode esquecer, os custos inerentes de um período educacional e de formação que está constantemente se prolongando. Essas demandas, transmitidas pelos meios de comunicação de massa, penetram na consciência de amplos setores da população. Por isto, a frase "Não podemos bancar uma criança" não diz apenas algo sobre as pretensões dos jovens casais em relação à sua própria qualidade de vida. Diz também algo, pelo menos em mesmo grau, sobre a qualidade de vida que eles querem proporcionar a seus filhos – na verdade, quase *tem de* proporcionar se forem seguir as instruções dos especialistas. A regra agora é: "[...] as pessoas modernas só têm o número de filhos que as condições financeiras permitem. Elas estão cientes de sua responsabilidade [...]" (HÄUSSLER, 1983: 65).

Aqui se pode supor que os requisitos materiais são apenas uma parte da questão, provavelmente a mais irrelevante. Pois os conselhos dos especialistas incluem muito mais coisas – e ganham rápida propagação, primeiro entre as mulheres de classe média conscientes da importância da educação, em seguida, de modo mais amplo pela televisão e revistas. Na opinião especializada, a criança precisa de um ambiente "apropriado para crianças", desde uma moradia e entorno adequados até um meio estável, que forneça acolhimento e segurança. E acima de tudo está a própria educação, como fortemente enfatizado nos livros de aconselhamento, sendo ela "uma grande tarefa repleta de responsabilidades" (*The Boston Women's Health Book Collective*, vol. 2, 1980: 644). Com tantas responsabilidades pela frente, as consequências são óbvias. Como registram os observadores, as mães e pais potenciais frequentemente ambicionam "segurança máxima [...] no interesse das crianças" (Relato de experiência. In: ROOS & HASSAUER, 1982: 189). Elas carregam na cabeça uma lista de condições, que cresce a um grau sem precedentes na história – desde postos de trabalho seguros e bons apartamentos até escolas e creches progressistas. Além disso, a questão ambiental também está ganhando urgência. Para alguns casais, surge a pergunta: Será que deveríamos ter filhos neste mundo, com buraco na camada de ozônio e desmatamento de florestas?

No grupo de mulheres jovens que conhecem sua responsabilidade e estão a par da ciência (popular), a relação a dois, não raro, também é submetida a uma análise aprofundada: É ela estável o suficiente para permitir estabilidade a uma criança? E sem dúvida a própria pessoa acaba se examinando a si mesma. Pois se a "personalidade da criança" precisa de qualidades especiais de dedicação para se desenvolver, também será preciso investigar o desenvolvimento emocional da mãe para ver se há um amplo espaço como preparação para a criança. Em consequência, a nova questão de consciência, entre as mulheres (por vezes também homens) psicológica e educacionalmente cientes é: Estou madura o bastante para satisfazer as necessidades pessoais de educação? Tenho as qualidades interiores que a criança necessita para seu desenvolvimento? E se a resposta for negativa, então – haja ou não o desejo de ter filhos – a decisão responsável seria: nada de filhos, pelo menos agora não. Tendo em conta isto, vejamos os resultados de um estudo empírico sobre coabitações sem casamento formal:

> Muitos têm a sensação de que uma criança deveria vir "apenas mais tarde" [...] apenas quando você superar os problemas da relação, ou somente quando você se sentir mais seguro... O indivíduo tem de se desenvolver como pessoa o suficiente e se sentir maduro, porque "se eu não consigo lidar comigo mesmo, como vou lidar com uma criança?" [...] Muitas vezes também ocorre nas mulheres o temor do papel

de mãe, que é sentido como uma exigência extremamente responsável e específica à sua própria pessoa (*Nichteheliche Lebensgemeinschaften*, 1985: 77)[5].

Com o aumento das exigências quanto a ter e criar filhos, testemunhamos o surgimento de um novo padrão de decisão. É chamado de "Sem filhos por responsabilidade" (Ayck e Stolten), isto é: por amor às crianças. Isso cria um peculiar movimento em espiral: quanto menos filhos nascem, mais valioso é cada um deles, mais direitos lhe são concedidos. Quanto mais importante e mais dispendiosa se torna cada criança, mais pessoas também se esquivam dos enormes deveres e responsabilidades – e optam por não ter filhos. Por isso, lemos na introdução ao livro *Kinderlos aus Verantwortung* (Sem filhos por responsabilidade):

> Acreditamos que este livro devia ser escrito, porque a decisão de ter filhos exige cada vez mais responsabilidade [...]. Este livro não é contra uma vida com crianças, mas contra o que agora é feito às crianças. Elas precisam mais do que cuidados, comida e bebida. Suas necessidades psicológicas são muitas vezes desconsideradas [...]. A escolha consciente de não ter filhos é um desafio. Uma nova ética, uma nova espécie de responsabilidade social pode ser expressa por essa escolha (AYCK & STOLTEN, 1978: 12s., 18, 25).

Filhos planejados

Na hora decidir ter ou não filhos, existem inúmeros ângulos de visão, em níveis completamente diferentes, desde as oportunidades e restrições da "vida privada" às exigências e promessas oferecidas pela paternidade. E, em cada caso, existem considerações favoráveis e contrárias. A consequência é que surgem esperanças e medos concorrentes: *O desejo de ter filhos – argumentos e contra-argumentos*, como diz o título de um livro a respeito (Roos e Hassauer). E as pesquisas atestam: "Nas reflexões favoráveis e contrárias, vêm à tona incertezas, ambivalências e contradições típicas" (URDZE & RERRICH, 1981: 94).

Assim aquilo que é chamado de situação decisória se torna muitas vezes um longo processo de tomada de decisão; e isto especialmente entre as "novas mulheres" (por vezes homens) que agora querem fazer tudo muito conscientemente – levando na cabeça muitas ideias de psicologia, educação e autoanálise. Isto também pertence às características de uma sociedade em que os requisitos tradicionais de classe, *status*, gênero não mais percorrem trilhos firmemente pré-fixados: cada vez mais, as pessoas veem a necessidade de produzir e organizar por si sua biografia, um plano de estações de vida de curto prazo e de longo prazo em muitas áreas, desde o tipo de escola até uma vaga de estagiário, desde a moradia até a escolha do parceiro. Como mostra a literatura feminina a respeito, esta nova pressão de planejamento também afeta, de modo cada vez mais perceptível, a relação entre a vida das mulheres e a maternidade. O lema para as mães em potencial foi programaticamente formulado num manual para mulheres: antes "pensar em tudo com cuidado" para depois "tomar decisões realmente seguras" (*The Boston Women's Health Book Collective*, vol. 2, 1980: 640). E se olharmos para os estudos e relatos de experiências, fica claro que este lema também é seguido. Um estudo empírico constata: "Muitas das mulheres entrevistadas queixam-se de perda de espontaneidade. Elas têm a impressão de que, no passado, trazer filhos ao mundo era algo inquestionável, enquanto hoje elas têm de tomar uma decisão consciente" (*Nichteheliche Lebensgemeinschaften*, 1985: 78). Em inúmeras experiências de autoanálise, em diários, em conversas com as amigas e mais ainda com o parceiro, muitas das novas mulheres procuram identificar seu desejo de ter filhos e examinar as oportunidades e barreiras. Elas questionam as que já são mães, a fim de obter "esclarecimento" e "lições", "precaver-se" para "se preparar" e também possivelmente "se defender"; em suma, elas querem "saber tudo com precisão" (cf. SICHTERMANN, 1982: 7-11). E, sobretudo, elas também escrevem relatos de suas experiências para descobrir uma saída de suas próprias ambivalências, ou se tornam autoras de livros com conselhos para ajudar outras a atravessar o longo processo de decisão.

> Fazer este livro era uma necessidade para nós. É resultado de um sentimento de fastio. Durante três, quatro anos estivemos falando sobre a possibilidade de ter um filho. Discutimos com amigos, colegas, pessoas da nossa idade... Agora o livro está pronto. Com ele termina um estágio de nossa biografia. A questão "filhos" foi objetivada (Assistente de pesquisa) (apud ROOS & HASSAUER, 1982: 11).

> [Meu namorado] sempre me disse para escrever que razões eu tenho para querer uma criança. Tentei por três anos, mas nunca me ocorreu uma razão importante. Apenas consegui pensar num monte de ninharias (Designer gráfica) (Testemunho. In: VOGT-HAGEBÄUMER, 1977: 25).

O que antes era a coisa mais natural do mundo tornou-se agora algo muito complicado para alguns grupos. Não mais ocorre de modo espontâneo, tudo passa pelo intelecto: A nova mulher nova "questiona" e "problematiza". As crianças (se as houver) devem ser frutos de um desejo. Mas o desejo não é mais espontâneo, mas travado por um monte de perguntas; há cada vez mais filhos planejados ou, numa expressão de Günter Grass, "partos-cabeça". São sintomáticas disto as palavras-chave que aparecem em entrevistas e depoimentos. Em conexão com o desejo de ter filhos, fala-se de "argumentos" (BRAUN & WOHLFART, 1984: 19), de "auto-observação e autodiagnóstico" (Relato de experiência. In: KERNER, 1984: 153), de "sondar estratégias de autoconfusão" (Relato de experiência. In: DOWRICK & GRUNDBERG, 1980: 100), de "pensar em tudo à perfeição" (Relato de experiência. In: KERNER, 1984: 153). E os futuros pais de gêmeos pensam "de modo imediato e natural" que "é elevada a taxa de esquizofrenia no caso de gêmeos" (Relato de experiência. In: HÄSING & BRANDES, 1983: 152). Este último pode ser um exemplo extremo, mas continuemos: num diálogo de um casal formado por um trabalhador qualificado e uma vendedora, logo aparecem "argumentos" contra a situação do filho único[6]. E outra vendedora relata que, nos primeiros meses de gravidez, "leu quase tudo" o que pôde encontrar sobre o tema, com "interesse particular [...] nos diferentes métodos de dar à luz" (Relato de experiência. In: REIM, 1984: 172). Uma rede de hipóteses e teorias é cada vez mais lançada sobre o desejo de ter filhos e suas consequências. Günter Grass descreve essa constelação moderna:

> Um casal que dá gosto de ver. Um casal lindo. Um casal de um livro de figuras atual. Eles têm um gato, mas nenhuma criança ainda. Não porque não dá ou porque não funciona, mas porque, ele diz "ainda não" quando ela "finalmente" quer ter um filho; e ela, quando ele diz "posso me imaginar com um filho, na teoria", replica, como num texto de teatro: "Eu não. Ou não mais. É preciso ser objetivo para agir com responsabilidade. Que tipo de futuro você quer para essa criança? Não há perspectiva. Além disso, há crianças de mais, na Índia, no México, no Egito, na China. Basta olhar as estatísticas" (GRASS, 1980: 12).

2 A preparação para ter um filho

E como vão as coisas para aqueles que finalmente optam por um filho – geralmente após demorado planejamento? Eles esquecem todas as graves ponderações e já se alegram sinceramente com o futuro bebê? É improvável que seja tão simples assim. Afinal de contas, a jubilosa antecipação é muitas vezes misturada com outros sentimentos: O "trabalho de planejamento" não cessa. Desde a primeira ideia sobre o futuro filho, o casal, especialmente a esposa, se confronta com as demandas dos conselheiros pedagógicos da ciência popular, que alcançaram enorme difusão nos últimos anos. Consideremos a seguir uma pequena seleção do catálogo de deveres e planos que são exigidos dos futuros pais no final do século XX.

O que a mulher (às vezes também o homem) deve fazer antes da gravidez

À medicina do século XIX devemos a percepção de que uma nutrição adequada é importante para o crescimento da criança. No século XX, essa ideia é promovida e aperfeiçoada. Agora se diz que a nutrição correta começa muito mais cedo, nos futuros pais e mães, mas especialmente nas mães – e anos antes da concepção da criança. Um livro de aconselhamento de 1969 diz, por exemplo:

Até agora se salientou apenas a dieta da mãe durante a gravidez. Hoje avançamos e aconselhamos às mulheres pensar numa concepção apenas quando [...] estiverem com ótima saúde (SCHÖNFELDT, 1969: 8).

No *Öko-Test – Ratgeber Kleinkinder* (primeira edição de maio de 1988; com 63.000 cópias até abril de 1989) afirma-se:

> O modo de vida da mãe [...] é fundamental para a qualidade do leite materno [...]. As mulheres que seguiam uma dieta vegetariana por muitos anos e, além disso, se nutriam de produtos orgânicos tiveram [...] problemas menores. Mudar a dieta por pouco tempo durante a gravidez não é suficiente [...] porque os poluentes se armazenam durante vários anos no corpo (p. 25s.).

Mas só uma alimentação saudável não é suficiente hoje, se você realmente quer criar os melhores fundamentos para a saúde da criança. Quanto mais rápidos os progressos da medicina, mais coisas devem agora ser levadas em consideração. Como diz um especialista: "É [...] melhor você agendar um exame médico completo, mesmo antes de engravidar, para garantir desde o início o melhor estado de saúde" (BECK, 1970: 238). E o desenvolvimento continua, como diz outro conselheiro: "[...] Melhor ainda, se houver um aconselhamento genético antes de planejar a gravidez" (Junge Familie. *Das Baby-Journal*, 5/1988: 30). Recomenda-se uma visita a diversos especialistas para uma preparação perfeita. Vejamos outros exemplos de livros de aconselhamentos: uma revista feminina bastante popular apresenta um programa detalhado, intitulado "Contagem regressiva para a concepção", ou seja, uma agenda de preparação para a concepção. O lema é: "Proteja seu filho que ainda não nasceu", e os primeiros passos devem ser realizados meses antes da concepção da criança, com exames no dentista e no ginecologista, incluindo testes especiais para donas de gato (devido ao risco de toxoplasmose) e também para mulheres negras e asiáticas, de origem judaica ou oriundas de países mediterrâneos (devido a vulnerabilidades genéticas específicas) (*McCall's*, jan./1986: 42). Um programa similar, intitulado "Bebês melhores com planejamento", recomenda "o cuidado pré-gravidez", que idealmente deve começar seis meses antes da concepção. Ele inclui um estudo sobre o estado geral de saúde de ambos os cônjuges; vários exames de sangue e medidas de pressão arterial; esclarecimentos sobre uma dieta equilibrada; abstenção de fumo, álcool, drogas; combate ao estresse. E o objetivo de tais esforços é descrito como se segue:

> Por que um bebê mediano, quando você pode ter um melhor? Bebês melhores são bem proporcionados da cabeça aos pés. Eles têm a melhor postura – sem joelhos que se batem, pés chatos ou corcunda. Eles são atentos, ágeis, equilibrados – perfeitos em todos os sentidos. Sua mandíbula é bem-formada, para que os dentes possam crescer alinhados. A cabeça é simétrica, com espaço suficiente para que o cérebro possa se desenvolver adequadamente (*Observer*, 26/04/1987).

O nascituro: um ser delicado e vulnerável

O que se aplica à preparação para a gravidez vale ainda mais quando o "feliz evento" realmente já se aproxima: são necessários cuidados e precauções de todos os lados. Um papel central é novamente desempenhado pela rápida expansão do conhecimento médico, especialmente no campo da pesquisa pré-natal. Enquanto no século XIX havia apenas ideias muito vagas sobre o início da vida humana, na última década os nove meses entre a concepção e o nascimento foram explorados com cada vez mais detalhes. O que antes era um estado primevo obscuro está agora disponível em fotos coloridas: a imagem do feto, até mesmo a partir da primeira divisão celular. Pode-se documentar como o embrião cresce, como a nutrição e o metabolismo funcionam, que fatores externos têm influência sobre o desenvolvimento no útero. E aqui precisamente está o ponto crucial: A fim de controlar tais influências, instruções rigorosas são formuladas para aquela que carrega o embrião, a gestante. "Cuidado, perigo para grávidas!" (*Ratgeber aus der Apotheke*, 15/03/1989: 14) é o lema amplamente difundido. Contudo, um olhar mais atento revela que não se trata realmente de ameaças para a mulher, mas para o feto. Muitos alimentos são definidos como perigosos para o embrião e, por isto, caem na lista negra da mãe:

> Nem é preciso dizer que as mães devem se abster de álcool, café, chá-preto e nicotina durante a gravidez (BRUKER & GUTJAHR, 1986: 54).

> O consumo frequente de carne e embutidos tem um impacto negativo (*Öko-Test*, 1988: 25s.).

> As mulheres grávidas devem evitar queijo cremoso, queijo fatiado semissólido e queijo de leite cru, também devem retirar a casca de todos os tipos de queijos e dar preferência ao queijo curado, fatiado e processado. Carne moída crua e linguiça de porco também devem ser evitadas [...] bem como a carne malpassada (*Ratgeber aus der Apotheke*, 15/03/1989: 14s.).

Com o nascimento do bebê, as recomendações prosseguem, no intuito de garantir os nutrientes essenciais ao leite materno. Recomenda-se à mãe, por exemplo, consumir peixe:

> Os derivados do óleo de peixe contidos no leite materno (especialmente EPA e DHA) são necessários para o rápido desenvolvimento cerebral do bebê nos primeiros meses de vida. Professor Weber: "A falta de ácidos graxos ômega-3 leva a distúrbios visuais e no sistema nervoso central"! (BECKER-SCHMIDT & KNAPP, 1985: 52).

A gestante que não toma a iniciativa de seguir imediatamente essas recomendações é pressionada por amor à criança: "O bebê é completamente indefeso" (*Ratgeber aus der Apotheke*, 15/03/1989: 14). Que gestante poderia ficar impassível a tal apelo? Os riscos para o feto lhe são detalhados:

> As gestantes trazem uma vida particularmente sensível dentro de si. Patógenos que não são perigosos para a mãe podem causar distúrbios graves ao feto... Se uma mulher grávida é infectada com listeria, tem geralmente apenas sintomas de gripe. [...] Mas, para o feto, os patógenos normalmente inofensivos podem ter consequências desastrosas: Podem surgir nódulos no fígado, no baço, nas glândulas suprarrenais, pulmões ou estômago e distúrbios circulatórios e respiratórios. Mas a bactéria listeria também pode infectar o cérebro e causar convulsões, meningite, partos prematuros e abortos. Cerca de 40% dos bebês afetados morrem após o nascimento, muitos ficam com deficiência mental permanente [...] [A toxoplasmose], em geral, também permanece completamente despercebida para a mãe, [...] mas pode prejudicar o bebê: os riscos variam de convulsões e atrasos no desenvolvimento em casos mais leves a graves deficiências mentais, visuais, até mesmo cegueira (*Ratgeber aus der Apotheke*, 15/03/1989: 14).

Idealmente, a futura mãe deve se voltar por completo para a criança em crescimento, uma mudança radical no estilo de vida é recomendada para ela. Até mesmo assistir às populares séries de televisão podem se revelar desfavoráveis para a criança anos depois; daí, a consequência lógica: é melhor que a gestante as evite.

> Já no ventre materno os bebês ouvem *Denver* e *Dallas*. Mais tarde, eles não conseguem mais se desapegar desses seriados. Pois, mesmo antes do nascimento, eles foram manipulados e programados para filmes específicos, ficando viciados neles. Portanto: "é melhor não ver seriado e TV, se você estiver grávida" (Junge Familie. *Das Baby-Journal*, 5/1988: 38).

Escolas superiores populares, centros educacionais para adultos, igrejas e grupos ecológicos, instituições regionais e nacionais, peritos reconhecidos e autoproclamados – todos oferecem palestras e cursos especiais, com "Dicas para a futura mãe expectante" (e, às vezes, para o futuro pai). Os temas concernentes passaram por enorme expansão nos últimos anos. Como é dito numa popular revista para pais: "A maioria dos cursos para grávidas de hoje são mais do que apenas exercícios, técnicas de respiração e esclarecimentos médicos sobre o processo de gravidez e parto: o nascituro é incluído, a percepção para suas necessidades e sua vulnerabilidade é afiada nos futuros pais e mães" (*Eltern*, 9/1985: 15). O seguinte relato apresenta "três métodos inteiramente novos" sobre "como os futuros pais podem entrar em contato com o feto" (*Eltern*, 9/1985: 14-20). Ele descreve, por exemplo, "massagem nos pés pré-natal", "método de contato psicotátil" e, finalmente, a "universidade de pré-natal". Para ilustrar, vejamos um trecho:

> O feto, em especial, pode absorver estímulos, estados de espírito, contatos numa fase bem inicial de seu desenvolvimento [...]. Um conta-

to consciente dos pais e uma atenção afetuosa agem como uma força motriz para seu desenvolvimento. Este contato consciente, emocional [como pensa o inventor do novo método] não é necessariamente o caso em qualquer gravidez. Este conselheiro de haptonomia mostra aos pais como podem entrar em contato com seu filho antes do nascimento. Ele aconselha, já no início da gravidez ou no mais tardar quando o bebê se mover perceptivelmente, "brincar" com ele através da parede abdominal, e falar e cantar para ele carinhosamente.

Acima de tudo, o "modo" e o "lugar" do parto se tornaram assunto especial hoje em dia. No século XIX, a maioria dos bebês nascia em casa. Ao longo do século XX, o parto hospitalar começou a se impor. No final do século XX, isto não é mais indiscutível; ao contrário, há cada vez mais debates "acalorados" na mídia com especialistas e leigos sobre o ambiente e o local corretos para o parto e sobre o melhor método. Hospitais públicos e maternidades particulares, parteiras que realizam um parto em casa ou se dirigem ao hospital – a oferta é tão grande quanto confusa, e os futuros pais, conscientes da responsabilidade, devem, naturalmente, fazer a melhor escolha. Que bom que há uma abundância de literatura a respeito. Uma autora "mundialmente famosa" (KITZINGER, 1980, contracapa) no campo de preparação para o parto ajuda a "estabelecer um plano pessoal para o parto" (p. 156ss.), que inclui todos os detalhes e potenciais complicações, desde o consentimento para monitoração cardíaca fetal eletrônica (se e como) e injeção de Syntocinon (quando e em que condições) até a escolha de anestesia epidural ou anestesia geral. (Será que, antes de se atrever a pensar em ter um filho, a mãe deveria cursar medicina?) Até mesmo um jornal diário já oferece uma "lista de verificação abrangente" para possibilitar "uma ótima [...] preparação" (*Starnberger Neueste Nachrichten/Lokalteil der Süddeutschen Zeitung für den Landkreis*, 21/02/1989: IV). Ele aconselha "ter a sua própria imagem da atmosfera e dos serviços de uma clínica". Isso pode ser feito, por exemplo, "marcando uma visita individual à clínica, onde você poderá dar uma olhada na maternidade e sala de parto e ter uma conversa com o médico ou parteira". Em seguida, menciona as principais dúvidas que devemos esclarecer nesta conversa, por exemplo: "Quais são os equipamentos técnicos para a monitoração do parto (ultrassom, fonocardiograma, eletrodos no couro cabeludo); e eles são usados rotineiramente?"

A gravidez pode ser um evento natural. Mas no final do século XX, não há mais uma natureza pura; ela é cada vez mais administrada por especialistas. O conhecimento empírico é desvalorizado; a mulher não deve dar ouvidos a amigas ou vizinhas, ao contrário, "a gestante deve pedir aconselhamento ao médico imediatamente e fazer apenas aquilo o que ele recomendar" (SCHÖNFELDT, 1985: 31). A mensagem é inequívoca: "O médico é mais importante do que o pai e o marido para a futura mãe!" (p. 22).

Digressão: no círculo de amor, responsabilidade e incerteza

O que foi mostrado até aqui nada mais do que é uma seleção do repertório de conselhos e regras que acompanham a preparação para o filho. Isso não significa, obviamente, que estes conselhos serão seguidos. Aqui faltam estudos abrangentes com exames detalhados sobre o comportamento real. Mas com base em dados empíricos disponíveis pode-se dizer que, hoje, pais e mães – especialmente estas – certamente se orientam muito mais pelas recomendações pedagógicas do que em gerações anteriores (ROLFF & ZIMMERMANN, 1985; SCHÜTZE, 1981; ZINNECKER, 1988). Em entrevistas e testemunhos encontram-se numerosos indícios de que, atualmente, o efeito da literatura de aconselhamento – com as palestras e cursos correspondentes – é considerável[7]. E se levamos em conta até mesmo os relatórios que descrevem sarcasticamente o quadro de "novas mães" e "novos pais", às vezes é bem clara a impressão de que os pais do final do século XX foram contaminados por um bacilo chamado "frenesi da criação do filho"[8].

Os dados recentes indicam que o interesse e a receptividade não são distribuídos igualmente em todos os grupos. O perfil do grupo-alvo prioritário pode ser idealmente delineado como se segue: as mulheres da classe média são particularmente suscetíveis à mensagem educativa; elas têm uma boa educação, vivem na cidade, esperam seu primeiro filho e se incluem entre as "mães tardias", ou seja, a faixa etária mais velha. Mas isso não significa que as mulheres de outros perfis não sejam afetadas de modo algum pela mensagem educativa. O caso é que os peritos com quem as mulheres procuram conselhos são diferentes dependendo da camada social e nível de ensino – variando desde pedagogia e psicologia até o movimento feminista, ou desde o curso de escola secundária popular até os tabloides, os folhetos de igrejas. Assim, o público não se limita de modo algum a pequenas minorias. E ele está em expansão – a julgar pelo retrato há pouco esboçado das características típicas. As estatísticas relevantes mostram tendências claras: a expansão da educação atingiu grandes grupos, incluindo também a metade feminina da população, o que é particularmente importante aqui. Além disso, cada vez mais pessoas – especialmente os mais jovens – vivem na cidade ou nas diversas áreas metropolitanas nos arredores das grandes cidades, cada vez menos em lugares pequenos, remotos. Há também cada vez menos famílias com muitos filhos, e uma maior tendência para a família de filho único. Por fim, muitas mulheres hoje retardam o momento da maternidade e passam a engrossar o grupo de mães tardias.

A tese do difundido "frenesi da criação do filho" pode parecer plausível, mas considera apenas o comportamento externo. Ele não indaga sobre os planos de fundo, causas, motivos, em suma, sobre o princípio de controle interno que deve guiar o comportamento dos pais. A isto se opõe a seguinte suposição: a mudança no comportamento dos pais, que observamos hoje, certamente tem uma lógica interna. Pois o amor ao seu filho, sob as condições da Modernidade, incorre inevitavelmente num dilema que leva ao matagal de aconselhamentos pedagógicos. Este "invólucro de servidão", em que os pais do final do século XX se meteram, pode ser descrito com auxílio das seguintes peças:

• Insegurança: as certezas originais que antes regulavam a relação entre pais e filho e definiam as expectativas e tarefas correspondentes – essas certezas se desvanecem cada vez mais na atualidade. As pessoas da Modernidade estão sendo continuamente expulsas desse "estado original", uma mistura de natureza, tradição, pequena margem de manobra. A deterioração inflacionária do conhecimento tradicional é provocada, em especial, pelo impulso da tecnologia, o ritmo de suas inovações e a propagação das teorias pedagógicas e psicológicas. Quando se trata de diagnóstico pré-natal ou de toxinas no leite materno, o conhecimento da bisavó (mesmo quando ainda presente) quase não ajuda mais, assim como não ajuda recorrer aos sentimentos próprios, à voz da natureza ou da razão.

• Imperativo da responsabilidade: A missão emancipatória, usada pedagogicamente, significa iniciativa dos pais, ou mais do que isso: a segunda criação da criança, guiada pela responsabilidade imposta aos pais. Dentro do horizonte desse ideal, a ação dos pais é cada vez mais compreendida como uma melhoria compensatória do mundo. Em outras palavras, quanto pior se torna o mundo, mais atividades devem ser executadas pelos pais para proteger o filho (quanto mais desastres Chernobyl, mais aumenta a busca por leite em pó não contaminado... e assim por diante). Especialmente os perigos ambientais, provocados no mundo todo, exigem dos pais, no espaço interno da família, ondas e deveres de atividade constantemente renovados.

• Conselhos opostos: A simultaneidade de incerteza e ideais educacionais, responsabilidades e realidade ruim leva as pessoas a buscar diretrizes de comportamento externas que pareçam livres de dúvida e possam oferecer uma nova base de legitimidade contra as obrigações em desvanecimento nos estilos de vida tradicionais. Esse é o ponto em que a ciência e a literatura de aconselhamento se oferecem como promessa. Mas, com frequência, o efeito que provocam não afugenta a incerteza, mas a amplifica ainda mais. Na competição de especialistas, de peritos autoproclamados e contraespecialistas, há sempre novas conjunturas com conselhos que variam incessantemente (p. ex., amamentação segundo a vontade do bebê ou seguindo um cronograma?, leite materno: sim ou não?), o que por sua vez não é um acidente, mas sistematicamente condicionado. Pois a ciência significa, por princípio, revisibilidade do conhecimento; isto é: conhecimentos prévios revelam-se falsos e saem de cena.

• Tentativas de fuga: A saída de volta para as ações escolhidas pelos próprios pais, para a voz da natureza, a espontaneidade e a imediaticidade (outra recomendação popular da literatura de aconselhamento) – esta trilha, passando por nova curva, leva facilmente ao mesmo círculo. Na espiral de incerteza que caracteriza a Modernidade, vemos uma tentativa de escapar da cientificação, uma tentativa tão óbvia quanto vã.

• Amor como efeito amplificador: O ato de criar um filho, com todas as suas questões, incide sobre um tema "altamente carregado de emoção". Trata-se da criança, do amor pela criança. O filho em crescimento é uma criatura delicada e vulnerável; portanto: quem ama seu filho deve protegê-lo! Esta é a mensagem universal, que toca os pais em seu ponto mais sensível, nas esperanças e desejos direcionados para o ansiado descendente. Isso certamente dificulta negar por completo o que os conselheiros exigem. Eles também pintam um quadro insistente sobre os perigos que ameaçam a criança em todos os lugares. E se, no final das contas, a criança sofrer realmente algum dano? Só este pensamento desperta uma pletora de terrores e angústias – e fortalece a vontade de seguir os conselheiros e suas regras.

Juntando todas essas peças, reconhecemos, pelo menos em linhas gerais, como a relação entre pais e filho é determinada pelo amor e seus anseios, e como ela gera seus próprios paradoxos. Pois os pais da Modernidade, com o "princípio de responsabilidade", estão cada vez mais condenados a uma criação que não deixa espaço para erros, equívocos, revisões. No amor ao parceiro adulto, podemos tentar novos caminhos repetidas vezes (no pior dos casos, recorrer ao divórcio), e compartilhar a responsabilidade com ele. Em contrapartida, o amor pelo filho tem uma estrutura assimétrica, em que a responsabilidade é atribuída unilateralmente aos pais e qualquer erro (como postula a reivindicação pedagógica) acarreta profundas consequências, de fato irreversíveis para as chances na vida da criança. Portanto, o que aparece como "frenesi na criação de filhos" por parte dos pais resulta da lógica circular de amor, responsabilidade, insegurança – uma dinâmica que tem suas próprias alturas e abismos.

Diagnóstico pré-natal como obrigação de assistência

Na era da civilização tecnocientífica, a gravidez não é mais considerada um evento natural, mas fundamentalmente um "estado problemático", que necessita exames preventivos especiais e monitoração médica. Se a gravidez ainda é acompanhada pelos chamados "fatores de risco" – e esses fatores existem em número significativo, como informa a literatura de aconselhamento –, então o diagnóstico pré-natal é recomendado como melhor precaução. Assim, por exemplo, na reportagem de capa de uma revista popular para pais, que traduz o desenvolvimento médico para "uso doméstico", que os futuros pais, por assim dizer, levam para a sala de estar:

> Testes no início da gravidez: O bebê nascerá saudável? Que testes fazer? Quando são necessários? Qual é o risco? (*Eltern*, 6/1989, capa).

Se, durante o diagnóstico pré-natal, é observada uma deficiência da criança, os futuros pais são confrontados com uma decisão difícil. "Em nosso tempo, marcado por desempenho, até mesmo leves perturbações e desvantagens adquirem dramática importância para o desenvolvimento, integração, progresso e afirmação" (apud ROTH, 1987: 100s.) – esta frase foi formulada recentemente numa reunião de geneticistas humanos e profissionais da medicina preventiva. A questão agora é: Pais responsáveis ainda podem se atrever a permitir uma desvantagem a seu filho? Eles têm o direito de lançar o filho numa vida que começa com chances desfavoráveis? A resposta pode ser: aborto – por responsabilidade, até mesmo por amor ao filho. Wolfgang van den Daele, membro da Comissão de "engenharia genética" do parlamento alemão, descreve o desenvolvimento atual:

> As reações das mulheres (ou do casal) aos resultados do diagnóstico pré-natal correspondem muitas vezes a uma atitude de tudo ou nada. Normalmente, o aborto já é escolhido quando há apenas certo risco de uma doença; portanto, a probabilidade de um feto saudável ser morto é relativamente alta. Ou também se escolhe o aborto quando é impossível decidir se um dano esperado será grave ou leve [...]. Até mesmo o diagnóstico de anomalias cromossômicas (p. ex., XYY), que são quase certamente clinicamente insignificantes, pode se tornar ensejo para abortar "por precaução" o feto afetado (DAELE, 1985: 145s.).

O diagnóstico pré-natal provoca diretamente uma nova forma de pensar a segurança. Este pensamento sobre a segurança refere-se, sem dúvida, aos próprios interesses dos pais, que querem se proteger dos gravames que uma criança deficiente lhes traria. Mas é igualmente certo que muitas vezes se trata de uma ideia de segurança no "interesse da criança", e isto como consequência do progresso tecnológico. Enquanto as disposições genéticas do feto eram inacessíveis ao saber humano (como era o caso até poucos anos atrás), elas também se subtraíam à intervenção humana, em suma, era uma questão de destino. Quanto mais essas disposições podem ser captadas pela engenharia genética, cada vez mais também se submetem à decisão e podem ser "evitadas" pelos futuros pais. Quanto mais há possibilidades de diagnóstico, mais se amplia também o dever de cuidado por parte dos pais. É a tecnologia que está redefinindo (e subliminarmente ditando) qual é a responsabilidade deles. Vejamos o depoimento de uma mulher que, após o exame do líquido amniótico, descobre estar esperando um filho com Síndrome de Down:

> Mesmo que mudássemos nossas vidas por completo para criar um filho com Síndrome de Down, uma realidade inflexível estaria à nossa espera [...]. Com quem deixaríamos [nosso filho] quando nós próprios envelhecêssemos? Como poderíamos assumir a responsabilidade pelo nosso filho, que será dependente, se o Estado, a sociedade praticamente não oferecem assistência humana para deficientes mentais? Nós não poderíamos em boa consciência decidir por criar um filho que um dia estará sob a tutela do Estado (RAPP, 1984: 319).

"Como intervenção nos processos de desenvolvimento reservado ao domínio da natureza, o diagnóstico pré-natal inaugura um controle humano que altera o conceito de parentalidade: com as possibilidades tecnológicas, expande-se a responsabilidade parental pela vida embriônica" (HOFFMANN-RIEM, 1988: 40). Já não se trata mais apenas de um dano à saúde. Além disso, o sexo "errado" (em geral, o feminino) pode ser um obstáculo contrário ao dever do cuidado.

O seguinte caso foi apresentado na Reunião Anual de 1989, da Sociedade Alemã de Genética Humana: um casal procurou aconselhamento genético em Hamburgo para realizar uma amniocentese, para fins de determinação do sexo. A gravidez continuaria apenas se fosse um menino; em caso contrário, o casal desejaria realizar um aborto. O casal tinha nacionalidade turca, a mulher tinha 43 anos de idade, o homem, 55; eles já tinham 7 filhas. Queriam voltar para a Turquia dentro de alguns anos, e, de acordo com os costumes lá vigentes, precisariam fornecer um dote para cada filha. Nisto residia sua preocupação: temiam que o esposo, já avançado em anos, não conseguiria, na velhice, levantar o dinheiro para o dote de mais uma filha, que ficaria, então, "desamparada".

O médico consultor descreveu como ele, embora rejeitasse terminantemente a amniocentese para determinação do sexo, consentiu neste caso. Pois os temores do casal eram sensatos e racionais, considerando as circunstâncias e costumes que os esperavam na volta para casa. Ao mesmo tempo, ele deixou inequivocamente claro que este objetivo da amniocentese devia ser uma exceção. Mas, acrescentou, "também não há tantos casais turcos com 7 filhas". O que fez uma mulher do público perguntar: "E onde os senhores pretender traçar um limite?" Ela descreveu um caso de seu centro de aconselhamento: novamente um casal turco, com filhas também, mas desta vez apenas duas – e, novamente, o desejo de exame do líquido amniótico para afastar o "risco" de ter mais uma filha.

> A gravidez hoje significa algo bem diferente do que há dez anos. Quando o casal decidia por uma gravidez ou aceitava uma gravidez acidental, ele não era confrontado com nenhuma outra escolha sobre se devia seguir com este embrião específico até o fim ou não (HUBBARD, 1984: 334).

O diagnóstico pré-natal traz mudanças: surge a "gravidez em suspenso" (Rothman). Isto cria também uma distância interior em relação ao futuro filho. Pois enquanto forem incertos os resultados dos testes laboratoriais – os da amniocentese são possíveis na vigésima semana de gravidez – muitas mulheres, que pensam em fazer tal exame, refreiam suas expectativas e esperanças. Elas controlam suas emoções, "porque ninguém sabe como será", isto é: não dá para dizer se a gravidez continuará. Nessas condições, o amor pela criança só pode se desenvolver quando o teste laboratorial não sinalizar "motivo para alarme". Um estudo empírico sobre as consequências do diagnóstico pré-natal constata:

> Nas condições do exame do líquido amniótico, o vínculo de uma mulher à sua gravidez pode ser apenas um vínculo em suspenso. A mulher

não pode ignorar a gravidez, mas também não pode aceitá-la de todo o coração [...]. A maioria das mulheres consegue controlar seus receios. Mas isto tem seus custos. Os custos se refletem na evolução do relacionamento com o feto. A distância deve ser mantida [...]. Como a mulher pode começar a se relacionar com o bebê em gestação; como pode fazer planos para ele; como pode começar a desenvolver sentimentos maternos – se porventura não for um bebê, mas um erro genético e, em última análise, um feto abortado? (ROTHMAN, 1988: 101-103).

E quanto mais avança a pesquisa genética, mais oportunidades de intervenção ela oferece. Hoje as possibilidades de intervenção são consideradas antes do nascimento – no futuro talvez já antes da concepção. Se estendermos a lógica dos recentes desenvolvimentos para o futuro, vislumbramos o seguinte cenário (BECK-GERNSHEIM, 1988b): talvez em breve poderemos selecionar, rejeitar, ou mesclar calculadamente as características genéticas do descendente – uma espécie de jogo de bloco de construção num tubo de ensaio, que promete resultados de alta qualidade. Talvez em breve não recorreremos ao velho processo natural de procriação, em vez disso usaremos apenas óvulo e esperma que satisfaçam o ponto de vista da "otimização genética". O horizonte de possibilidades é amplo, e o amor tentará muitas coisas. Como já dissera John Locke: "A negação da natureza é o caminho para a felicidade" (LOCKE, apud RIFKIN, 1987: 30). Yvonne Schütze descreveu o que isto pode significar para a parentalidade na era da tecnologia reprodutiva: "Provavelmente, o amor ao filho será mostrado quanto os pais estão dispostos a fazer em prol da constituição genética dele" (SCHÜTZE, 1986: 127).

3 Desejo de ter um filho que nunca vem: aqui começa a jornada como pacientes

Mas se existe o desejo de ter um filho, mas este nunca chega? De acordo com estudos recentes, aumenta o número de pessoas que anseiam ardentemente, sem sucesso, por um filho. Estima-se que hoje aproximadamente 10 a 15% dos casais têm problemas de fertilidade: nada funciona (MICHELMANN & METTLER, 1987: 44). Para eles, a medicina moderna oferece muitas opções de tratamento. O espectro abarca desde tratamento hormonal, que se tornou prática ginecológica rotineira, até fertilização *in vitro* ou inseminação artificial com congelamento de embriões e banco de esperma. Quer métodos convencionais, quer espetaculares, todos eles têm um objetivo comum: trazer a criança tão esperada.

Mas o filho realmente chega? Que condições ou até mesmo ônus estão ligados à assistência médica na procriação? Consideremos as perspectivas de sucesso e os possíveis efeitos colaterais de forma mais detalhada.

Em primeiro lugar, existem aqueles procedimentos que fazem parte do atual repertório padrão de tratamento de infertilidade, ou seja, medição de temperatura e tratamento hormonal. Até mesmo aqui a sexualidade é amplamente – ou completamente no "caso ideal" – subordinada ao controle médico. Ela se torna igualmente exercício obrigatório e esporte competitivo, estritamente realizado segundo instruções técnicas (quando sim, quando não, com que frequência, em que posição). Isto regula e disciplina a sexualidade, que é reduzida a um ato meramente biológico. O que se perde nesse processo são os outros fatores "excedentes", a sensualidade, a espontaneidade e o sentimento. O prazer dá lugar à frustração: Sob a obrigação do bom funcionamento, sofrem a pessoa e a relação com o parceiro (PFEFFER & WOOLLETT, 1983). Eis duas opiniões:

> A pior coisa na infertilidade é amar de acordo com um plano. Isso tira toda espontaneidade. Passei por uma fase em que eu queria ficar com ele apenas nos dias férteis. Nos outros dias parecia inútil.

> Em algum momento veio uma fase em que nossa sexualidade ia de mal a pior. Realmente não valia muita coisa. Ela estava um pouco pegajosa e nada emocionante; um pouco tensa. Eu a tinha totalmente organizada (PFEFFER & WOOLLETT, 1983).

Analisando outros procedimentos de alta tecnologia médica, percebemos, além da regulação da sexualidade, uma série de outros fatores. Os procedimentos utilizados são muitas vezes tediosos, demorados, caros, associados com consideráveis limitações ao modo de vida, riscos para a saúde e estresse emocional. Segue-se um vívido relato sobre as várias fases de fertilização *in vitro* (FISCHER, 1989: 48-56)[9]:

> Até o sétimo dia do ciclo, sempre a mesma rotina que ainda permite uma vida normal: de manhã engolir comprimidos, amostra de sangue venoso para a determinação do nível de estrogênio e injeções de hormônio nos glúteos. À tarde, depois das 15h telefonema para a clínica e fico sabendo da porção de ração de hormônios noturna. Meu marido me aplica a injeção, ele é dermatologista. A equipe médica de FIV da clínica discute todas as tardes os níveis de hormônio das pacientes enviados pelo laboratório e decidem sobre seu destino: interrupção ou mais estímulo [...].

> Com a continuação do tratamento, torna-se mais angustiante tirar sangue, sinto cada picada da agulha como lesão corporal. Mas junto com os hormônios também entra sob a pele a esperança [...]. Esperança fica à flor da pele, tudo fica à flor da pele. Meu marido e eu ficamos mais sensíveis e ansiosos. A partir do 10º dia, não podemos mais "ter relações sexuais" [...].

> Entre 8º e 13º dias do ciclo, decide-se um monte de coisas. Falamos em casa sobre o diâmetro folicular e os níveis de hormônio e calculamos o dia provável da punção, a data da transferência dos embriões e a data de nascimento da criança de nossos sonhos... Ficamos cheios de espe-

rança, que cresce a cada dia na escuridão da sala de ultrassom. Estamos entregues a ela indefesos.

Começa um período de enorme isolamento e tensão, o tratamento de fertilização *in vitro* assume o comando em nossas vidas. O temor de que tudo tenha sido em vão vira nosso companheiro constante. Antes de eu me deitar para o exame de ultrassom pela manhã, sempre receio que os folículos desapareceram ou se tornaram menores. Eu fico aliviada toda vez que os folículos aparecem como manchas pretas na tela... Finalmente vem a sentença redentora: "Hoje à noite às 23h, vamos lhe aplicar a injeção que induz a ovulação [...]. Fico mais calma, meu marido, por outro lado, cada vez mais nervoso. Dentro de 36 horas, ocorre a retirada dos óvulos, o dia em que tudo depende dele. Ele tem de funcionar. Como diz o jargão hospitalar: "O parceiro produz uma amostra de sêmen fresco".

Nos próximos dois dias, retirada dos óvulos, produção de sêmen, transferência de embriões, tudo isso no hospital, é claro, e sob supervisão médica constante. Em seguida, a paciente é enviada de volta para casa, evidentemente não sem instruções: ela deve levar uma vida normal, só que esportes, sauna, trabalho pesado são proibidos e "por favor, nenhuma relação sexual nos próximos 14 dias".

Conexão psicológica

Este relato reproduz experiências típicas. No final o tratamento pode ser bem-sucedido ou não – em primeiro lugar, produz-se um estado de tensão e expectativa constantes. Será que a ovulação ocorre? Será que a punção vai extrair óvulos fertilizáveis? E os ovos fertilizados começarão a divisão celular; a transferência de embriões será bem-sucedida? Será que os níveis hormonais permanecerão elevados? E a nidificação vai acontecer? Será, será, será. O que normalmente se desenrola invisível e despercebido, oculto no corpo da mulher é dividido em etapas individuais pela tecnologia, é trazido à luz, tornado visível. Isto tem – como mostram estudos qualitativos com foco na experiência das mulheres/casais em tratamento (HÖLZLE, 1989; KLEIN, 1987; LORBER & GREENFIELD, 1987; WILLIAMS, 1987) – um forte efeito emocional: o resultado é a "conexão psicológica". Quanto mais essas fases individuais são concluídas com êxito, tanto mais próximo o casal se vê do objetivo desejado: ter um filho. Aqui está uma declaração retirada de uma entrevista:

Desde que eles permitiram que John e eu olhássemos nosso embrião no recipiente de vidro, passei a acreditar firmemente. Sim, *podemos* ter nossos próprios filhos, ali estavam eles [...]. É claro, eu não os vejo realmente como um bebê, mas estas células têm em si a capacidade de se tornar um bebê [...] nosso bebê [...] pela primeira vez esta abstrata esperança "filho" se torna real (KLEIN, 1987: 8).

Pela primeira vez, a esperança é claramente tangível. E esta esperança não é um produto do acaso, nem reação "irracional" das mulheres em questão; não: ela é gerada sistematicamente pela natureza específica do processo tecnológico. Não se pode desistir dela tão facilmente, mesmo que o tratamento não atinja seu objetivo por completo. O casal pensa "Estivemos perto", as primeiras etapas correram bem, talvez avancemos na próxima vez. Então, não vamos desistir agora! E tem início o novo tratamento. A tecnologia exerce uma força secreta de sedução. Como afirma um estudo a respeito: "A intensidade das emoções que pertencem ao caráter interno da fertilização *in vitro* e sua experiência [...] fortalece diretamente a vontade das mulheres para novas tentativas de tratamento" (WILLIAMS, 1987: 2). Uma mulher compara esse comportamento de novas tentativas com o do vício em jogos: "Ficamos cada vez mais desesperados, a cada vez dizemos: Só mais essa vez"[10].

Segue aqui a continuação da entrevista mencionada acima. Depois de olhar para o recipiente de vidro, que já havia produzido esperanças tão tempestuosas:

> nada!, apenas o telefonema: "Sinto muito, Sra. M., fica para a próxima [...]. É tanta dor, tanta dor, mas depois a gente se inscreve novamente. Porque parece que estávamos *tão* perto, tão perto como nunca antes [...] é preciso tentar novamente (KLEIN, 1987: 8).

Montanha-russa de emoções

Entre esperança e medo – muitas mulheres atravessam uma montanha-russa de emoções. Isto também não é uma coincidência, mas está estreitamente ligado à natureza da tecnologia do tratamento. Ao dividir o procedimento em etapas individuais, o casal vivencia e se concentra em todos os passos: aqui as chances de sucesso, ali os riscos, uma vez umas, outra vez os outros; todos os fatores são ponderados e evocados uns contra os outros. A magia dos sentimentos é brandida contra a abstração, a frieza dos dados. Vejamos o depoimento de uma mulher que foi submetida a um tratamento chamado Zift (que é um dos métodos de fertilização *in vitro* em que zigotos, ou seja, pré-embriões em estágio unicelular, são transferidos para as trompas de falópio):

> Eu estava grávida de otimismo durante as duas semanas de tratamento hormonal, anterior ao procedimento propriamente dito. E também nas duas semanas depois disso, quando a gente prende a respiração por medo de perder um embrião que poderia ter nidificado durante a noite [...]. Há momentos em que o estado de espírito vai às alturas. O processo é semelhante a um caso de amor demoníaco, em que os desejos e tormentos da carne são irresistíveis. No primeiro dia de procedimento Zift, eu fiquei sabendo que tinham extraído 11 óvulos dos meus ovários. Fiquei eufórica. O que poderia dar errado? Mas quando chegou a noite, entrei em desespero. E se nenhum dos óvulos fertilizasse? E se eu e meu marido, no nível mais fundamental, fôssemos irremedia-

velmente incompatíveis, se o espermatozoide dele e meu óvulo não estivessem prontos para um romance extracorpóreo; e se na manhã seguinte não houvesse zigoto algum?

A enfermeira ligou no início da manhã para dizer que realmente tínhamos zigotos. Quatro óvulos tinham sido fecundados. "Venha buscá--los", disse ela, e meu coração deu um salto com este convite. Vesti-me com muito cuidado e lavei meus cabelos como se estivesse prestes a me encontrar com uma pessoa muito especial.

Será que conseguiria manter um deles em mim? Será que eles continuariam a se dividir e crescer em mim? Como eu conhecia as estatísticas sobre o Zift, estava cheia de esperança. Não, isso é pouco: Eu estava quase louca de esperança quando eles me aplicaram anestesia, fizeram uma pequena incisão no meu umbigo e, através de um cateter, introduziram três embriões numa de minhas trompas de falópio. (O quarto embrião foi congelado para uma futura tentativa.) Agora, estes só tinham que descer para meu útero acolhedor. O que ainda poderia detê-los?

Alguma coisa os deteve, não sei o quê. Meus embriões não nidificaram. Desapareceram. Quando isso ficou claro duas semanas após o procedimento, eu mesma desapareci por um tempo, encolhida em minha dor em posição fetal. Não se podia dizer que isso foi uma morte, nem mesmo um aborto, mas apenas uma não gravidez.

Mas eu estava de luto por meus embriões, como se eu os tivesse conhecido (FLEMING, 1989).

Este não é um caso isolado ou extremo. A oscilação entre euforia e depressão é, antes, uma reação comum à "onipotência" da tecnologia, em frente da qual a mulher se sente impotente, abandonada em seus desejos existenciais. Até mesmo os pioneiros da tecnologia da reprodução assistida começam, por vezes, a suspeitar que haja certos perigos aqui. No lado reverso da técnica, estão a "esperança e decepção, a dor física e emocional de milhares de homens e mulheres, que, depois da inclusão no programa de reprodução, já acreditavam na realização de seus desejos" (BRÄUTIGAM & METTLER, 1985: 65).

Ter um filho: uma eterna tentação

Resta saber o grau de sucesso de esforços tão diversos. As estatísticas são desanimadoras. Muitos dos casais que podem ser tratados com as novas tecnologias não conseguem ter filhos com auxílio da terapia. Isto é particularmente verdadeiro para a fertilização *in vitro*, alvo de tantas esperanças desesperadas. Aqui, a taxa de sucesso é ainda muito baixa: de acordo com estimativas oficiais, vai de 10 a 15% – e os críticos apontam que este número pode estar consideravelmente sobrevalorizado[11]. Até mesmo os pioneiros da tecnologia de reprodução assistida atestam: com as atuais perspectivas de (in)sucesso, o rápido aumento dos laboratórios que oferecem fertilização *in vitro* pode "revelar-se fatal para os casais afetados pela ausência de filhos" (BRÄUTIGAM & METTLER, 1985: 65).

Mesmo quando os tratamentos são malsucedidos, eles não permanecem sem consequências. A intervenção médica não alivia o sofrimento das mulheres e homens que continuam inférteis – que constituem a maioria; pelo contrário: o sofrimento se agrava. Adicione-se a eles o que poderia ser chamado de "sofrimento iatrogênico", ou seja, o estresse causado por uma série de procedimentos médicos, devido à sua constante definição como doentes e enfermos. Isto, amiúde, deteriora a autoimagem e a autoconfiança; a convivência com o parceiro entra sob pressão; e os contatos com amigos e conhecidos ficam mais raros. Nada disso deveria causar admiração: os complexos tratamentos médicos deixam espaço cada vez menor para outros interesses e áreas da vida (PFEFFER & WOOLLETT, 1983). O pensamento, os sentimentos e as ações se concentram cada vez mais no filho – que não vem.

Como objeção a isso, pode-se dizer que cada um tem a liberdade de sair do ciclo de tratamentos. No entanto – quando não olhamos apenas os processos biológicos, mas também sociais –, isto é muito mais difícil do que parece à primeira vista, em virtude precisamente do desenvolvimento da medicina. Pois, como "efeito colateral" destas pesquisas, a infertilidade é redefinida e ampliada na linha do tempo. Se há tantos métodos de tratamento, então por que não tentar o mais recente? Vejamos o que diz a socióloga Barbara Katz Rothman a este respeito:

> Todos esses novos tratamentos têm imposto uma nova carga aos afetados – a obrigação de se esforçar sempre mais. Quantos medicamentos experimentais perigosos, quantos meses – ou anos? – com medição compulsiva de temperatura e sexo atormentado devemos enfrentar até podermos desistir dignamente? Quando se pode dizer que um casal "tentou de tudo" e pode finalmente parar? (ROTHMAN, 1988: 28).

Antes a infertilidade era um destino dado de antemão, mas agora se tornou, em certo sentido, "decisão deliberada". Pois aqueles que desistem antes de tentar o método mais recente e inovador (um ciclo sem fim) são agora "culpados". Bem que eles poderiam ter tentado ainda mais. Barbara Katz Rothman novamente:

> Em que ponto simplesmente não é culpa deles, mas algo além de seu controle, um destino inevitável? Em que ponto eles podem simplesmente seguir vivendo sua vida? Enquanto ainda houver um médico com quem o casal pode tentar, mais um método de tratamento, o papel social trazido pela infertilidade sempre será visto, de certo modo, como livremente escolhido (ROTHMAN, 1988: 29).

O que surge aqui é um padrão amplamente familiar na história dos avanços técnicos. Por um lado, a técnica proporciona, com cada etapa do seu desenvolvimento, novas oportunidades de ação e soluções para problemas. Mas também cria, no mesmo passo, novas obrigações de ação, novos fardos. Pois isto gera uma pressão psicológica e, por vezes, até mesmo diretamente social para realmente aproveitar essas oportunidades. Nesse contexto, devemos entender um efeito que se manifesta nas declarações de entrevistas. Casais que não veem sucesso com o tratamento dizem, espontaneamente, que não se arrependem das tentativas, apesar de todos seus incômodos. Isso pode parecer paradoxal quando consideramos quantos problemas eles enfrentaram. Mas todos estes esforços e incômodos também têm, obviamente, um efeito justificador e, na verdade, de alívio interior. O casal aproveitou as oportunidades oferecidas pela técnica, o que para ele também significa: tentou de tudo. Ele não deve se culpar. Não traiu o amor pelo filho.

> [...] eu queria tentar todas as possibilidades que existem, para que eu não me acusasse de não ter experimentado tudo[12].

> Se eu não tivesse passado por tudo isso, eu teria a sensação de que foi culpa minha por não ter arriscado uma tentativa. Ninguém, nem mesmo eu, pode olhar para mim e dizer: "Se você realmente quisesse um filho biólogo, poderia ter tido um"[13].

4 Pais e filhos no cosmos de novas expectativas

Complicações do tipo que acabamos de descrever são, é claro, excepcionais. Na verdade, a maioria dos casais consegue ter o tão desejado filho. Então, qual é a próxima etapa? O que acontece quando a gravidez e o parto decorrem sem problemas – quando uma criança é resultante do desejo de ter filhos?

Antes de tudo, a criança se torna para muitas mulheres e homens uma fonte básica de felicidade. O filho inaugura novos aspectos da vida, traz intensidade dos sentimentos, da experiência sensorial e de si mesmo, ancoragem emocional – todos estes são fatores que afloram não só no desejo de ter filhos, mas são de fato perceptíveis na convivência com a criança, como muitos estudos já mostraram[14]. Em comparação com épocas anteriores, da família como uma comunidade econômica, está crescendo agora o ganho emocional que a parentalidade pode oferecer.

Mas este é apenas um lado da verdade. Porque também têm crescido enormemente as exigências, tarefas, obrigações que pertencem à parentalidade hoje. Em séculos anteriores, o trabalho relativo às crianças era muito mais fácil: no cotidiano da sociedade pré-industrial, elas não recebiam atenção e cuidado especiais. As crianças eram consideradas pessoas ainda incompletas, que mal tinham necessidades próprias. A infância era, nesse sentido, uma fase de transição sem importância, não um objeto de influência consciente e educação direcionada.

Vejamos como era a situação na Idade Média:

> De todas as peculiaridades que diferenciavam a Idade Média dos dias de hoje nenhuma é tão impressionante como a falta de interesse em

crianças... Em geral, as crianças nos primeiros cinco ou seis anos pareciam ser abandonadas à própria sorte, sem grandes cuidados; ou morriam ou sobreviviam (TUCHMAN, 1978: 49, 52).

E ainda nos séculos XVIII e XIX, em amplas camadas da população:

> A educação dos filhos ocorria "de passagem" [...]. A rigor, não se podia falar de uma educação baseada em princípios conscientes [...]. Os pais mostravam dureza especialmente quando instavam as crianças a trabalhar [...]. Depois que as crianças terminavam seu trabalho, os pais geralmente não tinham tempo nem disposição para supervisionar e instruí-las; as crianças eram, em grande parte, entregues a si próprias (SCHLUMBOHM, 1983: 67-72).

Na sociedade pré-industrial, as exigências sobre os pais eram muito mais reduzidas do que hoje, porque suas possibilidades de ação eram muito mais limitadas: Segundo a cosmovisão daquela época, o desenvolvimento da criança estava primordialmente nas mãos de Deus. Isso começou a mudar nos séculos XVIII e XIX, período em que os especialistas descobriram a criança como sujeito. No entanto, ainda o final do século XIX, a religião e a tradição também possuíam um forte poder formativo, de modo que a educação em amplas camadas da população ainda corria "como sempre foi", isto é, de acordo com os hábitos e regras passados de geração em geração. Mas em seguida, no decurso do século XX, a influência da religião e da tradição recuou cada vez mais, e classe e *status* perderam sua importância como lugar para experienciar a vida comunitária. O homem moderno deve tomar seu destino nas próprias mãos – e também o de sua prole. A máxima dos especialistas modernos em educação é, sem exceção: a melhor estimulação possível das habilidades da criança.

Estimulação máxima: um decreto da Modernidade

Vários desenvolvimentos que se impuseram especialmente nos anos cinquenta e sessenta do século XX contribuíram para alavancar cada vez mais a exigência de estimulação já iniciada no século XIX. Em primeiro lugar, há novos avanços na medicina, na psicologia e na pedagogia, que tornam a criança cada vez mais moldável. Por exemplo, deficiências físicas que na virada para o século XX ainda tinham de ser aceitas como destino são cada vez mais tratáveis e corrigíveis. Na área da psicologia, inicia-se nos anos sessenta do século XX uma nova direção de pesquisa enfatizando muito mais intensamente do que no passado a importância dos primeiros anos de vida, que equipara a omissão da estimulação à perda de oportunidades de desenvolvimento. Ao mesmo tempo, assinala-se um aumento significativo na renda, que tornam acessíveis a vastos grupos as oportunidades de promoção infantil que antes estavam reservadas a uma pequena camada. Finalmente, é iniciada no nível político uma propaganda educativa também direcionada a grupos até então desfavorecidos. Como resultado, estas e semelhantes condições fortalecem a pressão culturalmente predeterminada: a criança deve ser cada vez menos aceita como ela é, com suas características físicas e mentais, talvez até mesmo deficiências. Ela se torna, antes, objetivo de esforços variados. Se possível, todas as deficiências devem ser corrigidas (nada mais de estrabismo, gagueira, ou xixi na cama) e todos os talentos devem ser desenvolvidos (o que gera boa demanda de aulas de piano, cursos de idiomas nas férias, aulas de tênis no verão e esqui no inverno). Emerge um novo mercado, com novos programas para promover a criança em todos os aspectos. E, rapidamente, as novas oportunidades assumem o caráter de novas obrigações. Porque os pais agora não só podem, mas também devem fornecer à criança aparelhos dentários e ortopédicos, bem como aulas de esqui e férias linguísticas.

Pode-se dizer que estas são, antes de tudo, diretrizes pedagógicas, não a própria realidade sobre como criar os filhos. Cabe perguntar, portanto, se a mudança nas normas também se reflete no verdadeiro trabalho de criação dos filhos. Sem dúvida, as pesquisas disponíveis não apresentam um quadro completo. Mas as evidências nelas contidas permitem, afinal, reconhecer que as diretrizes se traduzem, em muitos níveis, em ações verdadeiras na criação dos filhos. Para citar alguns detalhes: em geral, constata-se que os pais detêm um incrível nível de informação no que diz respeito às instruções científicas – o que não se restringe à classe média educada. Por exemplo, um estudo sobre famílias da classe baixa mostra: "O conhecimento dos pais sobre desfraldamento, questões nutricionais ou os estágios do desenvolvimento infantil se encontrava, em grande parte, no nível das discussões científicas" (WAHL et al., 1980: 150). Especialmente nas famílias de classe mais baixa, os pais consideram muito importante que "seus filhos tenham uma vida melhor do que eles, os quais também se esforçam para concretizar isto", com considerável sacrifício material e pessoal (p. 41). E uma pesquisa com mulheres da classe trabalhadora conclui: "Tudo isso – atitudes em relação ao desenvolvimento da primeira infância, castigos, compreensão dos medos e desejos infantis – indica que muita coisa mudou no clima de criação dos filhos entre as famílias da classe trabalhadora: as atitudes e práticas tornaram-se mais centradas na criança" (BECKER-SCHMIDT & KNAPP, 1985: 52).

Tudo isso pode ser benéfico à criança (ou não: Quando o benefício vira um problema?). Em todo caso, é certo que todas essas coisas exigem uma intervenção contínua dos pais, especialmente as mães. Estas devem, antes de tudo, "manter-se informadas". Porque há hoje um abismo enorme, em constante crescimento, entre o saber naturalmente disponível e o culturalmente necessário a respeito das crianças. Por um lado, quando o assunto é criar filhos, os jovens adultos de hoje são muito mais leigos do que os homens e mulheres de gerações anteriores. Isto se deve principalmente aos dados demográficos, pois há muito menos crianças em nossa sociedade do que em séculos anteriores, de modo que o indivíduo dificilmente cresce num círculo de irmãos numerosos, vê poucas crianças no entorno até que ele próprio tem a sua. Por outro lado, os pais de hoje devem ser o mais peritos possível quando se trata de crianças. Pois, o resultado dos progressos relevantes na educação, na psicologia, na medicina são o acesso cada vez maior ao conhecimento e a difusão da ciência popular; e "bons" pais são aqueles que se apropriam deste saber em benefício da criança. Esta tendência, conhecida na discussão pedagógica sob o título "cientifização da educação", significa para aqueles diretamente envolvidos nada mais do que uma cientifização do trabalho que eles têm a fazer – o aumento das exigências e dos custos. A criação de um filho é sempre uma relação bilateral, de modo que a "conquista da criança pela ciência" (GSTETTNER, 1981) é sempre uma conquista dos pais, especialmente das mães. Uma rede de teorias é lançada sobre as crianças: e com a mesma rede as mães são capturadas.

> Não importa se são problemas de criação ou escolares, o que a criança deve vestir, aonde, quando e com quem ela viaja de férias, o que deve comer, se ela é muito pequena, muito grande, muito barulhenta, muito calma, muito curvada, muito ereta, seja o que for – em toda a parte o mesmo conselho: é melhor consultar o médico. Não há revistas sem uma seção médica, e periódicos como *Eltern* ou *Unser Kind* têm milhões de leitores. Experiências se tornam insignificantes, dicas dos próprios pais ou avós não estão à altura do nível de conhecimento de teóricos modernos; a criação do filhos foi declarada uma ciência e, portanto, pode ser estudada, aprendida e acima de tudo ensinada (SICHROVSKY, 1984: 38s.).

Mas por que as mulheres simplesmente não "se recusam ao trabalho", por que não abandonam a busca de informações pedagógicas? A resposta a isto é que existem muitas barreiras e obstáculos que dificultam bastante uma saída do emaranhado de conselhos. Antes de tudo, as mães são cercadas por todos os lados pela oferta da melhor estimulação possível, desde televisão e jornais até a escola. E a mensagem transmitida a elas tem um refrão recorrente: a não observância das necessidades da criança leva a danos irreversíveis e falta de estimulação conduz ao atraso no desenvolvimento, ao "baixo rendimento". Nesse aspecto, "baixo rendimento" é uma expressão cujo significado a maioria dos pais compreende bem, pois na sociedade móvel "rendimento", "desempenho" são categorias-chave.

Uma estimulação inadequada tem o baixo rendimento como resultado – esta frase feita que não sai da boca dos conselheiros educacionais baseados na ciência popular não pode passar despercebida aos pais. Pois isto significa que, caso se recusem ao trabalho duro, os pais sofrerão duras sanções, ou numa livre-tradução: Deixar o país chamado "pedagogia" é um delito punível! E o que torna as sanções ainda mais árduas é que elas tocam os pais em seu ponto mais sensível, aquele mais próximo ao coração: o filho.

Pois o trabalho em prol da criança não é um trabalho como outro qualquer, é de um tipo especial: aqui "trabalho" é inseparável de "amor"; e, por isso, o amor impele a um trabalho cada vez maior. "Qualquer insinuação de que seu filho não pode alcançar o pleno potencial de suas possibilidades – emocional, física, intelectualmente – despedaça o coração de uma mulher. E, por isso, elas têm sempre as antenas levantadas para melhorar seu próprio comportamento"[15].

Nessas condições, apenas as mães "sem coração", as "mães desnaturadas" se recusam a se empenhar pelo filho, considerando as expectativas que foram redefinidas. Mas a maioria não consegue se esquivar das normas culturalmente prescritas. Elas preferem fazer mais do que muito pouco e sofrem com sentimentos de culpa por não saberem se fizeram realmente o suficiente. As teorias pedagógicas incute nelas o medo de que estariam se empenhando pouco, um medo que as faz procurar de novo orientação de conselhos educacionais: assim se completa o ciclo.

Mas é claro que a informação por si não é suficiente, pois é especialmente importante a aplicação das informações. E isso significa uma variedade de "trabalho de estímulos" sobre a criança e seu desenvolvimento, precisamente porque a criança tornou-se, em certo sentido, "moldável". Vamos olhar mais de perto essa noção: Quem faz o quê? Com muito mais frequência do que antes, especialistas são chamados para corrigir ou prevenir o curso da natureza. Estes peritos fazem o que é seu dever profissional, desde vacinações até a indicação de exercícios terapêuticos. Eles não são propriamente "chamados", o próprio paciente deve ir ao seu encontro. Mas uma criança pequena vai sozinha? Então, quem faz os trabalhos anterior e posterior: quem leva a criança ao ortodontista e ao fisioterapeuta, que se senta com ela na sala de espera, compra os medicamentos, leva a criança de um treino para o outro, garante o sucesso da aprendizagem em casa por meio de exortações, lições graduais, controles? Geralmente é a mãe que assume essas tarefas.

E ela vai mais longe. Pois mesmo nos vastos âmbitos do cotidiano da educação infantil, sem exigência de intervenção direta de especialistas, o domínio da pedagogia ainda se faz sentir – com mais sutileza, mas com a mesma gravidade. Ela influencia novas atividades, que se resumem numa expressão-chave: a mãe como *auxiliar de desenvolvimento* da criança. Como se diz numa revista feminina americana: "tempo sem estímulos é um desperdício de tempo para o bebê" (DAVITZ. *McCall's*, jul./1984: 126). Em nome da estimulação variada, as mães (e, às vezes, os pais) levam a criança ao circo e ao zoológico, às aulas de natação para bebês, organizam atividades com outras famílias e excursões para crianças. A "infância natural", em muitos aspectos, acabou, e temos agora uma "encenação de infância". E aqui também é difícil recusar-se a trabalhar pela criança porque essas atividades de encenação não surgem de um mero capricho dos pais. Em vez disso, elas têm sua razão objetiva no fato de que, sob as condições da sociedade móvel, a educação e a estimulação são uma parte "do empenho por preservação de *status*" (PAPANEK, 1979). Quando reina a obrigação de garantir o lugar na sociedade por esforços individuais, esta obrigação acaba por adentrar o quarto infantil: A criação dos filhos é lançada para o meio de dois extremos: o desejo de ascensão social e o temor da descida. O escritor John Steinbeck descreveu essa tendência com concisão literária:

> De repente, ficou totalmente inaceitável que a criança fosse como seus pais e vivesse como eles viveram; ela tem de ser melhor, viver melhor, saber mais, vestir-se melhor e, se possível, trocar o ofício do pai por uma profissão acadêmica. Este sonho comovente se propagou por todo o país. Como se exigia da criança que fosse melhor do que os pais, ela precisou ser contida, conduzida, empurrada, admirada, punida, lisonjeada e forçada (STEINBECK, 1966).

Em resumo, pode-se dizer que na sociedade altamente industrial tornou-se mais fácil o cuidado físico da criança em muitos aspectos, graças à tecnicização do trabalho doméstico e de produtos pré-fabricados, tais como fraldas descartáveis e alimentos para bebês. Mas, em compensação, a "descoberta da infância" revela novos tópicos incessantemente. Nas palavras de Ariès: "Nosso mundo está obcecado com os problemas físicos, morais e sexuais da infância" (ARIÈS, 1962: 560). Inúmeras novas tarefas são adicionadas a planos diferentes, como afirmado num estudo recente da história da família: "A família está agora sob uma *pressão da criação dos filhos*, sem paralelos na história" (KAUFMANN; HERLTH; QUITMANN; SIMM & STROHMEIER, 1982: 530). A criança, outrora uma dádiva de Deus, às vezes também um fardo indesejável, é hoje para os pais (especialmente para as mães) "um objeto difícil de cuidar" (HENTIG, 1978: 34).

Amar seguindo um programa de ensino

O imperativo da "estimulação máxima" que cerca os pais modernos de todos os lados alterou profundamente o contato diário com as crianças. Dar banho e comida, brincar e fazer carinho e mimar – além do motivo direto, tudo deve ainda ter um propósito mais elevado. Tudo está definido como um evento de aprendizagem e deve servir à estimulação: estimular a criatividade, fornecer impulso para o desenvolvimento, incentivar a aprendizagem. O modo de lidar com a criança é cada vez mais governado por uma mentalidade "finalista" (SICHTERMANN, 1981: 34ss.), que ainda sobrecarrega até mesmo as menores ações com uma carga voltada para um efeito. Vejamos as indicações de um conselheiro sobre educação infantil, em livro publicado em 1783:

> As pessoas gostam de brincar com bebês. Mas poderiam tornar essa brincadeira mais útil do que é [...]. Por que a atenção da criança se volta para tudo o que calha à mãe mostrar, e não, gradualmente, para isso e aquilo segundo uma ordem? Por que as pessoas não ensinam a criança, conduzindo-a pela mão, em sequência, a tocar alguma coisa, empurrá-la, puxá-la, segurá-la, soltá-la etc. E ao mesmo tempo lhe di-

zendo breves palavras: sinta, empurre, puxe, segure, solte! Não é esta a maneira natural de lhe conceder alguma destreza corporal? [...]. Em suma, cada jogo, cada brincadeira com bebês ou crianças não muito velhas devem propositadamente ser dirigidos ao conhecimento dos objetos, seu nome e, por exercícios preparatórios, aos órgãos linguísticos e outras partes do corpo (BASEDOW, 1783, apud OSTNER & PIEPER, 1980: 112).

Nas últimas décadas, estas instruções foram cada vez mais aperfeiçoadas e também, especialmente, mais difundidas. Pois na época de meios de comunicação e de cultura de massa, existem inúmeras instâncias que trazem ideias pedagógicas para as pessoas: revistas, TV, colunas com conselhos chegam também à classe média, às famílias da classe baixa, à população no campo. Fontes assim tão diferentes criam hoje uma "tendência permanente à escolarização da infância dentro da família", que se estende a círculos cada vez mais amplos. "A cultura infantil, uma esfera óbvia de famílias burguesas (conscientemente educadoras), é recomendada como imitação para mães da classe baixa e trabalhadoras em lições que podem ser ensinadas" (ZINNECKER, 1988: 124). Um trecho de uma revista para pais bastante popular:

> As diversas impressões sensoriais e experiências de movimento produzem inteligência e capacidade de ação... Organize oportunidades de aprendizagem para o seu filho. Ao lhe fornecer uma vasta gama de sensações e possibilidades de movimento, você o ajuda a se tornar uma pessoa independente e capaz de agir (*Eltern*, jul./1988: 150).

E não só as diversas atividades da vida diária são submetidas à mentalidade "finalista". Não, até mesmo as expressões espontâneas do coração são capturadas: a ternura, o afeto, o amor como ferramentas no programa de desenvolvimento. De uma revista para pais: "Especialmente a criança que ainda vai nascer pode muito cedo [...] absorver os estímulos, humores, toques [...]. Um contato consciente dos pais e *o afeto amoroso* agem como um *motor para seu desenvolvimento*". Portanto, a gestante recebe a instrução: "Coloque as duas mãos suavemente em sua barriga e abrace seu bebê mentalmente com grande *ternura*" (*Eltern*, n. 9/1985: 17 – grifo meu).

De um manual de educação infantil com base em ciência popular:

> Uma maneira de promover o desenvolvimento intelectual de seu filho consiste em tornar o incentivo, o amor e o elogio *importante forma de disciplinamento*. Pois essas técnicas funcionam muito eficazmente não só no que tange à promoção do crescimento social e emocional, mas também para o desenvolvimento intelectual (BECK, 1970: 60 – grifos meus).

Até mesmo o amor de mãe torna-se agora um evento de peritos. Nas literaturas científica e científico-popular, em todos os lugares se salienta esse sentimento de necessidade pedagógica. Em outras palavras, o amor se torna um dever prescrito para os pais. Vejamos uma passagem de um guia para jovens pais:

> Deve-se mostrar o quanto a criança é dependente de atenção amorosa e estimulação como principal base de seu desenvolvimento intelectual e psicológico [...]. Para progredir, o bebê precisa [...] de atenção confiável e amor de uma pessoa de sua relação, de preferência a mãe (*Das Baby*, 1980: 3, 23).

O amor da mãe é, portanto, um trabalho necessário, mas por outro lado não deve ser concebido como um trabalho. Quem segue as instruções à risca também age de modo errado. O pediatra e analista D.W. Winnicott numa palestra para mães:

> Alegre-se, sinta prazer em ser importante. Alegre-se com o fato de outras pessoas cuidarem do funcionamento do mundo enquanto você produz um de seus novos membros. Sinta prazer em estar apaixonada, quase por você mesma, de tanto que o bebê é uma parte sua... Desfrute tudo isto em seu próprio benefício, mas a alegria que você é capaz de extrair do confuso cuidado infantil é altamente importante do ponto de vista do bebê [...]. *O prazer da mãe tem de existir*, pois, caso contrário, todo o processo é algo morto, inútil e mecânico (WINNICOTT, 1969, apud SCHÜTZE, 1986: 91 – grifos meus).

De outro folheto com conselhos: "Por favor, procure cuidar de seu filho do modo mais descontraído possível" (*Ihr Baby im ersten Jahr*, 1988: 21 – grifos meus).

Porque o amor materno é importante, mas também, obviamente, difícil se for cercado por muitas regras. Adverte-se contra o "modo de amor prejudicial por parte da mãe", que inclui muitas variantes (o "amor possessivo, sacrificante, hostil, dominador, submisso, carente, frio") (SCHMIDT-ROGGE, 1969, apud SCHÜTZE, 1986: 123). Até mesmo um "índice de ternura" foi inventado para tornar o afeto materno mensurável e manter sob controle seu potencial explosivo (GROSSMANN & GROSSMANN, 1980, apud SCHÜTZE, 1986: 116s.). Assim, até mesmo o inconsciente se torna objeto da ação planejada, e as emoções do coração se tornam amor dirigido a um fim. É uma tarefa difícil que exige preparação intensiva: o amor de acordo com um plano tem de ser aprendido, para que se transforme num eficaz instrumento de estimulação. A espontaneidade do sentimento se torna relíquia arcaica, substituída por uma execução complicada, que é preciso manipular adequadamente e aplicar em boa dosagem. Aqui, o lema sucinto é fornecido pelo título de um livro a respeito: "*As crianças precisam de amor – os pais precisam de conselhos*" (HOMAN, 1980). Barbara Sichtermann analisado esta evolução:

> Na maioria dos casos, os pais demonstram carinho e estímulo, em suma, amor, a seus filhos sem exigência especial. Mas o indivíduo pode entender amor de várias maneiras, e um amor de tal modo sem

controle não é suficiente para os conselheiros pedagógicos modernos. O amor deve ser incorporado com sentido a um sistema de estímulos e carinhos [...]. Em particular, este sistema não é (como se vê nos manuais) simples. O leigo [...] não deve pensar que pode amar sem reflexão a respeito. Para promover o desenvolvimento emocional de seu filho [...] ele tem de seguir um cânone de regras elaborado por especialistas com base em escrupulosa investigação [...] e que os pais – por exemplo, mediante estudo da literatura relevante – devem tomar como diretrizes para suas ações (SICHTERMANN, 1981: 35).

Amores concorrentes

Quando a "máxima estimulação" torna-se um imperativo, os pais são confrontados com exigências elevadas. Mas, como sabemos, seus recursos – dinheiro, nervos, tempo e paciência – não são ilimitados. No entanto, para que as elevadas expectativas sejam satisfeitas, os pais devem adiar suas próprias necessidades, direitos, interesses e renunciar a muitas coisas. Esta renúncia aplica-se, em primeiro lugar, à pessoa que é o principal responsável pela criança – na maioria dos casos, a mãe. Como afirma um estudo recente sobre desenvolvimento da família:

> Nossa elevada consciência das necessidades que as crianças – especialmente nos primeiros anos de vida – impõem a seu ambiente imediato... leva cada vez mais a uma monopolização de pelo menos um dos pais para os interesses das crianças, em que os interesses dos pais – especialmente da mãe – são protelados para outras fases da vida, se não indefinidamente suprimidos (KAUFMANN; HERLTH; QUITMANN; SIMM & STROHMEIER, 1982: 531).

A consequência do aumento das exigências também atinge a relação dos pais. "As crianças soldam o casamento", "As crianças são uma promessa e um sinal de amor" – estas são ideias que se associam com frequência ao desejo de ter filhos. Mas o que realmente ocorre? Por um lado, ser mãe, pai tornou-se mais difícil e mais complicado. E, ao mesmo tempo, o relacionamento conjugal tornou-se um ato de equilíbrio e de força: "Sem constantes diálogo, discussão, concessão e prontidão para mudar, nada mais funciona" (BULLINGER, 1986: 24). O dilema é óbvio. Quanto mais forte o foco sobre a criança, menos se pensa na relação a dois. Um estudo empírico menciona as seguintes consequências do novo tipo da "família centrada no filho": "a intensa ocupação emocional e o grande tempo devotados ao filho restringe a relação conjugal" (SCHÜTZE, 1988: 108).

> Idealmente, isto se afigura da seguinte maneira: Se ambos os pais trabalham fora, eles se dedicam ao filho no tempo livre disponível [...]. Isto significa que lhes sobram poucas oportunidades de comunicação. Se um deles é encarregado de cuidar da criança, o outro, durante este

tempo, pode manter contatos externos e coisas semelhantes. Isto pode ajudar a satisfazer a necessidade de atividades não relacionadas com o filho, mas o que antes de seu nascimento era um motivo para a parceria, ou seja, o desejo de comunhão, é relegado a segundo plano. Se apenas um dos cônjuges trabalha – geralmente o marido –, a situação não é muito diversa: como a esposa passa o dia todo com as crianças, ela, à noite, talvez queira fazer algo diferente do que cuidar delas, mas, por outro lado, as conversas noturnas com o marido acabam girando mais ou menos em torno do que aconteceu com os filhos (SCHÜTZE, 1988: 107s.).

Em meio ao número crescente de livros sobre cuidados com os filhos baseados em ciência popular, podemos também encontrar alguns que discutem como os ambiciosos ideais pedagógicos podem interferir na relação conjugal. A conclusão é, portanto, a seguinte: "Após o nascimento da criança, os pais muitas vezes ficam tão comprometidos em cuidar dela que não têm energia para apoio e assistência mútuos" (BULLINGER, 1986: 57).

Todas as expectativas precisam ser reduzidas em favor da criança. Não raro, não sobra energia ou tempo para o diálogo do casal. Tudo deve ser subordinado às necessidades da criança. Os pais ficam apenas com as "sobras" da criança. Em grande medida, a ocupação com a vida cotidiana pode entrar tanto em primeiro plano que os pais apenas "funcionam" e, à noite, caem na cama exaustos [...].

Não só marido e mulher, mas também seu relacionamento se afoga nos afazeres cotidianos. Ele próprio se torna, de certa forma, uma rotina diária. Não há mais pontos altos. Nada ou poucas coisas emocionantes e agradáveis acontecem entre os cônjuges. A intensidade dos primeiros dias após o parto dá lugar a uma monotonia de sensações. Alguns casais já não conseguem dizer se ainda se amam ou não. Eles estão juntos, é verdade, mas para além da preocupação com a criança, poucas coisas os unem (BULLINGER, 1986: 39, 56).

Muitas entrevistas e depoimentos deixam claro que onde dominam os elevados ideais de conselheiros educacionais o relacionamento com o parceiro é facilmente deixado de lado. O refrão é quase sempre o mesmo: Ressalta-se que o filho é altamente enriquecedor, oferecendo um novo sentimento de pertencimento. Em seguida, vem o "Mas..."

Depois do nascimento de Thomas, eu e meu marido nos sentimos muito próximos, mas eu sabia que este sentimento raramente dura muito. Agora que estamos em casa, nós nos revezamos para cuidar dele. É sempre algo muito especial quando saímos só nós dois [...] é verdade que é muito comum estarmos juntos, pois ficamos em casa e fazemos algo para a criança, mas, de fato, nos sentimos distantes um do outro (Testemunho em BLACKIE, 1988: 160).

> Nos primeiros meses, ficamos eufóricos, tudo era vibrante e emocionante. É verdade, estávamos sempre tão cansados que nem sequer falávamos sobre nós. Mas pensamos que isso mudaria. Mas não mudou nada, ou praticamente nada. Sentimo-nos tão exigidos por nosso filho, tão cansados e esgotados que nosso relacionamento é a última coisa em que pensar (Testemunho em REIM, 1984: 101).

Para os casais totalmente alinhados com os peritos pedagógicos e que seguem conscientemente a máxima "tudo pelos filhos", a vida é alterada por completo, até nos mínimos detalhes da vida cotidiana:

> [...] ter um filho significa questionar, alterar ou simplesmente esquecer todas as vivências, experiências, hábitos e costumes que tínhamos até então [...]. Nada fica como era, se realmente levamos a criança a sério. Nossa agenda, a alimentação, nossas relações, o sono, o apartamento, os destinos de nossos passeios, tudo tem de ser adaptado à criança (Testemunho em REIM, 1984: 132).

Não é de admirar que, sob tais condições, cresçam as pressões e apareçam atritos que, faltando tempo para o diálogo franco, criam um monte de tensões subterrâneas.

> Enquanto nosso filho se desenvolvia esplendidamente, e meu marido e eu ganhávamos cada vez mais segurança no papel de pais, nosso relacionamento ficou para trás. Somente quando o nosso filho completou onze meses de idade, pensamos em voz alta sobre o fato de que era preciso dar mais atenção à nossa relação, que não tínhamos responsabilidade apenas pela criança, mas também por nós (Testemunho em REIM, 1984: 19).

"Com a mudança de significado de casamento e família para uma instância de socialização para as crianças [...] aumentam as chances de haver conflitos na relação" (NAVE-HERZ, 1987: 26). Tempo, energia, nervos, paciência e emoções – com frequência, voltam-se primordialmente para a criança. Sob as novas condições, a velha regra de que "os filhos unem as pessoas" já não se aplica, ou se aplica apenas parcialmente (CHESTER (ed.), 1982).

Quando o amor se fecha

A questão permanece: O que os filhos ganham com as novas condições, as novas expectativas, pretensões, desejos que agora lhe são direcionados?

A resposta é controversa. Ou em termos mais elegantes: esta questão é controversamente discutida dentro da comunidade científica. A maioria dos autores vê plenamente que a transição da sociedade pré-moderna para a moderna trouxe novas oportunidades para as crianças em muitos níveis – como a possibilidade de fomento e desenvolvimento individuais, a aprendizagem para além das antigas fronteiras de *status*, classe, gênero; bem como a libertação de velhos pesadelos e medos, da opressão, da negligência e da surda violência. (Quem lê narrativas autobiográficas agora famosas, que descrevem a infância em nosso século nas regiões atrasadas da Europa (LEDDA, 1978; WIMSCHNEIDER, 1987) – a monotonia das condições de vida externas, a falta de oportunidades de aprendizagem, a necessidade de trabalhar, a exaustão contínua – dificilmente verá os velhos tempos como um idílio perdido.) Mas, ainda assim, nos últimos anos está crescendo uma ideia de que a época da "pedagogização", de preocupação e cuidados excessivos têm suas desvantagens. As observações críticas têm o seguinte teor:

> A campanha pedagógica torna a infância cada vez mais um programa que requer vigilância esmerada e constante monitoramento das etapas de desenvolvimento e déficits. A criança torna-se uma criatura dependente, sempre necessitada de pessoas adultas, que definem, supervisionam e administram suas necessidades físicas e psicológicas, presentes e futuras. As fantasias de poder dos adultos também podem florescer sob o manto do amor: "Pais, equipados com revistas e livros pertinentes, assediam seus filhos com uma torrente de sentimentos, que faz do quarto infantil um centro de socialização" (GRONEMEYER, 1989: 27). Num resumo incisivo: A afeição pode escalar para um "terrorismo afetivo" (p. 27).

Ellen Key descreveu essa tendência no início do século XX:

> A criança deve sempre parar de fazer alguma coisa ou fazer algo diferente, encontrar algo diferente do que está fazendo, encontrando ou querendo; ela é sempre arrastada para uma direção diferente do que deseja. E tudo isso, muitas vezes, por pura afeição, por vigilância, do zelo em guiar, aconselhar, ajudar, para esculpir e polir o pequeno material humano como um exemplar perfeito na série "criança modelo" (KEY, apud LIEGLE, 1987: 29).

Encontramos, portanto, uma situação paradoxal. Enquanto a literatura científico-popular sobre o tema da educação infantil acumula novos conselhos, essa tendência é vista com ceticismo crescente no âmbito da comunidade científica: Muitos autores anunciam um "afastamento da pedagogização" (HONIG, 1988). A ampla influência da pedagogia, outrora vista como uma fórmula para o progresso e libertação, é posta em causa, até mesmo sob explícita suspeita. "O amor abnegado do educador parece hoje impiedoso, e tomar partido da criança parece algo como incansável aperfeiçoamento da supervisão, como disciplinamento: como adestramento" (HONIG, 1988: 171). Esta perspectiva crítica é apoiada por resultados de pesquisas empíricas, bem como pelas experiências com terapia familiar (p. ex., LEMPP, 1986; RICHTER, 1969). Segundo eles, nem sempre é benéfico à criança se os adultos – e especialmente as mães – renunciam constantemente aos seus próprios desejos. Pois, como a psicologia já mostrou suficientemente, necessidades reprimidas não evaporam no ar, mas encontram um canal e, em formas ocultas, voltam seu rancor contra o cônjuge e também o filho. Expectativas excessivas são facilmente projetadas sobre a criança, e as exigências se tornam uma sobrecarga. As crianças são, então, muitas vezes "forçadas a entrar num papel em que devem contribuir para a solução da autoestima das mães" (NEIDHARDT, 1975: 214). Na família nuclear isolada, pode surgir esse clima de estufa, em que prospera não só o amor, mas também a agressão.

Além disso, a atenção integral que a criança recebe hoje nem sempre é desinteressada, mas demonstra mais do que apenas vestígios de um "amor possessivo" (ARIÈS, 1962: 562). Num estudo de longo prazo sobre a "socialização da primeira infância", esta tendência é claramente visível: "o fato de os pais se centrarem no filho constitui também [...] uma exigência permanente sobre a criança [...]. Se anteriormente ela devia principalmente respeito e obediência aos pais, hoje se cobra amor, e muitas vezes a criança tem a função de dar apoio emocional dos pais" (SCHÜTZE, 1981: 77). A criança, com o futuro aberto, confronta os pais com sua própria história de vida, com as ambições, angústias e anseios nela contidas – confronta-os com os velhos sonhos de sucesso, conquista, ascensão. Quem diz "a criança deve ter uma vida melhor do que eu" não está pensando só na criança, mas também frequentemente em si mesmo.

E se as ambiciosas expectativas não forem cumpridas? Muitos pais irão se conformar e continuarão amando seu filho. Mas nem sempre isto acontece. O tema "família hoje" também inclui um fator que é muitas vezes negligenciado, esquecido, reprimido: está aumentando a violência contra as crianças. Cada vez mais, crianças e adolescentes sofrem tortura psicológica e física de seus pais, abuso sexual e rejeição emocional. (Com base em abrangentes estudos, estima-se que pelo menos de 300.000 a 400.000 crianças e adolescentes são afetados na Alemanha – ou seja, mais de 3% do total de 11 milhões de crianças e adolescentes com menos de 18 anos (HURRELMANN, 1989: 10).) Há certamente muitas causas por trás deste fenômeno. Mas chama especial atenção aqui o fato de que, com frequência, são justamente as boas intenções dos pais que mudam para o oposto: esperanças frustradas se tornam pancadas. Vejamos a conclusão de estudos empíricos:

> Com demasiada frequência, os pais projetam em seus filhos concepções e planos de vida que – supostamente no melhor interesse das crianças – são suas próprias concepções e carências de adultos. Os pais querem "o melhor para o filho" e muitas vezes não percebem que precisamente por isso ignoram as reais necessidades e desejos da criança. A tendência para a família do filho único... fortalece esse desenvolvimento [...]. Hoje, muitos pais tentam pressionar os filhos de modo explícito ou (o que é geralmente o caso) discreto a ter sucesso escolar e preparar a carreira na profissão. Nas famílias em que os jovens não podem atender a essa pressão dos pais, há longos conflitos sobre os planejamentos da vida e da carreira, aumentando nitidamente o potencial

de tensão e estresse [...]. O nervosismo e a irritabilidade dos pais que temem que seu filho, por mau desempenho ou comportamento inadequado, possa perder atraentes perspectivas de carreira e de vida num mercado de trabalho podem rapidamente acabar em agressividade nas relações psicológicas e sociais entre as gerações (ARIÈS, 1962: 562).

Esses estudos também se referem às condições e conteúdos especiais do desejo de ter filhos hoje. Lembremo-nos: como os filhos não são mais necessários como força de trabalho ou herdeiros, então a verdadeira recompensa que permanece será, em geral, o valor emocional em ter filhos. Esta é a maneira de ver dos especialistas da área: "uma forma de recompensa intensa, é verdade, mas também muito insegura e propensa a crises":

> Em comparação com a sociedade pré-industrial e a sociedade industrial incipiente, as relações emocionais entre pais e filhos hoje são muito intensas e sentimentais. Mas será cada vez mais difícil para ambos os lados, pais e filhos, lidar adequadamente com este bem tão precioso (ARIÈS, 1962: 562).

A interpretação leva a concluir que esta constelação pode facilmente gerar uma "emocionalização excessiva" na família nuclear, um aquecimento no clima interno entre pais e filhos. Um efeito estufa semelhante é agora também perceptível em muitos relacionamentos conjugais. Mas se as expectativas recíprocas se transformarem numa caldeira de vapor, há um freio de emergência, uma válvula de escape: você pode pedir o divórcio. A criança, no entanto – e aqui está uma diferença crucial –, permanece ligada aos pais. Não há uma escapatória, apenas a norma, que dita categoricamente: "Os pais amam seus filhos!" Quando os pais não conseguem demonstrar amor de acordo com a norma, o que precisarão esconder de si mesmos e dos outros, esta dinâmica complicada podem traduzir-se em pancadas[16].

Se acompanhamos esses pensamentos, a justaposição de amor e violência, que inicialmente parece tão estranha, tão imprópria e irritante, revela-se compreensível. A conexão entre os dois não é mais aleatória, mas, pelo contrário, sistematicamente condicionada: a elevada expectativa emocional explode como violência. O amor não correspondido se torna amor cruel. Começamos a suspeitar aquilo que preferimos reprimir e o que as pesquisas sobre famílias muitas vezes também escondem, mas vêm impiedosamente à luz nos registros policiais. O amor, essa conquista da Modernidade, que constitui a nova relação entre homens e mulheres, pais e filhos – não podemos ter este amor sem as desvantagens que emergem (às vezes, momentâneas, às vezes duradouras): decepção, amargura, rejeição, ódio. O caminho do céu para o inferno não é tão longo quanto se pensa.

Notas

1. P. ex., Rosenbaum, 1982; Tilly, 1978.

2. Karl von Leoprechting, 1855, apud *Bad-Tölz-Wolfratshauser Neueste Nachrichten/Lokalteil der Süddeutschen Zeitung für den Landkreis*, 11/08/1988, p. IV.

3. Cf. mais detalhes em Beck-Gernsheim, 1988a, p. 128ss.

4. Cf. mais detalhes em Beck-Gernsheim 1988 a, p. 149ss.

5. Cf. tb. *Einstellungen zu Ehe und Familie*, 1985, p. 177.

6. Trecho de entrevista de Urdze e Rerrich, 1981, p. 84.

7. P. ex., Bullinger, 1986; Reim, 1984.

8. P. ex., *Kursbuch*, 72, jun./1983: "Die neuen Kinder". • *Kursbuch*, 76, jun./1984: "Die Mütter".

9. Para uma descrição científica das fases de fertilização *in vitro* cf. Bräutigam e Mettler, 1985, p. 54-68.

10. Declaração de uma entrevista em *Time*, 37/10, set./1984, p. 38.

11. Resumido em Fuchs, 1988.

12. Trecho de entrevista extraído de Nave-Herz, 1988, p. 91.

13. Afirmação de entrevista em *Ms.*, jan.-fev./1989, p. 156.

14. Cf. com mais detalhes Beck-Gernsheim, 1989, p. 29ss.

15. Pediatra Sanford Matthews, apud *McCall's*, nov./1983, p. 196.

16. P. ex., Büttner, Nicklas et al., 1984.

V
A maçã tardia de Eva: o futuro do amor*

Ulrich Beck

Visitemos novamente os lugares de culto modernos do fundamentalismo privado – banalizado, ocultado e santificado como amor, casamento, família. Quão fácil seria se pudéssemos, em vez disso, escapar para culturas e continentes estrangeiros! Mas esta fuga para longe nos é interdita. A pesquisa sobre o amor é um tipo de pesquisa sobre deuses nas regiões de nosso próprio eu. A expedição se dirige às névoas sagradas da interioridade, às cavernas de desejos e emoções, aos quartos mobiliados da ternura, aos altares sacrificiais do ódio e desespero. Partimos novamente rumo ao lugar onde todos, de forma totalmente individual, presumem estar seu centro, seu ponto de escapismo: nas esferas de pompa e miséria do amor projetadas pelo Estado de Bem-estar Social e cortadas sob medidas para o mercado de trabalho.

Dessa vez nos interessa o futuro, como antecipação, a fim de compreendermos melhor o presente, mas também como um olhar curioso para a virada do século: O que vai acontecer com as pessoas e com seu amor mútuo, buscado nas câmaras especulares do eu?

Um diagnóstico diz que buscar sua felicidade no casamento e na família equivaleria a levantar uma escada em direção ao céu para entrar num país dos sonhos. Porque os desejos com quais as pessoas devem costurar relações familiares viáveis hoje e no futuro baseiam-se no princípio oposto ao que a sociedade tecnológica totalmente móvel e impregnada pelo mercado reservou para a vida íntima. Homens e mulheres deveriam ser ou se *tornar revolucionários da abnegação* numa sociedade completamente estruturada sobre vantagem, contrato, dinheiro, estratégia. Eles deveriam coletivamente acreditar em contos de fada, em seu caso especial, relacionado a esta pessoa particular – por favor, preencha o nome aqui! A cegonha e o Papai Noel são as verdadeiras garantias da felicidade da família, buscada em toda a parte; e a construção diária de castelos no ar é o "mais estável" fundamento da harmonia privada.

Se é verdade que o amor e a família são o lugar social do "não": não mercado, não cálculo, não racionalidade voltada para fins etc. Se também está correto que este "não" não é nada velho, nem ornamentação supérflua, nenhum "não" marginal, mas um "não" central, um "não" moderno, um não que surge como centro de orientação justamente na esfera privada destradicionalizada com o desvanecimento da experiência de classes e das utopias políticas. Se tudo está correto quanto ao cerne, então a família nuclear moderna é, historicamente, um constructo extremamente frágil. Ameaçado pelo que a produziu e parecia estabilizar: industrialização, mercado, dinheiro, tecnologia, direito etc. A vasta modernização abole os alicerces da família nuclear "moderna".

Claro, pode-se asseverar que a família é "indispensável", talvez até "funcionalmente indispensável". Mas nem mesmo essa suprema qualificação sociológica, esta perpetuação teórica de uma realidade dos desejos masculinos, é a condição de sua realização[1]. Não são necessárias muitas habilidades de clarividência para prever o que vai acontecer com esta "frágil indispensabilidade", em que os desejos buscam refúgio no mundo inseguro, vulnerável. Devemos apenas pegar a régua e alongar a Modernidade para ver: o que acontece – eis a questão principal – se nada muda e traz o impensável, ou seja, o caos do amor é desbastado e organizado de acordo com princípios organizacionais, jurídicos, técnicos, totalmente normais da modernização: igualdade, dinheiro, contrato, pedagogia, psicoterapia etc.?

Tomemos, portanto, a posição prognóstica mais promissora e – com a força disponível de pensamento antecipando a realidade – assumamos que não haja diferença essencial entre o amor e, digamos, o cultivo de maçãs e a contabilidade.

Aqui, a ideia orientadora a partir da qual serão desenvolvidos os seguintes cenários futuros é: A religião terrena do amor sofre o destino de outras religiões; desencanta-se, está sujeita às causalidades, condições e resultados. A coisa mais provável acontece: técnicos (em genética) e artigos jurídicos vencem. Surge um híbrido social entre mercado e imediatismo, prevalece o ideal do amor previsível, seguro, médico-técnico otimizado (casamento, parentalidade), que hoje já brilha por trás das rotundas e renovadas fachadas tradicionais.

1 A mobilização da ilusão: de volta à família nuclear

Quando se pergunta sobre o futuro "da" família, frequentemente se assumem premissas falsas. A forma bem conhecida da família nuclear é confrontada com algum estado obscuro de "ausência de família" ou por ele substituído. É muito mais provável – se estiver correta a análise neste livro – que um tipo de família não substitua outro, mas que surja e se mantenha lado a lado uma grande variação de formas familiares e extrafamiliares de convivência. Caracteristicamente, muitas delas – existência solteira, a coabitação antes e depois do casamento, dividir apartamentos, parentalidades variadas após um ou dois divórcios etc. – se integram como diferentes fases de *uma mesma* biografia.

Mas uma tendência não é difícil prever: o movimento do mundo intacto, que toma o ontem como exemplo do amanhã: *de volta à família nuclear*. Para muitos o abandono do matrimônio e da família parece individualismo transbordante, a ser combatido, política e institucionalmente, por contramedidas direcionadas para suporte da família. As mulheres, em particular, querem conquistar "uma vida própria", para além do seu papel no trabalho doméstico e no sustento proveniente de um casamento, razão pela qual seus esforços pessoais e políticos deparam com temores especiais, ceticismo e resistência. As medidas destinadas a resgatar "a" família pautam-se pela norma unitária da convivência – o marido que ganha o pão, a esposa que passa manteiga, e de dois a três filhos – que veio a surgir apenas com a sociedade industrial no século XIX. Apesar de todas as tendências de individualização e liberação identificadas, também existem condições e desenvolvimentos que conferem ênfase social à demanda pelo "retorno à cozinha!"

Para mais de metade das mulheres, não se pode falar de uma biografia economicamente independente, profissionalmente segura. É verdade, o número de mulheres empregadas, incluindo esposas, aumentou de forma constante; cerca de metade das esposas em 1988 estava empregada (quanto às solteiras, a taxa é de 57,6%), enquanto, da totalidade dos homens, mais de quatro quintos são empregados[2]. Em outros termos, isto significa: Pelo menos metade das mulheres continua dependente do sustento proporcionado pelo marido. A persistência do desemprego e as capacidades sempre menores do mercado de trabalho preservam e reestabilizam os tradicionais papéis e responsabilidades de homens e mulheres. O desejo de ter filhos por parte de muitas mulheres apoia essa tendência de libertar-se *do* emprego remunerado *e retornar ao* sustento propiciado por um casamento. Ambos os estabilizadores do papel feminino – desemprego e desejo de filhos – poderiam atuar de modo especial onde os déficits qualificacionais de mulheres jovens continuam a existir ou ressurgem, a saber, na formação profissional, e resultar numa *polarização dos padrões biográficos* na nova geração de mulheres ao longo da hierarquia educacional.

Esta confusão política de passado e futuro é apoiada pela dramatização pública e científica do papel da mãe, que atiça o ostracismo social e o remorso da "má mãe" que trabalha fora. O mesmo efeito é produzido pela falta de creches e pelo arranjo do horário do jardim de infância que exclui a atividade profissional das mães. Portanto, no domínio da política das mulheres, público e privado, tópicos são adiados e arenas de batalha e estratégias são deslocadas. Quem, com instinto masculino, canta oportunamente os louvores de maternidade, mais tarde não precisa enfrentar a oposição das carreiras ou temer e implorar por sua mobilidade profissional.

Os horários dos jardins de infância, que impedem ou dificultam a atividade profissional, são uma efetiva pequena alavanca para restaurar a velha ordem, mesmo contra a vontade da mãe – tornando-se, por conseguinte, uma medida para "reduzir o desemprego" ao preventivamente obstruir o acesso das mulheres ao mercado de trabalho.

Mas quem vê a salvação da família nas portas trancadas do mercado de trabalho faz as contas sem considerar os homens e mulheres que querem e devem viver juntos sob estas circunstâncias. Em primeiro lugar, ainda não está claro como as jovens vão lidar com a decepção de sua aspiração profissional nitidamente declarada e o fato de terem de depender financeiramente do marido. De igual modo, pouco se sabe se realmente um número correspondentemente grande de homens jovens está preparado (e até mesmo em condições, dada sua situação profissional) de assumir o jugo do papel de ganha-pão para o resto da vida. Em todo caso, as discrepâncias que irrompem entre expectativas de igualdade educacional e jurídica sistematicamente despertadas nas mulheres e a realidade da desigualdade no trabalho e na família são lançadas sobre a esfera privada, dentro e fora do casamento e da família. Não é difícil prever que isso desemboca numa *intensificação dos conflitos de relacionamento* externamente induzida. Ao final, as barreiras no mercado de trabalho poderiam aparentemente estabilizar a família nuclear, mas, muito pelo contrário, enchem os corredores dos tribunais de divórcio ou as salas de espera dos conselheiros matrimoniais e psicoterapeutas.

Ao mesmo tempo, a nova pobreza das mulheres é pré-programada desta maneira. Nas condições de aumento das taxas de divórcio, quem retira as mulheres do mercado de trabalho e as empurra de volta à cozinha deve pelo menos saber que está reservando lacunas na rede de seguro social para uma grande parte da sociedade.

Isso aponta falhas fundamentais no pensamento e na ação de todas as tentativas de restaurar as antigas relações entre homens e mulheres na vida profissional e familiar. Em primeiro lugar, elas estão em franca contradição com os princípios legalmente previstos das sociedades modernas, democraticamente constituídas, de acordo com os quais as posições desiguais não derivam do nascimento, mas são adquiridos por desempenho e participação na força de trabalho, acessíveis a todos. Em segundo, as mudanças na família e entre os sexos são reduzidas como fenômeno e problema privados, e a conexão com as modernizações sociais e culturais é ignorada.

Isto se reflete, em especial, nas propostas frequentemente divulgadas para cimentar novamente a harmonia familiar em desintegração. Alguns acham que cursos de educação familiar poderiam ser uma solução. Outros opinam que a terapia familiar central é a profissionalização na escolha do cônjuge. Há ainda outros que pensam que os problemas desaparecerão apenas se tivermos um número suficiente de centros de aconselhamento matrimonial e estabelecimentos terapêuticos. Tudo é responsabilizado pela "crise da família", desde a pornografia até o aborto legalizado e o feminismo, o que exige contramedidas adequadas.

A perplexidade e o desamparo são o modelo de explicação. O desenvolvimento histórico e os contextos sociais que geram os conflitos permanecem completamente fora do campo de visão.

No entanto, a modernização, – para falar com uma imagem de Max Weber – não é uma carruagem da qual podemos saltar na próxima esquina se não nos convir mais. Quem realmente deseja restaurar a família nuclear nas formas dos anos de 1950 deveria voltar o relógio da modernização, isto é: afastar as mulheres do mercado de trabalho não só subrepticiamente – por exemplo, pelo subsídio da maternidade ou pelo cultivo da imagem do trabalho doméstico –, mas abertamente; e não só do mercado de trabalho, mas também da formação profissional. A diferença salarial deveria ser fortalecida; e, por fim, a igualdade jurídica teria de sofrer um retrocesso: seria de examinar se o desastre não já começara com o sufrágio universal; mobilidade, mercado, as novas mídias e tecnologias da informação teriam de ser restritas ou proibidas. Em suma, os princípios irredutíveis da Modernidade teriam de ser reduzidos à metade, mais precisamente a favor de um dos gêneros, é claro; e em detrimento do outro, é lógico, e de uma vez por todas.

2 Igualdade como isolamento: a contradição entre mercado de trabalho e família

Em compensação, cobra-se igualdade para as mulheres em todos os setores da sociedade. A validade universal dos princípios da Modernidade deve ser reivindicada e imposta contra sua redução patriarcal – nos trabalhos domésticos, nos parlamentos e governos, nas fábricas, na administração etc. Nas discussões sobre o movimento feminino, esta exigência de igualdade está geralmente ligada ao pedido de mudança no "mundo profissional masculino". Luta-se por segurança econômica, influência, participação das mulheres, mas também pela inserção de outras orientações, valores e atitudes "femininos" na vida social. Qual é o significado exato de "igualdade" é objeto de interpretação. Eis uma – normalmente ignorada – consequência de certa interpretação para a discussão. Se "igualdade" é interpretada e exercida no sentido da vitória da sociedade do mercado de trabalho para todos, então, em última análise, a igualdade produzirá – implicitamente – uma sociedade móvel de solteiros.

A figura básica da Modernidade bem-sucedida é – se a pensarmos às últimas consequências – é a pessoa solteira (GRAVENHORST, 1983: 17). As necessidades do mercado de trabalho ignoram as necessidades de família, casamento, parentalidade, relação a dois etc. Neste sentido, quem exige a mobilidade no mercado de trabalho sem levar em conta os interesses privados provoca – como um apóstolo do mercado – a dissolução da família. Esta contradição entre mercado de trabalho e família (ou relação a dois em geral) pôde permanecer oculta enquanto o casamento para as mulheres era sinônimo de responsabilidades familiares e renúncias ao trabalho e à mobilidade. Hoje ela vem à tona na medida em que a cisão entre trabalho profissional e trabalho familiar foi introduzida na decisão do parceiro (conjugal). Com esta interpretação mercadológica da exigência de igualdade, a espiral da individualização atinge com força cada vez maior as relações entre homens e mulheres. Isto não é mera elucubração teórica, pois é algo constatado no número crescente, em várias partes do mundo, de lares unipessoais e de mães e pais que criam os filhos sozinhos. Mas é algo que também fica nítido no modo de vida exigido das pessoas nessas circunstâncias.

Na vida que – a despeito de toda orientação e diversidade sociais – é essencialmente conduzida sozinha, exigem-se salvaguardas para proteger este modo de vida contra os riscos inerentes. Círculos de contato devem ser construídos e mantidos para uma variedade de ocasiões. Isso requer muita disposição para compartilhar as dificuldades dos outros. Uma intensificação da rede de amizade continua a ser indispensável e é este também o prazer proporcionado pela vida de solteiro. Justamente o caráter fugidio tem os seus encantos. Tudo isso pressupõe um posto de trabalho o mais seguro possível – como fonte de receitas, de autoestima e experiência social –, que deve ser mantido e defendido. O resultante "cosmos da vida privada" é talhado e equilibrado atendendo ao centro do eu, suas vulnerabilidades, oportunidades, pontos fortes e fracos.

Mas, na medida em que esta existência individualizada prova ser bem-sucedida, cresce o perigo de que ela se torne um obstáculo intransponível para a parceria (casamento, família), que, apesar de tudo, são buscadas pela maioria. Na existência de solteiro, crescem tanto o anseio pelo outro, bem como a impossibilidade de integrar essa outra pessoa no plano da "vida própria". A vida já foi preenchida com a não presença do outro. Agora não há mais espaço para ele (ela). Tudo transpira defesa contra a solidão: a variedade de relacionamentos, com seus respectivos direitos, hábitos de vida, calendário à sua disposição, as maneiras de recolher-se para lidar com a dor lancinante por trás da fachada. Tudo isso é ameaçado pela esperada relação a dois, com seu delicado equilíbrio laboriosamente calibrado. As construções da independência se tornam grades de solidão. O círculo de individualização se fecha. A "vida própria" deve ser mais bem protegida; e é preciso elevar os muros que deveriam proteger de mágoas, mas também acabam sendo uma de suas causas.

Esta forma de existência de pessoas que vivem sozinhas não é um desvio no caminho para a Modernidade. Ela é o arquétipo da sociedade de mercado de trabalho bem consolidada. A negação de laços sociais ditada pela lógica do mercado começa a dissolver também, em seu estágio mais avançado, as precondições da relação a dois duradoura. Desse modo, ela é um caso de socialização paradoxal, em que o alto grau de sociabilidade que nela se manifesta não se mostra mais.

As reflexões acima são de um tipo "ideal". Mas como mostram os dados (cf. acima), elas também apresentam um traço crescente de realidade. Mais do que isso: elas provavelmente são a consequência involuntária e invisível a que chegamos com a demanda por igualdade de gênero sob as condições institucionais vigentes. Quem, com toda razão (como o faz uma parte do movimento feminino), expande as tradições sob as quais se iniciou a Modernidade e exige e exerce a igualdade mercadológica entre homens e mulheres deve também ver que, no final deste caminho, é bastante provável que não haja a harmonia igualitária, mas sim o isolamento em caminhos e situações divergentes e contrários, para os quais já existem hoje muitos sinais sob a superfície da vida social.

3 O "casamento pós-conjugal": famílias estendidas e continuadas em virtude do divórcio

Quem voltasse o olhar, digamos, a partir do século XXII, para nossa Idade Média industrial do presente, na virada do século XXI, talvez sorrisse e coçasse a cabeça: havia instâncias políticas aos montes. As pessoas faziam propostas, disputavam, votavam, formavam coalizões e intrigas. Tudo girava em torno disso. Tudo era novamente apresentado e mastigado na grande mídia, *com exceção* das alterações que deram origem às características da nova era. Estas se desenrolaram "normalmente", quase despercebidas no âmbito político, mas com efeitos radicais e profundos. Como foi possível que naquela época todo o mundo, em antecipação das grandes mudanças, fitasse as arenas da política – parlamento e governo –, enquanto as mudanças, por assim dizer, de modo incógnito, se infiltrassem silenciosa e confiadamente através das portas dos fundos da normalidade e virassem de ponta-cabeça as estruturas de convivência?

Não há uma resposta fácil. Para encontrá-la, seria preciso engatinhar para fora da caixa das certezas óbvias que emparedavam os pensamentos e ações da sociedade industrial clássica. Para usar uma imagem: Quem alterca sobre a reorganização dos assentos de um trem em movimento não deve se surpreender ao perceber que este não é o meio mais viável para escolher o destino da viagem.

O desenvolvimento industrial-capitalista manteve a mudança constante e a alçou ao nível da normalidade. Portanto, não é de admirar que, ao se concentram no "politicamente viável" – o rearranjo dos assentos –, as pessoas percam de vista a direção do trem e sua velocidade. Mas ainda é curioso que as pessoas, com a disputa dos assentos, tentem escolher a paisagem através do qual o trem passa ou na qual deve fazer uma parada.

Mas quais são as portas dos fundos da revolução normal? Conhecemos uma na seção anterior: a aplicação do princípio da igualdade em termos de participação no mercado de trabalho para todas as pessoas, além dos limites de papéis de gênero que a sociedade industrial clássica impôs para a relação entre família e profissão. Conheceremos nesta e nas seções seguintes outras possibilidades de mudança pela porta dos fundos. Um fator importante é o divórcio como porta giratória para outra época das circunstâncias da vida privada.

Por um lado, no divórcio não acontece nada de fundamentalmente novo. Pelo contrário: algo predeterminado-duradouro é pensado e concebido como dissolúvel e decidível, como tudo o que entra no horizonte da Modernidade. Pode-se até dizer que a contradição entre a gênese da decisão e a irrevogabilidade da decisão, que era típica do casamento válido ao longo da vida e de base religiosa, se rompe, e o vínculo matrimonial está sujeito aos princípios do acordo dos quais ele deriva. *So what?*

Por outro lado – como será mostrado – a normalização do divórcio abre as portas para alterações dolorosas e de longa duração, que desloca e rearranja as estruturas sociais familiares, o padrão de convivência entre os sexos e gerações. Isto permanece oculto numa primeira fase – por boas razões. Em primeiro lugar, a apreciação de sua irrelevância é a condição do estabelecimento do novo princípio. A produção de normalidade, pretextada pela Modernidade, mas não suas possíveis consequências espetaculares, é o que guia a gênese política. Em segundo lugar, a mudança ocorre como *destino individual*, por assim dizer, nas formas microscópicas do casamento e da família *de cada um*, como que sob a lupa e a câmera lenta do caso individual – enquanto as alterações estruturais macroscópicas na sociedade não têm um lugar direto para sua visibilidade e perceptibilidade, mas se manifestam, por assim dizer, apenas através dos óculos estatísticos e, sobretudo, somente algumas décadas deslizam para fora das cascas de ovos da normalidade, que servem à consolidação daquelas alterações macroscópicas estruturais.

Segundo os mitos sociais e das ciências sociais, o relacionamento marital termina com o divórcio (depois de um processamento adequado do sofrimento a ele associado). Na base desta visão reside uma *errônea equiparação entre separação legal (sexual e espacial) dos cônjuges e realidade social e psicológica do casamento*. Só aos poucos a investigação da família pelas ciências sociais[3] desperta do sono da sua "fixação no núcleo familiar" e observa com espanto o fenômeno contraditório e multifacetado do "casamento pós-marital", ao passo que o caso oposto, o "divórcio intramarital" ainda permanece em grande parte despercebido[4]. De modo semelhante a alguém que perdeu um braço e ainda tenta apanhar coisas com ele, os divorciados por muitas razões conduzem um casamento sem casamento por muitos anos, um casamento em que o ex-cônjuge está presente com a dimensão da falta e da dor deixada pela perda.

Apenas aqueles que igualam casamento com sexualidade, amor, convivência podem cometer o erro de pensar que o divórcio significa o fim do casamento. Quando os problemas de suporte material, os filhos ou a biografia a dois passam ao centro das considerações, torna-se imediatamente claro que o casamento não termina com o divórcio nem mesmo legalmente, mas se transmuta para uma nova fase de "casamento de separação" pós-marital. Nesta fase, os divorciados deparam com dimensões e camadas de seu relacionamento que são imunes à separação. Essa natureza do casamento inatingível pelo divórcio, em que os ex-cônjuges esfregam suas almas de modo bruto e sangrento, inclui em especial a comunidade indissolúvel dos filhos e a identidade lembrada e criada da convivência anterior. Estes temas e formas de coexistência negativa podem preencher o horizonte das pessoas que agora vivem separadas tanto quanto preenchiam o casamento.

> Quando o vi pela última vez, você ainda deixou escapar umas palavras que serviram em minha ferida aberta tão bem como uma tampa de bueiro [...]. "Espero que nossa relação volte ao normal algum dia [...]". Céus, a maneira como você fala comigo! Eu quero lhe dar uma resposta agora, porque não consegui quando estava sentada na sua frente, me senti paralisada. Ouça bem: eu não compartilho sua esperança. Não vou revê-lo num presente frio, extinto. Você pode achar desejável e confortável que nos tornemos pessoas esclarecidas que um dia vão se reencontrar como dois veteranos de uma grande batalha de amor, daquele tipo que crava no peito um do outro uma medalha de honra de bravura e perdão. Dois felizmente escapados, que um dia se perseguiram um ao outro através do céu e do inferno, e agora estão sentados pacificamente em um jardim; as libélulas do irrigador do gramado giram no local, eu brincando com seus filhos, enquanto você conta um pouco sobre suas preocupações profissionais e sinto vergonha por contribuir para a conversa falando sobre os problemas com minha solidão e minha pobreza. Sua esposa nos traz chá e desaparece discretamente... Você precisa saber de uma coisa: essa visão é um horror para mim! Abomino a ideia de que o tempo acabe nos vencendo, assim como passa sobre tudo o mais. Por que ninguém se revolta contra ele? Ele não é tão onipotente como a gente sempre pensa e, então, não faz nada e lhe concede o campo de batalha sem uma luta. Ninguém vai passar uma esponja sobre onde estou, estive e estarei. E se eu tiver de continuar sempre escrevendo assim para manter você, eu não hesitaria por um momento, porque deste modo fico perto de você, posso nos preservar, conversar com você e gozar a boa vida que tive (STRAUSS, 1987).

Então quem vê o ato jurídico do divórcio como critério e interseção entre casamento e família velhos e novos ignora ingenuamente que os casamentos se sobrepõem e se intersecionam para além dos limites das famílias. Ignoram que os divorciados permanecem ligados de várias maneiras e em vários níveis por problemas de sustento, filhos e biografia em comum "até que a morte os separe":

> Questões de sustento: o mais tardar na transição e no contraste entre diferentes casamentos rompe-se a estrutura do ganhador de pão. O que pode ter bastado para um casamento não é mais suficiente para dois ou mais, de modo que os divórcios – mantidos os mesmos trabalho e

renda – impõem a distribuição da carência (CAESAR-WOLF & EID-MANN, 1985; LUCKE, 1990).

A parentalidade é divisível, mas não revogável. Após o divórcio, o pai e a mãe vivem separados, mas permanecem pais e agora devem renegociar e cumprir seu papel parental a despeito da separação e dos conflitos. A família divide-se, portanto, em casamento, que podem ser rompido, e uma *parentalidade pós-marital, que se desintegra em maternidade e paternidade.* A parentalidade pós-marital requer (em geral) transação judicial, porque, de outro modo, as oposições seriam intransponíveis. Se ela realmente entra em conformidade com esta transação é algo em aberto e difícil de ver do lado de fora. Em todo caso, a troca formal do filho ou dos filhos entre os pais separados torna vivenciável um terreno de "coisas em comum" possivelmente conflituoso e persistente – ou poderíamos dizer, uma misteriosa realidade familiar residual: a parentalidade imune a divórcio. Isso pode significar coisas muito diferentes em cada caso individual, mas esta realidade da parentalidade separada se torna subitamente perceptível quando as decisões sobre mobilidade da mãe ou do pai – agora geralmente sem influência do divorciado – anulam as regulações da parentalidade pós-marital.

Se a separação legal não coincide com a separação social quando a própria relação dos cônjuges está no centro, isso é ainda mais claro quando a rede de relações dos *filhos* se torna o ponto focal de atenção. Se podemos dizer que pais divorciados pelo menos começam uma nova vida física e legalmente, o divórcio dos pais representa para os filhos o início de uma vida dupla, em que a convivência não mais coincide com parentalidade e os filhos devem mais ou menos praticar uma espécie de *divisão emocional e social* entre duas "famílias nucleares" agora negativamente inter-relacionadas – com todas as ambiguidades, segredos forçados e jogos de esconde-esconde, mas também a chance de aproveitar o ciúme entre os "separados" para maximizar a realização dos próprios desejos.

Como quer que se defina esta ligação multifamiliar dos filhos de pais divorciados em sua multidimensionalidade, e não importa quão grandes sejam as diferenças e efeitos que esta situação de vida dividida tenha sobre os filhos a curto e longo prazo – em todo caso, os filhos simbolizam continuidade e, em alguns aspectos, até mesmo *a inseparabilidade do casamento,* que agora já não tem um lugar. Os filhos, em todo caso, não podem se divorciar de seus pais, mas apenas escolher com quem querem viver primordialmente e – por consequência necessária – secundariamente como administrar em seu horizonte o contraste e a interação da velha e da nova família.

O divórcio é, portanto, seletivo e limitado. Diz respeito aos cônjuges, não aos filhos, e, por conseguinte, não à família como um todo, mas apenas às suas instâncias executivas, por assim dizer. Vendo de baixo, com o olhar dos filhos, a parentalidade em família continua a ser uma realidade sem lugar social na parentalidade indissolúvel, que lhes coube por destino. Eles devem agora *esta-*

belecê-la (de modo semelhante à situação de dois cônjuges profissionais, totalmente móveis) para além das fronteiras das novas famílias nucleares – contra as condições impostas pela separação (de uma maneira ou de outra).

Aqui fica claro que equiparar o divórcio com a separação de famílias é uma visão parcial, relativa à dominância dos pais. Quando esse viés é superado, vê-se também que o divórcio resulta numa *desintegração entre casamento e parentalidade, casamento e família*. O divórcio estilhaça a unidade de casamento e família, mas não a família em certo sentido. Para os filhos a realidade da família é conservada, pelo menos, como compulsão para, de alguma maneira, estabelecer e conservar para si mesmos a relação com os pais biológicos para além dos limites e contradições da nova "família nuclear".

Assim, enquanto os casamentos podem ser encerrados e refeitos, isso não se aplica a famílias em certo sentido residual. Elas continuam vivendo, ao menos, nas pessoas dos filhos por trás das fachadas e linhas de fronteira dos novos casamentos e famílias. Desse modo, após a separação, a imagem da família para os filhos que seguem vivendo numa nova família nuclear com o pai ou a mãe recasados é basicamente ambígua e, em todo caso, não coincide com a família em que estão vivendo. Eles pertencem simultaneamente a diferentes grupos familiares e, da sobreposição de famílias, também podem retirar, além de conflitos de difícil resolução, vantagens materiais e sociais, por exemplo, no que se refere a heranças ou a contatos sociais, que podem se revelar úteis na concorrência no mercado de trabalho.

Esta divergência entre realidades do casamento e da família também ganha clareza adicional quando o foco de atenção se volta para os avós. Os pais dos pais, sem intervenção alguma, se veem "roubados" dos netos, quando o processo do divórcio não corre bem, pelo menos no que se refere ao contato social, antes tido como natural. Ao mesmo tempo, eles personificam, juntamente com os filhos, os fragmentos dos resíduos insolúveis da família que foi separada pelo divórcio. No curso de vários divórcios e novos casamentos, os avós, por assim dizer, "acumulam" em sua pessoa as famílias separadas, de modo que, experimentalmente falando, quando os divórcios são maximizados, mantendo-se o mesmo número de filhos, o número de "netos" para os mesmíssimos avós cresce exponencialmente.

Por fim, a alteração de formas por que passaram as relações privadas da família nuclear no processo de normalização do divórcio também fica clara no fato de que as parentalidades *biológica e social* coincidem cada vez menos, assim como as parentalidades *social e jurídica*, sendo também cada vez mais raramente dedutíveis da convivência factual de uma família nuclear. Com o aumento de divórcios, os filhos crescem na sua família de nascimento apenas em casos especiais (cf. GROSS & HONER, 1990). Ao contrário, é cada vez mais frequente que cresçam em constelações familiares, em que os filhos formam uma nova família transitória não mais nuclear, com "irmãos" e "irmãs", que, por sua vez, pertencem a outras origens sociais e biológicas. O divórcio, de modo sistemático e no longo prazo, solta os laços da unidade de biologia e sociedade, que estava fundida no arquétipo da familiar nuclear para a vida toda.

Se quisermos, poderíamos dizer: assim como a medicina reprodutiva com as formas desdobradas e refinadas da inseminação artificial não marital clinicamente autonomizada divide parentalidade biológica e social, esta autonomização está ocorrendo também com as taxas de divórcio crescentes e normalizadas.

As circunstâncias de vida que atravessam relações geracionais e de gênero e foram divididas e misturadas por vários divórcios nos permitem dizer algumas coisas: por exemplo, desse modo, nascem redes de "famílias estendidas" inter-relacionadas e incompletas, redes de múltiplas camadas, externamente inescrutáveis e indecifráveis, que variam de acordo com a posição das partes envolvidas. Podemos dizer que o divórcio, de alguma forma, também *contraria* a individualização, na acepção do isolamento. Certamente não se pode mais sustentar a visão até então largamente predominante de que o divórcio é apenas a saída de uma família nuclear e a transição para outra, de modo que altas taxas de divórcio deixariam intocado o caráter social, a forma social familiar da esfera privada. Isto, em todo caso, só é possível quando ignoramos e encobrimos as desintegrações, reagrupamentos e sobreposições de dimensões e realidades divergentes dentro e entre as "famílias" e nos fixamos operacionalmente no assim chamado "núcleo" da assim chamada "família nuclear".

É preciso um grau significativo de esperança vã e endurecida para ignorar as mudanças estruturais sociais e familiares que têm sido iniciadas e consolidadas em inúmeros pequenos passos por milhões de divórcio. A pesquisa empírica sobre as famílias, que continua pensando e pesquisando seletivamente em categorias de famílias nucleares e tenta provar sua realidade – "nuclearmente" – ilesa mediante o poder persuasivo de dados em massa será, um dia, acrescentada como *lição* de empirismo cego à coletânea de curiosidades de erros científicos generalizantes.

4 A maçã tardia de Eva: a emancipação "sofrida" pelos homens

Enquanto a emancipação das mulheres está na boca de todos – e, não só isso, pode abalar em casos singulares a mais bela harmonia familiar da noite para o dia – apenas esporadicamente se menciona a liberação dos homens do papel a eles atribuído. Certamente, há a obrigatória "crise de meia-idade", os homens de cabelos compridos, os sensíveis, os grupos de pais solteiros e os clubes homossexuais. Nos comerciais de bancos, o pai que troca as fraldas do bebê agora desempenha um papel proeminente. Também ficou claro que não há uma relação entre pênis, carreira e foguete, que seria baseada em alguma natureza.

Argumentar tudo isto significaria duplicar a literatura sobre o assunto (SIMMEL, 1985; EHRENREICH, 1984; GOLDBERG, 1979; PILGRIM, 1986; THEWELEIT, 1987; BROD, 1987; HOLLSTEIN, 1988). Mas ainda não está claro se e como esta quebradiça "casca de aço da masculinidade" deve ser removida e como o homem consciente poderia parecer *para além* da masculinidade forçada ou do oposto prescrito, o homem suave, uma cópia equivocada de um suposto desejo feminino. Tampouco se tenta esclarecer isto publicamente em discussões abertas a conflitos, o que talvez não seja por acaso. Talvez a cópia da emancipação das mulheres ou a rejeição ilimitadamente tacanha, que se ousa aqui e ali contra seus excessos e excentricidades, sejam também um sinal de que os homens, no brilho de sua (aparente) segurança, ainda não adquiriram muita clareza sobre sua própria situação.

As imagens do homem entre as mulheres e no movimento feminino oscilam entre, de um lado, opressor patriarcal, máquina de sexo, destruidor do mundo, cientificamente turbinado e, de outro, marido dominado pela mulher, deficiente emocional, doador de esperma e apêndice familiar infantil. Para iluminar um pouco essas negações idealizadas, essa simultaneidade de opostos, talvez seja útil lembrar que a metáfora do senhor e do servo, desenvolvida por Hegel refinada por Marx e que a teoria feminista aplicou à relação entre homens e mulheres não está correta, nunca esteve correta nessa simples transposição, por razões de princípio.

Pois o homem é (segundo a estrutura tradicional dos papéis de gênero) apenas o senhor sem trabalho *doméstico*, mas deve se tornar servo para ganhar o pão. Em outras palavras, sua posição fantasma na família pressupõe a tolerância de um emprego remunerado. A repressão da dúvida e da contradição, a antecipada adaptação ao presumido "poder maior" do sempre presente "chefe" foram e ainda são até hoje, em muitos casos, o pressuposto corrosivo, amargamente tolerado da "dominação masculina" envolta em fábulas.

A servidão hierárquica do homem na empresa, seu egoísmo profissional, sua fixação na competição e na carreira são o outro lado da preocupação pela família. Seu "senso familiar" não se concretiza (tradicionalmente falando) em seu engajamento com a administração doméstica, mas – paradoxalmente – na autossujeição profissional materializada no orçamento doméstico. Seu "destino" é uma espécie de "subjugação por altruísmo". Ele tem de engolir muitas coisas, não para seu benefício, mas porque precisa encher as "bocas famintas" em casa.

As fachadas de poder masculino e desejos masculinos nascem do batismo de fogo da competição e da subordinação no mundo do trabalho. A rota direta para a sexualidade duradoura foi bloqueada para o homem na estrutura tradicional. Só no leito conjugal ele podia legitimamente desfrutar aquilo para o que o impelia o centro nada secreto de seus desejos, clinicamente chamado de "pênis". Mas o caminho para o leito conjugal passava pelo portão da fábrica e pelas cargas físicas e simbólicas que o homem tinha de carregar e aguentar. No papel masculino, idealmente, a distância e a alienação da sexualidade, a aquisição de competências para a conquista do mundo, a integração a uma maquinaria organizacional que é feita sob medida para a permutabilidade, são a *rota direta* através do infinito, para explorar e desenvolver sua própria estranha pessoa, sua ternura, seu amor, sua sexualidade. A cultura masculina é uma cultura repressiva e reprimida porque faz da abstração, do sucesso o pressuposto das curiosidades masculina e feminina pela vida e pelo amor. No final, não há transcendência. Homem é homem. Trabalho é trabalho. *Basta.*

O equívoco de aplicar a dialética do senhor/servo à relação homens/mulheres também fica claro no fato de que o senhor é dependente do servo, mas o homem, na fase da emancipação das mulheres, não é mais dependente da mulher, ou melhor, da esposa. Na luta pelo poder que irrompeu entre os sexos, aos homens tem um bom conjunto de cartas. A sexualidade e o amor não estão mais vinculados ao casamento e ao sustento material da esposa. Se o homem quiser, poderá dizer: amor e sexo, sim, casamento, não – e, com isso, ainda vai ao encontro da emancipação feminina. Quem não quiser alimentar uma "desempregada" por toda a vida deve apostar na atividade profissional da mulher e poderá, assim, promover duas coisas: a independência financeira e social da mulher e sua própria libertação do jugo centenário em que o homem se curva ao trabalho para a preservação da família.

Aqui fica nítido que, de certa forma, a emancipação do homem se dá *passivamente* e também, portanto, silenciosamente. Ela consiste em apreciar a renúncia forçada. Ele não precisa escapar ativamente – como a mulher do trabalho doméstico e do papel de mãe – e conquistar outro mundo, o do trabalho, da ciência, da política. Ele já tem tudo isto atrás de si, isto é conformidade para ele. Mas a irrupção da mulher – sua revolução sexual, sua conquista profissional – libertou o homem, sob os auspícios da luta contra ele, do jugo de suas obrigações. *O efeito colateral provavelmente não intencional da emancipação das mulheres é a emancipação do homem*: Ele foi expulso do papel de ganha-pão? Bem, isto significa que a mulher perde o direito ao sustento conjugal. A mulher descobre sua sexualidade? Bem, isto significa que a guardiã do monopólio do casamento abandona e desintegra esse monopólio. Isto aumenta a oferta. Relação a dois, sexualidade, amor, ternura se libertam – no próprio interesse das mulheres – da cadeia do anel de casamento.

Dessa perspectiva, poderia muito bem ser que os homens – muitas vezes, é claro, sem consciência de sua própria astúcia objetiva – encorajam e promovem a emancipação das mulheres em nome da liberdade e não da arbitrariedade, para alavancar a sua própria liberação. Eles, por assim dizer, observadores e deslocados, operam sua "autolibertação", ao defenderem com perplexidade e boa intenção a liberação das mulheres de seus papéis. A emancipação deles –

sua libertação do jugo como chefe de família – cai-lhes no colo como uma maçã madura. A maçã tardia de Eva. Não se pode deixar de dizer que, quando o homem é servido em termos de autolibertação, revive-se o velho papel machista. Nem se pode negar que o horror tacanho de muitos homens demonstra escasso conhecimento sobre a felicidade de sua própria situação.

A emancipação presenteada aos homens, que ainda não se dão conta da felicidade de seu infortúnio, tem, é claro, a preocupante desvantagem de que ela não só se realiza sem o homem, por assim dizer, mas também contra ele. É uma emancipação sem emancipação, oca, plantada. Os homens estão sentados no meio de seu mundo, que já não existe. A fumaça de pólvora feminista ainda serpenteia ao seu redor. O vigamento estala. Os monumentos de concreto de sua masculinidade estão se desfazendo. Nada notar, evocar a velha harmonia é o primeiro dever dos homens. Pela força, se necessário. Uma força velada. Força oculta no amor e no dinheiro. E tentar evitar, revidar antecipadamente a con- traopressão por parte das mulheres.

Não importa que seu jugo – o papel de ganha-pão – tenha desaparecido com o despertar das mulheres. Elas o assumem. Sua "orientação 'como é mesmo o nome?'", sua "impetuosidade" quantificante que estraga o prazer com a alegria, incluindo o seu, também não importam. A "natureza masculina" é assim mesmo.

Claro, onde uma vez tudo convergia – carreira, engolir essa carreira, ir mais longe, mais alto, saiam da frente! – houve então, de repente, um grande e grosso nada. A coisa mais óbvia, a mais invulgar, a mais familiar, o idiota que foi produzido e se veste nos trajes da presunção autofabricada deveria ser descoberto, despido, conquistado. Por exemplo, os olhos. Ver, perceber – isto seria como férias de aventura transcontinentais na sua própria vida, em seu próprio corpo.

Mas, então, o homem poderia transbordar, expandir-se – em casa e no mal- dito mecanismo humano do trabalho. Virar-se do avesso, observar as rotinas do outro lado, perguntar, perscrutar, não ceder, tornar-se rebelde e apresentar o que é seu próprio, o enviesado. Ou simplesmente poderia mofar, botar a perder, tor- nar-se a mosca varejeira que ele também é. Trabalho familiar não precisa signifi- car uma cópia da compulsiva administração feminina do pano de limpeza. Nem também ainda se curvar e rastejar até os cantinhos atrás da cama. Talvez poeira seja uma coisa bonita? Talvez o buraco na meia caia bem? Talvez aquela cueca de paradeiro desconhecido, se ficar realmente dura e ainda enriquecida com papel de embrulhar queijo e um garfo gorduroso, talvez antecipe uma obra inédita de Beuys, que simplesmente não teve coragem ou ideia para tanto. Talvez o *Fett-Ecke*, de Beuys, seja primeiramente uma frágil cópia dos ideais de beleza masculinos e da administração doméstica na visão masculina? Começar, tentar, deixar os lençóis se acumular, lutar, cair, rir, desesperar-se, perder-se no caos que espreita atrás da pele fina da ordem. Mas viver, simplesmente começar a viver – e, então, não parar mais. Mas tudo isso é um mar de ilusão diante da realidade dominante dos homens, que nem sequer notaram que ela não existe mais.

A verdade é que diminuiu a prontidão do assim chamado "homem adulto jovem" a contrair matrimônio em que a esposa não tem formação profissional. Também é verdade que, na maioria, mudaram a atitude e a estratégia em relação à emancipação das mulheres. O homem se comporta com mente aberta. A imagem da "simples dona de casa" é coisa do passado. Mas a nova posição de captura da velha ordem já foi detectada e fixada: o filho, as "necessidades" da maternidade. A questão feminina foi transformada numa questão de filhos e maternidade – sob a participação ativa das mulheres –, e muitos homens, sem refletir sobre sua própria posição, acham que podem voltar a se recostar confortavelmente nas antigas almofadas do sofá.

Segue-se a vingança – o mais tardar – antes, durante, após o divórcio, quando a parentalidade se fende e a maternidade se volta contra a paternidade. Então o homem, agora descobrindo o coração de pai, é golpeado pela ausência (legalmente cimentada) da família, sobre a qual ele por muito tempo havia construído sua vida como algo normal. O pai se torna vítima da desigualdade inversa, com a qual ele até então tinha lidado confortavelmente. A mãe domina em tudo, biológica e legalmente, e o pai vive da mercê que ela agora, até onde o tribunal o permite, lhe concede minimamente.

Tornar-se pai não é difícil, mas ser pai divorciado o é bastante. Quando é tarde demais, a família, representada na criança, se torna o lugar de esperança, de esforço concreto, para os quais atenção e tempo normalmente não existiam nem mesmo "com a melhor das boas vontades". O pai-homem divorciado, que se dá conta de seu mundo emocional, é a morte da emancipação forçada, que é descoberta, compreendida justamente quando a meta se lhe escapa.

Agora tudo se volta contra ele. Gradualmente, ele sofre as consequências por sua extraterritorialidade familiar: solidão forçada, desamparo aprendido, horário de visitas, regulamentos de pensões – estes são as grades atrás das quais a paternidade descoberta se vê agora injustamente aprisionada. A indignação, a dor, a amargura são – às vezes – as ondas de choque de uma incipiente emancipação masculina.

Estritamente falando, o velho Adão tornou-se supérfluo em todos os aspectos. É quase uma relíquia que possuiria seu valor de exposição no museu de si mesmo, se não fosse tão dominante: a mulher deve ser afastada do posto de provedor, para que o homem ainda possa declarar esse posto como pilar de sua existência. No que concerne a fazer filhos, o marido foi expulso da corrida pela coalizão concorrente formada por doador de esperma, médico e tubo de ensaio. A borboleta do prazer feminino despertado voou para longe de sexualidade bruta, fixada no pênis. O homem pode continuar habitando todas estas ficções. Mas o colapso delas, sua perda forçada e sofrida é a perda de cadeias. O fato de isso não ser notado e apreendido não deixa a maçã tardia de Eva mais suculenta.

5 O divórcio como testemunha de casamento: contratos de casamento

Nada combina mais: os papéis de homem e mulher, as definições de comunhão da família, a natureza da minha própria expectativa, da expectativa alheia, noções de responsabilidade e divisão do trabalho, a ideia de desenvolvimento pessoal e como tudo isso pode ser sempre revisto e unido novamente. Onde os desejos e as expectativas nas coisas dadas de antemão não são mais inter-relacionáveis e harmonizáveis, eles devem ser negociados e conciliados.

Os problemas que sobrecarregam a família nuclear não são apenas de tipo individual, mas também geral. Muito se fala do inchaço de reivindicações da população. O inverso certamente não é menos verdadeiro: as famílias nucleares já expostas a provações internas enfrentam um *inchaço de exigências do Estado*. Elas não só detêm, como paliativos burocráticos – na condição de "cidadãos responsáveis" –, um posto efetivo para o insolúvel em todas as repartições, mas também são abusadas como "lixeiras da nação" – uma expressão ácida, mas bastante realista. Poderíamos mencionar: as horas de aula particular dos pais, que já entram no cálculo do currículo e do quadro de pessoal docente. Os danos por poluentes no ar e na água, toxinas nos alimentos, que significam para as famílias, geralmente a mãe, uma imensa intensificação do trabalho. Ao mesmo tempo, elas devem eliminar do cardápio tudo o que as autoridades, especialistas e indústrias, em cumplicidade legalizada, derramam, despejam e bombeiam na esfera privada. O momento e a frequência de nascimento dos filhos precisam ser planejados com vistas a coordenar planos de carreiras e de aposentadoria. Claro, a família é um auxílio em caso de desemprego, que vem – no mais tardar – depois do seguro-desemprego. E quando os membros da família dispostos a trabalhar não são tão móveis como o exige o mercado de trabalho, eles são oficialmente suspeitos de malandragem e têm de contar com a perda de direitos conquistados.

Contra esses "probleminhas", contra este "espirro" da família, a farmácia doméstica da Modernidade tem o medicamento habitual: "racionalidade(da troca)", três vezes ao dia, de preferência de forma preventiva, sob a forma de acordos, contratos, artigos, aconselhamento, terapia. O fator de complicação agora é que onde aparece uma incerteza desta magnitude, ou seja, no centro da felicidade esperada, é preciso negociar, definir, planejar. Mas este medicamento é parte da doença que ele deveria curar. A espontaneidade procurada, o não do mercado e do cálculo, a harmonia de sentimentos, que é desejada justamente com a liberação dos papéis de gênero e modos de vida tradicionais, transformam-se em seu contrário. A garantia contratual desvaloriza o que deveria possibilitar: o amor.

O contrato de casamento não é uma invenção da Modernidade. Na nobreza, complicados contratos entre as famílias eram negociados e selados com vistas à distribuição de bens e direitos. Vale notar que isto não cabia aos noivos – como agora –, mas às famílias paternas. O pai da noiva tinha de pagar pelo dote, enquanto o noivo e sua família disponibilizavam os bens para o sustento. Mas o significado e o propósito desses acordos pré-nupciais são apenas remotamente relacionados com a finalidade dos de hoje. Não se tratava de uma regulação antecipada das consequências do divórcio e da definição de normas que determinam a conexão e concordância dos interesses na vida cotidiana.

O atual *boom* de contratos de casamento é o reflexo, o indicador do grau de incerteza que prevalece na vida familiar. Quanto mais cláusulas, maior é a percepção do abismo sobre o qual o contrato deve estender uma rede. O divórcio não é uma experiência excepcional, mas a regra. Pelo menos em nosso entorno mais próximo há sempre um caso de divórcio. Este evento é, por assim dizer, a explosão das contradições e tensões que, se não fosse por ele, seriam mantidos latentes na família de outra forma. Quem tenha passado por ele, tal qual sobrevivente de um naufrágio, vestirá um colete salva-vidas na próxima vez que embarcar em viagem. Este colete salva-vidas é o contrato de casamento. O colete não tapa os buracos da embarcação "família", mas alivia as consequências pessoais de seu afundamento.

Não causa admiração o fato de pessoas que vivenciariam um divórcio – quer como cônjuges, quer como filhos de pais divorciados – e queiram tentar a sorte juntos iniciem negociações para casar, do mesmo modo que os partidos encetam negociações de coalizão. O fim é o padrinho do começo. Os problemas esperáveis são as testemunhas do casamento. Todas as fontes de conflitos no, ao lado e depois do casamento devem encontrar, antes de seu início, uma regulamentação geral. Em primeiro plano estão os direitos sobre os bens e o sustento, mas também a disputa pelos filhos deve ser amortecida antecipadamente, especificando, por um lado, os direitos no caso de divórcio e, por outro, formulando a "Carta Magna" dos modelos educacionais, o que pode neutralizar a educação dos filhos como fonte de conflito. Reivindicações devem ser negociadas em termos de lazer, férias e, o que é particularmente pungente, de desenvolvimento pessoal. Não raro, os parceiros contratuais de amor se asseguram do apoio mútuo para o autodesenvolvimento e codificam seus direitos de troca de acordo com o modelo: se eu apoiar a sua carreira, você tem de promover minha formação profissional.

Até mesmo ninharias podem ser estabelecidas em contrato: detalhes da divisão de trabalho doméstico, desde engraxar os sapatos a fazer o café da manhã. Detalhes da sexualidade, que são toleráveis como prestação de serviços pessoais, e aqueles que estão fora de questão. Ritmos de mobilidade, épocas para o nascimento dos filhos, quem e quando fica em casa, quando pode seguir as restrições do emprego, da carreira. Casos de infidelidade devem ser notificados às autoridades? Tudo isto e muito mais pode ser autenticado em forma de cláusulas contratuais por um notário. E no olho mental do observador surgem imagens sobre como documentos são interpretados nas brigas do casal e como o papel, mudo, é referido ao juiz por causa das discussões cotidianas.

É particularmente pungente quando o amor regulado pela sobriedade dita seu próprio fim. O consentimento é acordado de antemão. A compreensão e a promessa de não dramatizar o divórcio, nem diante de si mesmos nem dos outros, especialmente dos filhos, mas perceber e executá-lo consensualmente como "uma forma natural de vida" (PARTNER, 1984: 128). Algumas pessoas, além disso, aceitam comemorar o divórcio como uma festa – maior do que a de seu casamento. Cabe perguntar apenas se o feliz acaso de "divórcio em concórdia" não ignora a realidade do divórcio em discórdia. Esta, como se sabe, significa que apenas um dos ex-amados quer o divórcio, enquanto o outro ainda sonha o sonho que se tornou pesadelo para aquele. Mas, mesmo a favor ou contra isto, há cláusulas contratuais.

Certamente, o casamento contratual – o "contrato emocional" – é a resposta para os problemas contra os quais deve proteger. Mas ele também inclui fatores que aceleram sua dissolução. Agora interesses são reivindicáveis e cobráveis, onde até então o equilíbrio não obedecia às máximas da troca. Isto introduz alavancas que podem ser usadas e utilizadas se o redemoinho de conflitos ameaçar devastar tudo. Não conheço nenhum estudo sobre a duração e a evolução de casamentos na estrutura de contratos celebrados nestes moldes. Mas podemos supor que o fim é aliviado e que exatamente isto acelera a anulação do casamento, que cabia ao contrato proteger. O casamento se torna *uma locação para satisfação mútua das necessidades do momento*. O contrato de casamento e o divórcio se favorecem mutuamente, se combinam para criar um tipo de aquecedor de água instantâneo para a transformação da estrutura de parentesco familiar, uma transformação condicionada pelo divórcio.

A variedade para a "cura" da família também inclui a oferta restante, com que a sociedade moderna combate as deficiências geradas por ela própria: contra o "déficit de reconhecimento" do trabalho doméstico recomenda-se e exige-se o brilho social do dinheiro, ou seja, o salário do trabalho doméstico. O casamento é um dos poucos postos que podem ser alcançados e exercidos sem certificado de qualificação. Talvez decorram daí os problemas? Portanto, que tenhamos casamento como um curso de formação com diploma de conclusão (isto não só traria trabalho para professores desempregados, também gerariam novos tipos de conflitos do casamento aprendido, em que os cônjuges, quase terapeutas, jogam na cara um do outro seus princípios pessoais de um modo mais suave possível). Quem, no entanto, cai nos buracos dos quais os fundamentos da família são construídos pode esperar que conselheiros e terapeutas conjugais esclareçam seu destino.

O padrão é sempre o mesmo: família, o não da sociedade de mercado, torna-se alguma coisa integrante, que pode ser calculada, controlada. A exceção se adapta à regra, o que não ocorre no sentido de uma reforma política da família, mas em milhões de pequenos passos, em que o "risco de segurança" do casamento em época de divórcio se submete às máximas do cálculo garantidas por trocas e contratos. É aí que reside a lógica. Nem o compromisso político nem a esperança de utopia tiram os pratos sujos da mesa ou ajudam os interesses de desenvolvimento profissional de cada um a se impor contra resistências relacionadas com o casamento. Desse modo há uma confluência: experiência de divórcio, contrato e divórcio. No final, o amor se levanta autonomamente contra as formas que deveriam lhe propiciar abrigo e duração, torna-se abstrato, inquieto, apenas comprometido consigo mesmo.

6 Paternidade como sistema de construção modular

A autocorreção genética e autoconfiguração da natureza humana

Até então, a família sempre foi essencialmente natureza, consanguinidade, que determina herança social e material, bem como regras de parentesco de primeiro, segundo etc. graus. Isto hoje entra no foco de visão, num momento em que a base da natureza humana alcança o horizonte da disposição técnica – pela medicina reprodutiva, mas também por transplantes de órgãos e a conquista científica do código genético humano. O que se perde torna-se consciente. Mas aqui, paradoxalmente, o definhamento da natureza externa atrai quase toda a atenção, de modo que o incrível triunfo da ciência biológica, que nos concede uma natureza humana artificial, pode se desenrolar no fundo de maneira discreta e consistente. No entanto, o que está ocorrendo é a quebra de unidade natureza-cultura da família, com consequências que hoje apenas se insinuam em forma de pergunta, mas não podem ser mensuradas. Numa visão geral, há duas interpretações mais óbvias:

Uma delas salienta que, em princípio, não há nada novo com a disposição técnica e autonomização da maternidade e da paternidade. Em primeiro lugar, a dominação da natureza é o velho objetivo do Iluminismo tecnicamente aplicado, um objetivo que também não muda significativamente pelo fato de se voltar agora para a geração de humanos e seu centro genético. O que a técnica abre requer sempre blindagem contra abusos, mas ela também inaugura novas oportunidades para o desenvolvimento e decisão humanos. Neste caso – segundo os defensores – tais oportunidades se encontram substancialmente no combate pré-embrionário contra doenças hereditárias e na libertação do sofrimento da infertilidade, que assombra cada vez mais em nossa época. Além disso, a substituição da paternidade natural pela social e legal já está há muito em curso, diminuindo consideravelmente a probabilidade de que uma criança cresça na família em que nasceu.

O outro lado, que também defendo, salienta que esta fuga para o geral, para o isto-sempre-existiu é apenas um manto protetor para contrabandear o novo, com intuito de evitar perguntas. Pode ser que o novo não se mostre no laboratório, onde as substâncias são confusamente similares, sendo totalmente indiferente se elas derivam de humanos ou de animais, e onde a natureza humana pode ser influenciada sem anestesia, sem necessidade de justificação a respeito de materiais pré-embrionários. Mas ele se mostra muito bem no espaço social e para a perspectiva sociológica. Hélice dupla, análise do genoma, terapia gênica, inseminação heteróloga e homóloga abolem, numa explosão de possibilidades, as constantes antropológicas de maternidade e paternidade até então válidas para todas as épocas e culturas.

A novidade que marca época talvez esteja menos na biologia e na química do núcleo da célula do que nas consequências que essas novas técnicas têm ou terão para o sistema de família e parentesco: a antiga unidade de parentalidades biológica e social se desintegra; a parentalidade, partindo de processos naturais, se converte num sistema "Lego", em que vários bloquinhos podem assumir existência autônoma uns contra os outros e se combinar de forma independente entre si. A principal diferença, por exemplo, em relação à adoção ou o divórcio, que abolem, cada uma a seu modo, a ligação entre parentalidade biológica, social e jurídica, reside na *manipulação técnica*, na multiplicação e no controle da gênese humana, que até então estava firmemente encerrada nas formas sociais de parentalidade conjugal ou extraconjugal.

Da perspectiva da sociologia da família, a direção deste desenvolvimento é dupla: a parentalidade social é arrancada de sua fixação biológica ou, se quisermos, liberada. Em relação à natureza, ela passa a "flutuar livremente". Maternidade e procriação se tornam dois fenômenos organizáveis independentemente um do outro. A biologia segue as máximas que resultam da análise combinatória, seleção e otimização clínica de sêmen e óvulo, enquanto a parentalidade agora existe por si mesma e teria de ser reestabelecida e reforçada a partir de si mesma. Em princípio, tecnicamente falando, seria possível dissociar a família da reprodução biológica, organizar esta reprodução clinicamente ou delegar a gravidez a um grupo de mulheres, sabe-se lá por quais critérios. Hoje, isso é ficção científica, mas, ao menos em pensamento, abre o horizonte desse desenvolvimento.

Por outro lado, o significado de "parentalidade" adquire, para além do aspecto natural, possibilidades de combinações que fazem da imaginação humana um apêndice fosco de uma realidade galopante. Em breve, será ponto pacífico predeterminar o sexo de um recém-nascido, e talvez até mesmo suas prováveis doenças, sua aparência, seus traços de caráter. Transferências de embriões, bebês de proveta, ingestão de uma pílula para gerar gêmeos ou trigêmeos, a compra de embriões congelados numa "loja de embriões" altamente profissionalizada, com os melhores especialistas e sob rigorosa supervisão governamental – hoje isto ainda nos parece ficcional, mas algumas coisas já são possíveis.

Se os bebês podem ser criados em tubos de ensaio, como o conceito de maternidade é compreendido? Que implicações isso tem para a autocompreensão da mulher que, tanto quanto podemos nos lembrar, tinha de entender a maternidade como um componente de sua existência? "Sob essas outras circunstâncias" quem ou o que pode realmente ser designado como pai, tio, irmão etc.?

Hoje já é tecnicamente possível congelar o próprio embrião e implantá-lo e ter o bebê em data posterior, por exemplo, após a consolidação da carreira da mulher, ou – como já aconteceu nos Estados Unidos – implantá-lo na mãe da mulher e deixar que ela dê à luz, que seria então avó e mãe em uma só pessoa, e a criança seria irmã de sua própria "mãe" – isto mesmo, por que não? Quem pode (a longo prazo) proibir isso e com quais argumentos, se este procedimento pode unir, com a tecnologia reprodutiva, duas grandes vantagens: a emancipação profissional das mulheres *e* o crescimento populacional, com todas as suas consequências para a demanda interna, reconhecimento internacional e segurança para as aposentadorias?

Este é um dos pontos perturbadores, incontroláveis, pois os médicos de reprodução humana e seus auxiliares de aconselhamento genético dizem: liberdade de escolha, autonomia; nós apenas queremos aliviar o sofrimento. Ninguém é obrigado a participar. Esta técnica é, considerada em si mesma, neutra. Tudo depende da sua aplicação cuidadosa. É preciso proteger contra abuso. Nosso sistema legal e uma ciência responsável impedirão o pior.

Mas assumamos o evento muito, muito improvável de que isso seja possível. E que haveria os instrumentos legais para limitar as marés de tempestade técnica, que, de fato, não existem: tudo ocorre com o consentimento e boa vontade de todos os lados, tendo agora no centro excepcionalmente um "discurso livre de dominação". Mesmo este caso fora de qualquer sendo de realidade não significaria senão que os contornos de uma era pós-família estariam sendo tramados com a agulha da "autonomia individual dos pacientes", sob a orientação de uma medicina incrível e irreversivelmente em expansão e com a bênção de uma nova burocracia legal genética. Uma época em que a parentalidade é despida de suas constantes naturais e, com uma "biologia" em desintegração, só pode ser mantida coesa apenas por decisão e comunhão social.

Mas esta ruptura está ocorrendo sem comunicado do governo, sem projeto de lei, sem debate e votação no Parlamento, mas simplesmente nos passos suaves do progresso médico-genético e, na rodada coletiva, mediante "consultas" individuais, que acabam sendo financiadas pelo sistema de saúde pública. Uma coisa é clara: os técnicos, os cientistas não são responsáveis pelas consequências. Cabe à sociedade decidir se quer fazer uso da grande variedade de ofertas.

Ela vai querer. Em primeiro lugar, os que têm doença hereditária real, em seguida, os com doenças hereditárias recessivas, depois os com predisposição hereditária, então os possivelmente suscetíveis, depois os pretensamente em desvantagem. Por fim, potencialmente todo mundo. Aqui a oferta de otimização corresponde a todos os outros serviços e produtos. Quando ela chegar ao mercado, entrar no horizonte de ponderação de inúmeras pessoas, despertar necessidades sociais e individuais, também será demandada e consumida. A ética não se sustenta diante do consumo. Primeiro vem o medo de nossa própria doença, de nossas próprias deficiências, então talvez o medo da eugenia. Primeiro a devoração, depois a moral (GABBERT, 1988: 87).

> O grande êxito, a modernização total, só será oferecido – mas imperativamente – na geração seguinte. A responsabilidade intergeracional já não pode se esgotar em garantir condições ótimas de socialização. Ao contrário, o dever dos pais como provedores inicia-se com a implantação do óvulo fertilizado no útero. Por exemplo, todo hemofílico representa uma afronta para a comunidade solidária dos segurados, razão pela qual a criança já em formação é submetida a um mapeamento genético na fase de 32 células. Em caso de diagnóstico de alguma deficiência, a escolha está aberta entre o aborto ou o melhoramento, isto é, a terapia gênica germinal. Mas por que se restringir a doenças hereditárias? Pois a terapia da linha germinal também pode transferir, a tempo, os ideais dos pais para o embrião. A criança será loira ou morena, tem tendência à obesidade ou à baixa estatura? Tudo isso pode ser reparado de antemão. Em todo caso, uma pessoa solteira também não precisa dispensar as prestações de serviços técnicos se, por um breve período, se juntar a uma outra para jogar com ela as variantes reprodutivas tradicionais (GABBERT, 1988: 89s.)[5].

No paraíso genético não apenas os "troncos tortos", como o velho Kant chamou a humanidade, são endireitado conforme as concepções desejadas, que provêm dos cérebros, ideologias e medos das pessoas. Talvez seja ainda mais sedutor desfazer o entrelaçamento de amor e fertilidade, parentalidade e afeição, inseri-los em processos decisórios, possivelmente dividi-los socialmente e atribuí-los a áreas e instituições próprios. Isto é tentador justamente para sociedades que encontram dificuldade em resolver o "problema" de uma população minguante segundo o antigo método lotérico de casar e ter filhos.

7 Pontos de fuga e identidades experimentais: indo além dos papéis masculinos e femininos

Suponha-se que você e eu possamos realizar o desejo que quisermos. Como podemos superar essa situação embaraçosa?

O "infortúnio sem desejos", a perda da utopia se mostra claramente no fato de que nos esquecemos o que é desejável. Perdemos não só as tradições e suas esperanças, mas também a lembrança delas, a lembrança do que pode ser diferente, do que aponta além, por cuja causa alguém algum dia pôs a caravana em movimento. Perguntar por utopias, ainda que positivas, tornou-se embaraçoso. Elas, em primeiro lugar, desvaneceram-se; em segundo, se transformaram em seu oposto, e, em terceiro lugar, o europeu médio intelectual e esclarecido pelo Iluminismo não pedirá uma. O que temos a perder, onde está a perda que ameaça e lança tudo na sombra?

Por que o sentimento de ser muito tarde e desesperança, que paralisa intimamente todos os esforços de pensamento, não liberam *também* a força contrária, ou seja, a fantasia? A desesperança só significa desesperança para aqueles que ainda secretamente pensam em benefícios. Para o pensamento diferente, que busca, investiga, a desesperança pode libertar para o oposto. Assim como podemos acreditar que aconteçam saques em estados de emergência, numa situação de desesperança declarada poderíamos contar com a eclosão da imaginação, com projetos de outros mundos sem qualquer inibição, sem os atravancamentos da realidade. Mas o pensamento permanece pequeno, geralmente decretando seu fim.

Respondamos de modo totalmente livre, independentemente de concretização: O que deveria acontecer, o que deveria mudar para possibilitar, fundamentar de nova maneira a convivência?

Utopias também exigem uma apresentação ordenada. Dois pontos de vista devem ser distinguidos e tratados sequencialmente: em primeiro lugar (nesta seção), a questão dos elementos sociológicos externos, que perturbam os ciclos do amor – ou seja, desigualdade, mobilidade e restrições ao autodesenvolvimento. Em segundo lugar, as turbulências que são inerentes à lógica própria do amor destradicionalizado (com que nos ocuparemos no capítulo final, "A religião terrena do amor").

Vamos começar com um ponto simples: a "mecânica" da oposição das biografias individuais. Dito de outra forma: a moderna sociedade nômade, em que todos se movem incessantemente (mobilidades no dia a dia, nos feriados, nas compras, na carreira etc.), teria de ser refreada para um nível sedentário. Aos limites do crescimento econômico seriam adicionados limites do crescimento na mobilidade. A "descoberta da lentidão" e da calculabilidade deveria ser uma etapa essencial para possibilitar de novo modo a vida e a experiência sociais a partir de suas condições externas. Mas isto pressupõe no nível mais alto (para além da redução do tráfego de automóveis etc.) algo bastante social-democrático, pouco revolucionário: *a dissociação entre trabalho e renda*, trabalho e meios de subsistência. A sociedade enriquecida poderia, ao menos como *utopia*, sustentar a esperança: relaxar, abandonar o ditame de todas as sociedades e épocas anteriores, as amarras do trabalho compulsório e dos meios de subsistência econômica. Os primeiros indícios neste sentido são encontrados nos debates sobre renda mínima, segurança material básica, facilitação do trabalho remunerado e da segurança social, oportunidades de desacoplar por conta própria trabalho e vida, pelo menos em alguns períodos. Como resultado, o carrossel de mobilidade individualizante iria desacelerar, parar ou entrar em operação apenas de tempos em tempos. O viver juntos teria pela primeira vez um espaço para esclarecer e testar suas questões e condições.

Na esfera da privacidade, perdida em si mesma, ainda se ignora que a desigualdade entre homens e mulheres não é um fenômeno superficial, que possa ser corrigido nas estruturas e formas de família e esfera profissional. Estas desigualdades radicais estão, antes, embutidas no esquema básico da sociedade industrial, em sua relação entre trabalhos doméstico e remunerado. Com tais desigualdades, desabrocham as contradições entre a Modernidade e a Contramodernidade *na* sociedade industrial. Por conseguinte, elas não podem ser eliminadas por um favorecimento da liberdade de escolha entre a família e a carreira. A igualdade entre homens e mulheres não pode ter sucesso nas estruturas institucionais que, por seu próprio feitio, são baseadas na desigualdade. Somente na medida em que toda a estrutura institucional da sociedade industrial desenvolvida for pensada e alterada com consideração às condições vitais da família e da relação a dois, poderá ser gradualmente alcançado um novo tipo de igualdade para além dos papéis masculinos e femininos. A aparente alternativa "de volta à família nuclear" ou "a participação no mercado de trabalho para todos" deveria ser contraposta por uma terceira via, que consistiria em conter e atenuar as relações de mercado, juntamente com a intenção específica de possibilitar formas de vida sociais.

Esse princípio pode ser compreendido como imagem invertida da interpretação teórica descrita anteriormente: Com a individualização da família, a separação entre produção e sustento privado é realizada, num segundo passo histórico, por assim dizer, *na* família. As contradições que isto faz aflorar só podem ser superadas se as possibilidades institucionais de reunificação de trabalho e vida são oferecidas ou possibilitadas no estado da separação alcançada, e, mais exatamente, em todos os componentes das biografias de mercado divergentes.

Comecemos com a mobilidade relacionada com o mercado de trabalho. Por um lado, seria possível atenuar os efeitos de mobilidade da individualização. Até agora, considera-se ponto pacífico o fato de que mobilidade é mobilidade *individual*. A família, e com ela a esposa, acompanha. A alternativa – renúncia da mulher à carreira (com todas as consequências de longo prazo) ou "família dividida" (como primeiro passo para o divórcio) – é empurrada aos cônjuges como um problema pessoal. Em contraste a isto, formas *cooperativas* de mobilidade no mercado de trabalho deveriam ser tentadas e institucionalizadas. De acordo com o lema: quem quer um dos cônjuges, necessita também propiciar emprego ao outro. As agências de emprego teriam de organizar orientação e mediação profissional *para as famílias*. As empresas (o Estado) teriam não só de evocar os "valores da família", mas ajudar a garanti-los mediante modelos de emprego cooperativos (possivelmente com inclusão de várias firmas). Paralelamente, caberia experimentar a possibilidade de reduzir obrigações de mobilidade existentes em certas áreas (no mercado de trabalho acadêmico, p. ex.). Na mesma linha se encontra a aceitação social e legal da imobilidade por motivos familiares e conjugais. Para avaliar a razoabilidade das mudanças de lugar de trabalho, também teriam de ser considerados os perigos que isto representa à família.

Sem dúvida, em face da elevada taxa de desemprego, a exigência de redução da mobilidade pareceria ainda mais irreal do que já é. Efeitos semelhantes poderiam ser alcançados partindo de pontos bastante diferentes, por exemplo, debilitando *a conexão entre meios de subsistência e participação no mercado de trabalho*, o que exigiria ampliar a assistência social na direção de uma renda mínima para todos os cidadãos; ou criar regulamentações para desconectar questões de cuidados de saúde e provisões para a velhice do emprego remunerado. Desapertar os parafusos do mercado de trabalho desta maneira é algo que já tem certa tradição (garantias do Estado de Bem-estar Social, redução do tempo de trabalho). Ela está na ordem do dia social, se pensarmos no desenvolvimento oposto que se expressa no desemprego em massa – empurrando as mulheres para o mercado de trabalho, ao mesmo tempo em que se reduz o volume de trabalho pelo aumento da produtividade do trabalho.

No entanto, mesmo uma redução da dinâmica do mercado de trabalho favorável à relação conjugal representaria apenas um lado da questão. A vida social deveria ser reinventada, possibilitada de nova maneira. Em todos os lugares, nada mais vem de fora, nada mais é seguro; então é preciso que algo se origine de dentro, da liberdade de escolha dos indivíduos ou não terá futuro. Seria importante, entre outras coisas, comparar as relações primárias atribuídas a cada um com as relações *desejadas* e *escolhidas*, descobrir e testá-las pela primeira vez na plenitude de suas possibilidades latentes – por exemplo, no que diz respeito aos objetivos centrais e necessidades da individualização: a autodescoberta e a segurança no outro, o intercâmbio e a busca da vida sem as barreiras e redes de laços e atribuições tradicionais.

Aqui conceitos monótonos como *amizade* devem ser descobertos e preenchidos – como eleita parceria de confiança numa abertura sem amarras, que, no entanto, não está sujeita aos mesmos voos vertiginosos e perigos como o amor, mas, por isto, é resistente ou tornada resistente, podendo ser tecida, sobrevivendo a diferentes amores. "Um amigo nos equipa com mil olhos, como a deusa Indra. Através dos amigos vivemos inúmeras vidas", escreveu com entusiasmo Henry Miller[6]. Amizade não cai do céu, também não cresce com a juventude, mas deve ser ativamente produzida e preservada contra as forças centrífugas das biografias do mercado de trabalho (igualando-se nisto ao casal com duas profissões). Deve ser sempre renovada no apoio mútuo, até mesmo na forma de abertura crítica, que fortalece nossas intenções contra nossa própria traição. Ter conhecidos seria a forma mais flexível de amizade. Entrelaçar amigos e conhecidos cria redes, para atenuar as estreitezas mentais e incertezas de biografias que orbitam em torno de si mesmas. Em outras palavras mais gerais: seria preciso desenvolver uma tipologia de relações primárias, testá-las individual e socialmente, relações que correspondam às características da existência individualizada e mitiguem e combatam as falhas e fontes de absurdos nela embutidas. Uma característica especial deve ser destacada: a simultaneidade de proximidade e distância, ou a possibilitação da solidão como um pressuposto da vida social sob as condições da individualização.

A individualização não pode ser revogada, reduzida às velhas formas de comunhão. Ao contrário, *formas de coexistência separada* – de desejos e expectativas dos parceiros, mas também de arquitetura e planejamento urbano, de aluguéis, construção de habitações etc. – devem ser inventadas e testadas, formas que permitam ao indivíduo retirar-se e formar comunidade *em igual medida*, sem pressão para se conformar, sem coerção e normatização de grupos. O que poderia ser descoberto aqui são fragmentos, estilhaços de um Iluminismo pós-industrial, que se volta *contra* as diretrizes da vida e da dinâmica destrutiva na sociedade industrial. Valores como autodesenvolvimento, parceria, amor por pessoas, corpos, coisas, outras criaturas, o anseio por uma comunidade vivível, que possibilite tanto desenvolvimento quanto divisão de trabalho, indiferença, recuo e disputa: a esperança de amizade como uma relação social que acompanha, captura e força o conflito crítico – nada disso se contrapõe ao Iluminismo, mas apenas às formas arraigadas de casamento e educação familiar, que a sociedade industrial produziu. A manifestação mais evidente desta contraposição se vê nas dificuldades em unir a busca do eu, a identidade projetiva, a revisibilidade de nosso plano de vida com a estrutura rígida dos papéis na família.

Por um lado – pelas obrigações de mobilidade, mas também no isolamento e dramatização privada do volume enorme de trabalho – o círculo familiar interior se torna o centro da vida e das aspirações privadas contra possíveis alternativas como vizinhança, círculo de conhecidos, comunidade. Por outro lado, o esquema dos papéis na família é rígido e permanece constante na linha de tempo. O que a família propicia a seus membros – estabilidade, antecipação mútua de necessidades e capacidades – acaba tornando-se um obstáculo na contraposição historicamente prescrita entre *busca* da identidade e biografia, que cobiçam variação, experimentação, superação. A família não é um grupo de escoteiros em causa própria, nem um chamado à exploração e desenvolvimento dos continentes desconhecidos de si mesmo, dos vários "eus" que vivem em cada um de nós. A possibilidade da transformação de lagartas em borboletas não está prevista para os membros "adultos" da família.

Por isso, mudar da família para o casamento será, por assim dizer, uma fuga para a próxima armadilha, enquanto a estrutura das relações na família não permitir a infantilidade dos adultos, não permitir que estes troquem suas peles de cobra, enquanto a família não se tornar um programa de descoberta *para todos*. *Igualdade com as crianças! Contra a desvantagem da rigidez da vida adulta!* são *slogans* que apontam nessa direção. Abertura da família para sonhos de solidão em seu seio *e* redes externas de amigos e conhecidos, que sobrevivem a crises de identidade e alterações conjugais, são certamente duas variantes de desenvolvimento, que, de um lado, aliviam o casamento da pressão das expectativas, e, de outro, ajudam a mitigar a dinâmica de crise e pânico nos casos de divórcios.

A família nuclear foi e é um programa que ainda parece traiçoeiramente fácil de copiar. É a resposta fixa para todas as perguntas, que apenas em retrospecto exercem sua vingança porque não foram formuladas nem podem ser respondidas. No nível social, um movimento nesse labirinto de possibilidades só virá na medida em que elas se combinarem formando estilos de vida novos, exemplares, viáveis, – e possam ser publicamente propagados com eficácia. Aqui seria errônea a expectativa de que a forma de família "burguesa" fosse agora ultrapassada por uma "pós-burguesa". Podemos contar com muitas de formas pós-burguesas de não mais família ou ainda-não família em outro sentido, que surgem em pequena escala, na disputa entre mulheres e homens, na gangorra entre ambos e desdobram suas obviedades – e estreitezas de espírito! – para além da troca de gerações. Mas esta fase de busca ainda não parece ter conduzido a cristalizações tentadoras, demonstrativas; ao contrário, esta descoberta e invenção de novos modos de vida adequados ao futuro ainda continuarão sofrendo a barreira da negação de sua necessidade na defesa ferrenha dos velhos estilos, apenas ligeiramente modificáveis (um pouco de mudança na troca de tarefas domésticas, um pouco de renúncia à carreira, com mútuo apoio). Reconhecer que nada mais condiz quando levamos apenas um pouco mutuamente a sério aquilo que é constantemente aclamado e elogiado é o amargo pré-requisito para que talvez um dia não sejamos meros figurantes em questões de nossa própria práxis de vida.

Amor para os detalhes do cotidiano amordaçados pelas "grandes questões". O chafurdar na preguiça. O piscar e flertar com os mofados memoriais de alegrias passadas e festivais (de trivialidades). Enfeitar-se, dançar e espantar-se. Os gritos, discussões e brigas pelas pequenas regiões e mirantes dentro e fora de si mesmo: este horizonte, esta visão, este olho cultural não nascem antes, mas *depois* do esquema socioindustrial de privacidade, na disputa no e acerca do casamento, parentalidade, família, sexualidade masculina e feminina e identidade. As ideologias, caminhos errados, projetos de um outro mundo que afloram aqui não são apenas ideologia no sentido de projeções exteriores, utopias plantadas, que *deveriam* mover intimamente as pessoas na boa-fé de expectativas políticas externas, e motivá-las a um engajamento que leva adiante. Ao contrário, os erros que são aqui encenados e suportados individual e coletivamente sempre têm algo a ver com *as condições de vida reais das pessoas*, com o centro de suas necessidades, seus anseios, seus conflitos cotidianos quase compulsivamente prescritos, dos quais elas não podem escapar em nenhuma das rotas de fuga já anteriormente usadas. Portanto, tais erros são corretos pelo menos na medida em que as velhas formas desejadas, e às vezes também nostalgicamente glorificadas, da existência privada fracassam em face do despertar coletivo realocado para o plano biográfico.

Este tema do amor surge na selva particular da vida concreta, é inflamado por detalhes, mas os transcende. Ele tem sempre a ver com – vendo de fora e de cima – com as nulidades da gestão doméstica, do cotidiano, dos hábitos, que o marido e a mulher se tornaram, com a autoimagem e a imagem do outro e com as generalidades nelas ocultas: o destino de papéis que se tornou o "eu", o velho, o passado, a história e a política, que nele se mostram de modo novo e individual.

Surge nas errâncias, experimentações, flertes, no acordar em covas de serpentes de ciúme sussurrante, na estupefação com o andar em chamas que não queimam, na descoberta da solidão como um estar junto com um monte de coisas: reminiscências, mundos de livros estrangeiros e o acolhedor brilho interno do lago aparentemente externo, que reflete e dissolve todo o céu. Nestas experiências indubitavelmente muito íntimas, sempre individuais e, neste sentido, não compartilháveis com todos nasce um horizonte que muda a percepção, a sensibilidade, a coloração do mundo. E com isso este horizonte, ao menos, nos incentiva a *perguntar* até que ponto essa visão, esta dimensão de sentido e de dúvida de um amor incerto irradiam ou poderiam irradiar sobre a pergunta que também é feita sobre nossa época, ou seja, acerca da destruição da natureza e o domínio absoluto da tecnologia.

Notas

* As seções 1 e 2 foram baseadas em BECK, U. *Risikogesellschaft:* Auf dem Weg in eine andere Modernität. Frankfurt, 1986, p. 195-200.

1. A não ser que a realidade se paute pelos manuais sociológicos sobre ela.

2. Instituto Federal de Estatística da Alemanha, segundo matéria do *Süddeutschen Zeitung,* de 24-25/06/1989.

3. Em particular, Wallerstein e Blakeslee (1989), bem como F.F. Furstenberg (1987), que fala de "casamentos continuados" e "parentalidade separada" e prevê uma "reviravolta matrilinear" como resultado de elevadas taxas de divórcio, pela qual a presença paternal e a ligação paternal se soltam do sistema de parentesco como um todo.

4. Sou grato a Ronald Hitzler por esse lembrete. Indicadores disso são aquelas pessoas que continuam casadas, mas vivem separadamente ou com novos(as) parceiros(as) porque têm medo dos custos ou da carga psicológica do divórcio, ou simplesmente querem preservar as aparências.

E também fica claro aqui que o casamento e o divórcio, apesar da constância das palavras e dos atos administrativos e de sua reprodução estatística, tiveram o significado afrouxado como algo provisório, formalista. Se os números de casamento estão subindo novamente, isso provavelmente ocorre porque o casamento perdeu seu glamour de coisa eterna e é recomendado como uma experiência sujeita a cancelamento, que não deve ser dispensada e sim saboreada, como férias nos mares do Sul, a *Oktoberfest* e a psicanálise.

5. Para linhas de desenvolvimento documentáveis com base na mentalidade dos pais sobre uma criança ideal, cf. Beck-Gernsheim, 1988b; Beck, 1988, cap. I, em relação às consequências sociais da medicina reprodutiva e da genética humana.

6. Citação segundo Schmiede, Miller e Reinbek, 1987, p. 162.

VI
A religião terrena do amor

Ulrich Beck

1 O que vem depois da tradição: nada?

Seria ousado dizer algo conclusivo sobre o amor. Por isso, queremos terminar o livro com ideias fragmentárias sobre a importância do tema para o mundo pós-tradicional, irreligioso e individualizado.

> **Somente duas coisas**
> Passado através de tantas formas
> Através de mim, de nós e ti,
> Tudo ainda permaneceu sofrido
> Pela eterna questão: Para quê?
>
> ...
>
> Rosas, neve ou mares,
> Feneceu tudo o que floresceu,
> Há somente duas coisas: o vazio
> e o eu marcado (BENN, 1962: 178s.).

Assumindo que seja esta a situação: "Há apenas duas coisas: o vazio e o eu marcado" – mas o que significa o "vazio", o que ele contém? *Não* tradição no sentido de vácuo, hoje e para sempre, ou seja, um vácuo contínuo? Muitos "centros" e "deuses"? Um sentido de bricolagem? Consumismo; patê de *foie gras* e praia nos mares do Sul? Ou talvez tudo isso e, adicionalmente, algum tipo incompreendido de pós-tradição, relacionado à convivência e oposição de indivíduos "marcados"?

Para ver a questão de outra maneira, suponhamos agora que as igrejas permanecem ou se tornam um gesto que seria, de algum modo, anticristão abolir – falar do "vazio" que então surge nada mais é, essencialmente, do que negar o velho? Ele seria uma expressão da falta de fantasia do pensamento relacionado ao passado? Ou se trata de um puro nada – ou seja: pronto, acabou, fim? *E depois*?

Será talvez que abaixo do nada, nas fendas do vazio, surja uma utopia de outro tipo, de pequena escala, *para além* das grandes tradições de significados, uma utopia não tradicional (não codificável, não institucionalizável, prescindível de justificação), na justa medida para a existência individualizada? Perguntamos, portanto, neste capítulo final, ousada e provisoriamente, por um sentido *pós*-cristão, *intra*moderno, e nossa resposta é simples e não sociologicamente: *amor*. Na imprudência de um olhar sobre o futuro, aventuramos supor que o amor, com todo seu cosmos, seus valores mais altos e profundos, seus céus infernais e infernos celestiais, com sua humanidade realmente *toda* animalesca, possa ser decifrado como sendo esta forma de sentido pós-tradicional, intramoderno.

A suposição e a pergunta são: Será que talvez, após as experiências da sociedade de classes no conflito entre homens e mulheres, comece a se abrir e se tornar natural um novo horizonte de aspirações, critérios e esperanças? Será que da batalha dos sexos surgem (de modo semelhante à luta de classes que, paradoxalmente, produziu ideias de igualdade e solidariedade) outros castelos no ar, outras utopias, outras levezas políticas e sociais de uma convivência liberada e liberalizante, e, portanto, outras realidades e outras neuroses? O que significa quando o centro da vida cotidiana não é ocupado por religião, classe, necessidade material, nem mesmo pelos papéis de gênero modernos e padronizados da família nuclear, mas pelas pretensões ao autodesenvolvimento e pela luta por novas formas de amor e de vida? Será que isto é Sodoma e Gomorra em nossa nova língua moderna? Será que isto irradia para a ciência, a política, o trabalho, os negócios? Ou isto faz o Iluminismo acabar no nenhures da intimidade, na cama, na frustração apática dos sexos, que não podem mais viver um com o outro, nem ainda um sem o outro?

Max Weber (1985) se referiu ao "espírito do capitalismo", que surgiu inadvertidamente do "ascetismo intramundano" do protestantismo. Suponhamos que, após a ética profissional protestante-profissional do dever, esteja surgindo no esfacelamento das formas de vida da família nuclear um horizonte cultural de significado do amor romântico conflituoso – quais seriam *os efeitos colaterais*, o, por assim dizer, "espírito" inadvertido, que surgem dos conflitos de gênero e de amor carregados de teor romântico-terapêutico? Isto tem consequências para a ciência, a política, o desenvolvimento tecnológico, a ecologia?

Essas questões serão mais discutidas do que esclarecidas, em três etapas:

1 O que coloca o amor na posição de uma pós-religião? O que a comparação entre amor e religião clarifica e explica? Onde tal comparação está correta e onde não? Estes esclarecimentos conceituais devem ser ilustrados em confronto com declarações empiricamente contraditórias, que, de um lado, falam em *decadência* e, de outro, em *idolatria* da família, do casamento e da relação amorosa. A tese é: a arquitetura dos papéis de gênero, família e profissão na sociedade industrial se desintegra, liberando um arcaísmo e um anarquismos modernos do amor e de todas as suas partes superiores, inferiores, posteriores e contrárias. Há um empenho por realização e libertação no aqui e agora, com sua transformação

em ódio, desespero, indiferença e solidão; um empenho que deixa suas pegadas nas taxas de divórcios *e* recasamentos, nas famílias sobrepostas e continuadas, na busca de felicidade antes, dentro, ao lado e depois do casamento.

2 A verdadeira antítese a isto seria o "sempre foi assim": a concepção profundamente arraigada do *amor a-histórico*. A isso deveríamos contrapor a historicidade, a Modernidade *desse tipo* de esperança no amor. A verdade é que o romantismo amoroso não é uma invenção da segunda metade do século XX. O amor como uma revelação a dois, como uma forma de exacerbação do eu era celebrado, por exemplo, com a troca, a mistura de realidade e fantasia nos séculos XVIII e XIX, soletrado em seus êxtases e histeria. A novidade das últimas décadas do século XX é a transformação do romantismo do amor-ódio, poeticamente exagerado, num *movimento de massa banalizado*, que vem acompanhado por todos os atributos de modernidade e se inscreve nas formas de cultura, no coração das pessoas, nos livros didáticos de terapeutas, nos códigos e nos julgamentos dos casos de divórcio. O casamento por amor como romantismo normalizado não deve possibilitar mais apenas segurança material, parentalidade etc., mas a autodescoberta e autolibertação mútuas, o quadrado redondo do permanente e expressivo espírito de aventura, aliado a uma constante parceria de confiança.

3 O amor é o padrão de significados para o mundo individualizado, que tem de encontrar e inventar a arquitetura de suas vidas, daquilo que ele vê como "social". O amor destradicionalizado é exclusivamente na primeira pessoa: verdade, justiça, moralidade, salvação, transcendência e autenticidade. Segundo sua própria esquemática, este amor moderno tem seu motivo de ser em si mesmo, ou seja, nos indivíduos que o vivem. Nesta autojustificação e sua decidibilidade subjetiva há também uma reivindicação totalizante: a *recusa* de categorização, a responsabilidade, o equilíbrio, a justiça em virtude de sentimentos, a espontaneidade e *sinceridade*. Não amar não é uma infração, um ato criminoso, mesmo que isso signifique causar na vida de outros feridas mais profundas do que um roubo ou agressão corporal. O amor não é apenas uma promessa de redenção e ternura, mas também um *plano de batalha para as cruzadas com as armas pontiagudas da intimidade*. A suposição a ser elaborada é que o amor é um esquema de esperança e de ação, que, com sua destradicionalização, com seu afastamento do Estado, do direito e da Igreja, desenvolve sua *lógica própria*, sua própria *lógica de conflito* e seus *paradoxos inerentes*. Portanto, as turbulências que assomam aqui não se fundamentam apenas – como supõe a psicologia – no *indivíduo* e sua socialização na primeira infância, ou – como pensa a sociologia – nas condições externas de trabalho, desigualdade etc., mas também essencialmente na "lógica" e "falta de lógica" de forma de vida erguida sobre a volatilidade das emoções e das pretensões de autorrealização.

2 Ruína e idolatria de casamento, família e relação amorosa

Os leitores devem ter encontrado uma contradição neste livro, mais dissimulada em alguns capítulos e mais explícita em outros, que será esclarecida sem mais delongas. Qualquer evidência conclusiva de um declínio na importância de casamento e família pode ser contraposta a uma refutação, dificilmente menos convincente, provando sua importância inalterada ou até mesmo aumentada. Assim, as crescentes taxas de divórcio que parecem proclamar, com o poder das decisões dos tribunais seculares, o fim da família são amortecidas pelas elevadas taxas de recasamento, que testemunham a contínua atração do matrimônio. Quem vê a diminuição dos nascimentos como perda da importância dos filhos e da parentalidade deveria se informar melhor sobre o esforço de muitas mulheres para escapar da infertilidade. A tomada de decisão coletiva pela "união estável" não exprime um ceticismo fundamental em relação às convenções da família? Não, porque casais vivendo juntos antes e fora do casamento não são tão heterodoxos assim, como pretendem nos acalmar os pesquisadores sobre a "família" (que são controversos até mesmo na designação de sua ocupação). Um dado irônico é que justamente em seitas juvenis da contracultura, que chocam com seus *slogans* sexuais agressivamente permissivos, também podemos observar ideais estritos de fidelidade e de parceria que se aproximam bastante dos ideais conjugais. Sem dúvida, as pessoas fogem de várias maneiras de suas "câmaras de tortura paradisíacas" da relação a dois (legalizada) – evitando a certidão de casamento, divorciando-se, separando-se sem divórcio etc. – mas não para finalmente eliminar esse jugo, e sim para ser livres para *outro* vínculo, melhor, mais bonito, que resgate o que o descartado não manteve.

Jamais o casamento teve uma justificação tão etérea, imaterial como hoje: mulheres e homens empregados são economicamente independentes da família; sua relação conjugal não serve mais, como na hierarquia feudal, à grande política e manutenção de dinastias ou posse de propriedades; o laço natural proveniente da origem também foi afrouxado, bem como a comunidade de um contexto de trabalho; em suma, tudo o que era fixo e predeterminado se evapora. Em vez disso, as pessoas devem agora procurar e encontrar no casamento, no grande todo de uma comunhão com a pessoa amada, muitas coisas que antes as sociedades anteriores designavam até mesmo a variadas profissões e distritos da cidade: amor da pessoa amada, amor de amantes, amor de afeição, libertação dos grilhões da racionalidade, da vida profissional pedante, perdão dos pecados, fuga para passados e futuros biográficos, amor pelos filhos e quaisquer outras incompatibilidades que porventura houvesse – com suas caras de dragão enigmáticas.

Do ponto de vista histórico, em face da perda de seus fundamentos políticos e econômicos e grilhões morais, cabe perguntar por que mulheres e homens supõem que, justamete numa época que busca a solução na diferenciação, o auge de sua felicidade pessoal esteja na uniformidade do casamento por amor, que teve de esperar a era industrial para ser inventado, de modo que a realidade social fala uma linguagem exatamente oposta: o casamento, apesar de mudar de forma como transmissão de propriedade e poder para ser um edifício aéreo de união emocional, apaixonada e de autodescoberta, perdeu estabilidade, mas não sua força de atração. Esta idealização da família e da relação amorosa, apesar da e contra sua realidade "ruim", continua em pé (com diferentes significados e matizes de comportamento) *independentemente* das grandes diferenças sociais de renda, educação e idade, como demonstram as pesquisas, por exemplo, no ambiente de trabalho:

> Entrevistador: "O que significa para você ter uma família, filhos?"
> Sr. Schiller: "Assim a vida tem sentido".
> Sra. Schiller: "Sabemos por que estamos aqui, para quem estamos trabalhando".
> Sr. Xeller: "Família significa tudo para mim. Eu abriria mão de todo resto".
> Sra. Taler: "A família e as crianças são a coisa mais importante, o que vem primeiro".
> Seria difícil apontar outra coisa na vida dos pais que eles diriam tão enfaticamente estar no centro de suas ações. A única dá à existência um "sentido" subjetivo é ter uma família, filhos... (WAHL et al., 1980: 34s.).

As palavras-chave são de uma semelhança que nos chama a atenção: "sentido", "mais importante", "primeiro". A família pode ser fragmentada por divórcios, ser transformadas em intermináveis processos de negociação, em suma: tornar-se impossível. Isto não diminui, mas aumenta a importância que ela assume no conhecimento e na vontade de muitas pessoas (notoriamente não nas ações dos homens, nem na lida com as tarefas diárias).

O resultado a que chegamos é tanto enigmático quanto paradoxal: ruína e idolatria da família e do casamento coincidem. Se crenças podem nos fazer concluir comportamentos, isto significa que paraíso e terror se encontram lado a lado no ideal da relação amorosa. Talvez ambos sejam apenas diferentes andares – quarto da torre e câmara de tortura – do mesmo ideal? Em todo caso, é preciso explicar a simultaneidade de – a título de exemplo – um desejo intensificado, exagerado de ter filhos *e* o declínio da taxa de natalidade, a coincidência do aumento das taxas de divórcio com o anseio pelo idílio familiar, pela redenção no pequeno paraíso terreno da relação a dois, por parentalidade, por amor; a batalha dos sexos, a libertação das posições "estamentais" da família nuclear na sociedade industrial *e* a esperança no amor redentor, em confiança, autenticidade, realização, critérios pelos quais as pessoas medem a si mesmas e sua convivência ou a descartam.

Idealização da família *e* divórcio são *as duas faces* de uma crença moderna na vida, que se propaga em círculos destradicionalizados e individualizados. Ambas as coisas – os saltos para fora e para dentro do casamento – se tornam compreensíveis quando refletimos sobre o aumento das expectativas em torno da convivência e do amor na atualidade. Isto apresenta razões individuais, mas, acima de tudo, socioestruturais: destradicionalização e desmoralização do amor, o afastamento do Estado, do direito e da Igreja da reivindicação de controle direto da intimidade, as restrições econômicas para construir uma biografia própria e preservá-la a despeito das pretensões da pessoa mais próxima, mais amada, e as inúmeras necessidades de "nadar para longe" dos papéis masculino e feminino tradicionais. Mas não importa como expliquemos estas pretensões de libertação mútua, busca de si mesmo, paixão, êxtase, permanece o fato de que são elas que constituem a real novidade que exige esclarecimento, e não a simples afirmação do matrimônio por meio de recasamentos. Levanta-se um horizonte de amor, marcado por busca, de conhecimento e esperança, que desenvolve sua própria força *contra* toda a realidade e factibilidade e, por meio de divórcios e novos casamentos, inscreve sua assinatura nas expectativas, ações, medos e padrões de relacionamento das pessoas.

É como se o amor reivindicasse uma realidade própria *contraposta à* realidade da família e do casamento *e à* pessoa que deve ajudá-la a se libertar para a existência autêntica. Quem, em favor do amor, sacrifica o casamento, a família, a parentalidade e talvez mesmo, por fim, o bem-estar das pessoas mais próximas não está cometendo pecado algum, mas cumprindo a lei da realização, da verdade dos sentimentos, do autodesenvolvimento em si mesmo e nos outros. Não se deve culpar tal pessoa; a culpa está na fixação em uma ordem que não permite, não conhece ou não revela a certeza do amor.

> Muitas pessoas acreditam que uma crise na vida é muito semelhante a outra. Na realidade, contudo, um divórcio numa família com crianças é uma incisão que não pode ser comparada a nenhuma outra crise de vida [...]. Em que outra crise na vida sentimos desejo tão premente de matar? Em que outro momento as crianças são usadas como armas contra o parceiro? Ao contrário de outras crises na vida, um divórcio traz à tona as paixões humanas mais elementares – amor, ódio e inveja...

> Na maioria das situações de crise – em terremotos, inundações ou incêndios –, os pais instintivamente dão prioridade à segurança de seus filhos. Na crise do divórcio, contudo, os filhos vêm em segundo lugar para pais *e* mães, que põem seus próprios problemas em primeiro plano. Durante o processo de divórcio, os pais negligenciam seus filhos em quase todas as áreas: a ordem doméstica entra em colapso, e as crianças são deixadas sozinhas. Os pais divorciados gastam menos tempo com seus filhos e são menos sensíveis às suas necessidades. No pânico da situação de convulsão, domina o egoísmo cru (WALLERSTEIN & BLAKESLEE, 1989: 28s.).

O caráter religioso da crença no amor torna-se claro exatamente neste surpreendente paralelo com o calvinismo: seus seguidores podiam, até deviam submeter o mundo a si mesmos, ou seja, romper com a tradição, a fim de agradar a Deus. A moderna crença no amor aplica este mandamento à forma de vida atual, permitindo, obrigando o rompimento com a própria família, para não trair a felicidade e a verdade da autodescoberta e da autorrealização. Abandonar os filhos não significa uma ruptura com o amor, mas a realização do amor. O amor ordena romper suas formas errôneas. Exatamente isto ilustra o poder com que a religião terrena do amor passou a reger os sentimentos e as ações das pessoas; mas, ao mesmo tempo, ilustra a contradição de tentar alinhar o ideal de amor às condições concretas do casamento, da família e da parentalidade.

Este desejo, esta esperança, este conhecimento de uma possibilidade melhor de nós mesmos, nossa vida e nosso amor são – como a religião – uma *crença*, que pode ser claramente distinguida do comportamento. Por certo, esta crença tem efeitos. Especialmente a taxa de divórcio, por exemplo, também aumenta em casamentos de longa duração, ou seja, quando um projeto em comum, o "projeto de ter filhos", que foi construído em conjunto, se esgota e o desejo para a "liberdade tardia" (Leopold Rosenmayr) não precisa ser adiada por mais algum tempo. Mas esta linguagem é ambígua. Não só nas religiões cristãs, mas no amor também há fariseus, convertidos, ateus e hereges. E os cínicos muitas vezes revelam ser seguidores, decepcionados, amargurados de uma fé excessiva no amor. Visto que contradições e reversões espreitam entre a fé e a ação, é preciso distinguir esses dois níveis claramente: as asserções levantadas aqui se referem essencialmente ao nível do conhecimento, à crença no amor, não (ou dificilmente) ao comportamento que está em contradição com ela ou que dele se segue não importa quão distorcidamente.

Adicione-se a isso um fenômeno que poderia ser chamado de *lei do significado invertido de crença e certeza*. Quem se sente com segurança na cotidianidade de seu amor e seu relacionamento *esquece* a importância que essa crença também tem para ele. A insegurança sempre se encontra no centro da atenção e preocupação. Apenas na desintegração, na ruína da certeza, o amor (possivelmente) mostra a centralidade que ele tem para o plano de vida e a estrutura de vida individuais, às vezes também quando nossa resposta consciente nega isso.

Mas como se exprime esta crença na redenção do amor quase religiosa, pós-religiosa, se ela não se manifesta claramente no comportamento? Muitos dirão: Para mim há muitas prioridades, o amor é uma delas; e amor, além disso, em muitos matizes e transições, desde o amor apaixonado, passando pelo amor materno até o amor normal e de companheirismo após dezessete anos de casamento, homossexual ou heterossexual. *Um* indicador da intensidade e da força das pretensões está, como já foi dito, nas taxas de divórcio, que atestam claramente a dissolução até mesmo de laços profundos. Ao mesmo tempo, todas as pesquisas mostram uma apreciação inalteradamente elevada da família e do casamento, mesmo quando o casal já esteja brigando desde muito. O número de divorciados, em todo caso, recém-divorciados que se casam novamente é constantemente alto (INSTITUTO FEDERAL DE ESTATÍSTICA, 1988, Tab. 3.23: 71). Especialmente os filhos de pais divorciados se esforçam por uma alta harmonia familiar, um objetivo em que muitas vezes tragicamente fracassam (WALLERSTEIN & BLAKESLEE, 1989: 38s.). Tudo isso não diz nada sobre o comportamento na vida familiar cotidiana, mas refletem, antes, o distanciamento, a serenidade da crença em relação aos vales dos afazeres cotidianos[1]. Se Weber investigou os documentos da fé calvinista atrás de pistas de comportamento para o "ascetismo intramundano", então deveríamos inquirir os princípios terapêuticos, a literatura de aconselhamento e os registros de divórcio para encontrar a relevância e as consequências da moderna fé no amor.

3 Amor como pós-religião

O cerne da religião terrena do amor se revela numa comparação sistemática. Religião e amor contêm o esquema de uma utopia analogamente construída. Eles são, cada uma por si, *uma chave para escapar da normalidade*. Elas abrem a normalidade para outro estado. A couraça de significado do mundo é quebrada, realidades novas e diferentes nos tomam de assalto. Na religião, isto é feito no sentido de uma realidade que, como realidade superior, contém em si a natureza finita do ser humano e de todas as outras vidas. No amor, esta abertura da normalidade ocorre sensualmente, pessoalmente, na paixão sexual, mas também na abertura do olhar um para o outro e para o mundo. Os amantes olham de modo diferente e são, portanto, diferentes, *tornam-se* diferentes, descortinam outras realidades um para o outro. Eles se recriam ao revelar sua história mutuamente e forjam seu futuro de modo novo. O amor é "uma revolução a dois" (ALBERONI, 1983). A superação das oposições e leis morais estranhas ao amor neste mundo é o verdadeiro argumento do amor. Nele, os amantes inspirados um pelo outro e pelo amor, abre-se um reino que é deste mundo, mas ao mesmo tempo não o é.

Amor "como transgressão exemplar" (Alberoni): isto também parece conter o que a moderna crença no amor promete: *autenticidade* – num mundo de delegação, de conveniência, de mentiras. O amor é busca de si, um desejo de encontro autêntico com o outro, contra ele e nele. Isto é almejado, obtido na troca dos corpos, no diálogo, no encontro sem reservas, nas "confissão" e "absolvição" mútuas. No entendimento, na confirmação e na libertação do que foi e do que é. Os desejos de amor, no sentido de confiança e lar, prosperam no ambiente das dúvidas e questões geradas pela Modernidade. Se nada é certo, seguro, quando até mesmo a mera respiração nos envenena, as pessoas perseguem os sonhos irreais do amor, até que estes se convertam em pesadelos.

Estamos constantemente saltando os limites aparentemente fixos das experiências da realidade cotidiana: a memória me transfere para uma idade diferente. Medito a respeito das nuvens, e a imaginação me leva para suas histórias. Leio um livro e me vejo em outra era, experimento a vida de outras pessoas já mortas há muito tempo e que nunca conheci, ouço suas vozes, que não ouço, mas estão presentes em mim, simplesmente porque deixo as letras pretas no papel branco entrar em mim. Dentre as muitas experiências limítrofes normais, o amor é uma especial. Ao contrário da doença e da morte, ele é procurado, não reprimido, pelo menos não na nossa época e cultura; não é manipulável, nem pode ser provocado deliberadamente; onde é esperado, essa esperança se volta para a libertação no agora e no "tu". Seu "além" é deste mundo, extraordinariamente mundano, tem voz, corpo, vontade própria. A religião nos assevera: há uma vida *após* a morte. O amor: há uma vida *antes* da morte.

Pouquíssimos autores se ocuparam de forma tão vívida com esta *experiência limítrofe do amor* como Robert Musil:

> A sexualidade interrompe violentamente as rotinas normais da vida, ao rasgar de um só golpe, da face de homens e mulheres, as máscaras de seus papéis sociais e revelar uma animalidade aterrorizante sob o decoro civilizado. Como Ulrich (o personagem principal no romance *O homem sem qualidades*, de Musil) observa após seus encontros selvagens com Bonadea, ela subitamente transforma as pessoas em "tolos espumantes"; e nesta capacidade, a experiência sexual "penetra" na realidade cotidiana como uma "ilha do segundo estado de consciência". Neste sentido, é interessante que Ulrich, na mesma passagem, compare a sexualidade com outras interrupções da realidade cotidiana, em particular, com o teatro, a música e a religião (BERGER & BERGER, 1983: 235s.).

O amor é o comunismo no capitalismo. Os sovinas dão, e são, *por isso*, bem-aventurados.

> Apaixonar-se significa abrir-se a uma existência diferente, com nenhuma garantia de que isto é realizável. É uma música à felicidade sem certeza de uma resposta... E quando vem a resposta do outro, da pessoa amada, parece-nos como algo imerecido, como um presente maravilhoso, que nunca pensamos que receberíamos [...]. Os teólogos têm para este presente seu próprio conceito: graça. E se o outro, o amado diz que também ama e um se dissolve no outro, este é um momento de felicidade, que faz parar o tempo.
>
> O reconhecimento que recebemos do outro dá-nos a coragem de nos aceitarmos, de nos reconhecermos a nós mesmos. É um passo para a individualidade.
>
> O desejo que temos de agradar a pessoa amada leva-nos a uma transformação em nós mesmos. Deste modo, todo mundo está tentando esclarecer seus pontos de vista para a outra pessoa e se modifica para agradar. Trata-se de uma decifração e uma descoberta incessantes (ALBERONI, 1983: 39s., 44, 45).

O amor é uma utopia que não é derrubada e justificada "de cima" – do céu das tradições culturais –, pregada desde o púlpito; ao contrário, ele desenvolve seus vínculos "de baixo" – com a força e duração das pulsões sexuais, a partir do conflito histórico de gêneros nos centros de desejo da existência individualizada. Neste sentido, o amor é uma "religião" sem tradição; não no que concerne à sua interpretação e significado culturais, mas no cerne e no grau de seu compromisso, na estabilidade de sua vontade intra e intersubjetiva. Ninguém precisa ser convertido, tornar-se membro.

A crença no amor é a não tradição, a pós-tradição, porque escapa às características clássicas, não necessita institucionalização nem codificação nem legitimidade, para se tornar e permanecer subjetiva e culturalmente eficaz. Ela surge, antes, na interação com a, e da, sexualidade liberta, destabuizada, com a erosão cultural profunda da atribuição óbvia de papéis. Em conformidade com a estrutura social moderna, nenhuma autoridade moral externa é responsável pelo amor, apenas o entendimento entre os próprios amantes.

Enquanto a fé, que não é mais ensinada, se desintegra, o amor é uma "religião" *sem Igreja* e *sem sacerdotes*, cuja existência é tão certa *quanto a força gravitacional da sexualidade destradicionalizada*. Ele não pode ser institucionalizado, o que também significa *in*dependência de instituições. Mas esta independência, por sua vez, coloca o amor novamente nas mãos dos indivíduos, tornando-o – apesar de toda estrutura e formação cultural – um assunto interno dos próprios amantes, predestinando-o a ser uma "religião" sem tradição, *in*dependente de tradição, pós-tradicional, que por isso não é reconhecida como tal, pois ela se eleva do centro mais íntimo de desejos dos indivíduos, sendo seu esforço mais próprio, mais irresistível.

Com o recuo de direito, Igreja, moral e Estado, o amor se despe até mesmo de suas normas tradicionais e seus códigos universalmente aplicáveis e se torna, no sentido clássico-moderno, um assunto dos indivíduos e de sua decisão. Ele cria uma espécie de "positivismo individual, individualizado do direito e das normas" no amor. No entanto, nada disso revoga seu *status* de tradição produtora de significados, mas a identifica, a explica: o tipo de significado que emerge e é promovido aqui é um significado individual, na gênese e na forma, na Igreja e na Bíblia, no parlamento e no governo (é uma "questão de consciência"): significado para e por meio de indivíduos, para a formação, estruturação e equilíbrio de seus projetos para sua própria vida e o mundo. Em todo caso, isto se aplica segundo o ideal, o *processo,* a competência da legitimação, o que, obviamente, não exclui as padronizações e generalizações no *conteúdo.*

Esta retrorreferência do amor aos conteúdos e normas dos amantes também o torna *circular* em seus significados e no discurso sobre ele. Os terapeutas tentam explicar com base em generalidades estes emaranhados biográficos sofridos e vivenciados pessoalmente. Mas mesmo a fórmula básica "eu sou eu", que deveria fundamentar tudo, é – como Milan Kundera pondera ironicamente – a tentativa estranha de explicar algo desconhecido por meio dele próprio (KUNDERA, 1974: 92). Em sua análise da linguagem do amor, Roland Barthes revela este caráter circular.

> Adorável: não conseguindo atribuir um nome à especialidade do seu desejo pelo ser amado, o sujeito apaixonado decide-se por esta palavra um pouco tola: adorável! [...].

> Eis o grande enigma do qual nunca terei a solução: Por que desejo esse? Por que o desejo por tanto tempo, languidamente? É a ele inteiro que desejo (uma silhueta, uma forma, uma aparência)? Ou apenas uma parte desse corpo? E, nesse caso, o que, nesse corpo amado, tem a tendência de fetiche em mim? Que porção, talvez incrivelmente pequena, que acidente? O corte de uma unha, um dente um pouquinho quebrado obliquamente, uma mecha, uma maneira de fumar afastando os dedos para falar? De todas essas *dobras* do corpo tenho vontade de dizer que são *adoráveis*. *Adorável* quer dizer: este é o meu desejo, tanto que único: "É isso! Exatamente isso (que amo)!" No entanto, quanto mais experimento a especialidade do meu desejo, menos posso nomeá-la; à precisão do alvo corresponde um estremecimento do nome; o que é próprio do desejo não pode produzir um impróprio do enunciado: deste fracasso da linguagem, só resta um vestígio: a palavra "adorável" [...].

> Adorável é o vestígio fútil de um cansaço, que é o cansaço da linguagem. De palavra em palavra, esgoto-me dizendo de modos outros o mesmo de minha Imagem, impropriamente o próprio de meu desejo: viagem ao termo da qual minha última filosofia só pode ser a de reconhecer – e de praticar – a tautologia. É *adorável* o que é *adorável*. Ou ainda: eu te adoro porque você é adorável, eu te amo porque eu te amo (BARTHES, 1978: 18, 20-21).

O lado sagrado do amor terreno não se fundamente apenas no próprio amor. É preciso também falar de coisas completamente diferentes – educação, ciência, profissão, mercado mundial, riscos técnicos etc. – para entender por que muitas pessoas correm como loucas para o frenesi do amor. Em todos os lugares reinam abstrações: estatísticas, números, fórmulas técnicas que apontam (ameaçadoras) realidades e falam em dimensões, que, a despeito de todas as diferenças, têm uma coisa em comum: elas escapam à percepção cotidiana. O amor é também e essencialmente uma rebelião da experiência contra as realidades secundárias que vão se esvaziando de experiências no mundo produzido pela civilização.

Seu significado é o significado de uma experiência particular: concreto, emocional, totalitário, quase inevitável. Na cooperação e conflito entre homem e mulher, mulher e mulher, homem e homem, pais agarrados aos filhos, narizes remelentos etc., a política pode passar para um plano irrelevante; as classes desapareceram em estatísticas; a comunidade experienciável no trabalho se fragmenta com as flexibilidades do tempo de trabalho e do direito laboral. Amor – mais precisamente, o conflito amoroso em sua insuperabilidade, desde a "eterna questão de quem lava a louça" até o "que tipo de sexo", do amor aos filhos até a autodescoberta mútua e autotortura – *ganha um monopólio sobre a sociedade vivenciável.* Quanto mais abstrata a realidade, mais atraente é o amor. O amor é um banho divino de experiência. Uma corrida na mata faz para um funcionário de escritório o mesmo que uma relação a dois para um contabilista: é exercício para os sentidos.

A verdade é que o mundo magro em tradição conhece muitos "centros" e "deuses": televisão, cerveja, futebol, motocicleta, patê de *foie gras*, dependendo da fase da vida. Você pode se engajar em clubes e grupos em prol da paz. Pode estabelecer redes de amizade e conhecidos de qualquer distância e cuidar delas como garantes de pontos em comum com outros indivíduos. Algumas pessoas pregam velhos deuses, outros, novos deuses e lustram as relíquias, estudam o zodíaco. Outras ainda evocam o destino de classes, cantam o sol e a liberdade, mesmo sabendo, quando não dão rumo errado às suas esperanças herdadas, que isto é o sinal luminoso de uma época que já passou.

O que distingue o tema de amor destes outros é que os conflitos de relacionamento são conflitos *reais*, vivenciáveis, dúvidas sofridas, que são golpeados nas pessoas em seu cotidiano, *queiram ou não*. O amor não pode ser previsto como objetivo, nem forçado a acontecer. Mas, mesmo quando o confrontamos com indiferença e estranheza, as portas da armadilha do amor podem se abrir de forma tão surpreendente quanto infundada. E aderentes ao amor contra a vontade tornam-se, contudo, prováveis na medida em que as prescrições tradicionais falham. O amor não é, portanto, uma substituição ou um para-raios, nem um produto político de exportação de um compromisso desejado, nem um comercial de TV; ao contrário, sua conjuntura é expressão das condições de vida reais, ou mais precisamente: das impossibilidades da vida, dos conflitos pré-fabricados, que – seguindo condições históricas – irrompem, estrondam e também devem ser celebrados na privacidade, quando o amor se insere numa lista "entre outras coisas"[2].

Dependendo da classe e da necessidade, da religião, da família ou da nação, da pátria etc., surge um tema, que abre caminho conflituosamente, propaga-se como insegurança, medo, desejo não realizado, irrealizável; é despertado, laminado, codificado, normatizado, padronizado pela pornografia, pelo feminismo, por terapia, mas também desenvolve sua própria luz, sua própria coloração, sua paisagem de pontos de vista, produzindo outros abismos, outras perspectivas como, por exemplo, a fome de dinheiro, a disputa por carreira ou a fantasia tecnológica: o conflito entre os sexos na luta em comum pelo amor; a parentalidade dividida em paternidade e maternidade; e a disputa pelos filhos como portadores das esperanças feridas – em suma, os efeitos reais da utopia do amor que vai se tornando intangível.

"Ser amado significa ouvir: você não precisa morrer" (Gabriel Marcel)[3]. Esta esperança iluminadora adquire um tom sedutor, irresistível com a experiência da finitude, da solidão e da fragilidade da existência. Doença e morte, crises pessoais e fracassos na existência burguesa representam momentos e ocasiões em que os juramentos de amor são comprovados ou revelados como perjúrio. Aqui *a pretensão de sentido* levantada pela religião terrena do amor se assemelha a outras religiões. Também se pode dizer inversamente: o pensamento da morte, que perturba a normalidade e a deixa profundamente duvidosa pode ser analisado a partir de outras possibilidades, abrindo ao mesmo tempo o horizonte de significado do amor. O edifício da racionalidade teleológica, da carreira, da condução metódica da vida que então – pelo menos momentaneamente – se quebra deixa entrar as perguntas sobre o "para quê" e o "por quê", que recebem sua força da convivência amada, lembrada ou da qual se sente uma dolorosa falta.

Quando desvanece a pretensão de fé das religiões, as pessoas buscam refúgio na solidão do amor. O desejo está envolto numa esperança voltada para mais coisas do que o autoengrandecimento. O amor ocorre na cama, mas também junto ao leito do hospital. A religião terrena de amor prova sua força ao lidar com fraqueza, velhice, erros, negligência, e até mesmo crimes. Se a promessa – "nos bons e maus momentos" – pode ser realmente mantida é uma segunda questão, que, no entanto, também se coloca para a promessa de sentido encontrada nas religiões. A doença pode revelar uma nova forma de "estar apaixonado". No pensamento positivo de que os erros e deslizes são revogados no amor da pessoa amada, o amor se torna claramente um lugar para confissão, brandindo algo da antiga rebelião do amor contra a sociedade mentirosa que o nega.

A analogia entre religião e amor como fornecedores de sentido termina onde o próprio amor termina. A morte, a morte dele permanece sem sentido para a religião pós-religiosa do amor. Ou mais precisamente: essa morte só poderia ser suavizada onde a separação se realizasse em harmonia, por compreensão mútua "em nome do amor". Talvez para gerações futuras a "mudança de amor" se torne uma espécie de mudança de emprego, e a "mobilidade do amor" uma subespécie de mobilidade social, mas por enquanto os dramas em torno do divórcio apontam o contrário.

A religião terrena do amor se encontra sob os ditames do aqui-e-agora, do "tu", da concretude e verificabilidade de realização que é prometida. Sua procrastinação é, em última análise, tão impossível quanto a mediação de Deus, ou o adiamento da compensação para a vida após a morte. Falta-lhe a misericórdia do além, com que as religiões podiam simultaneamente aliviar os conflitos *e* cumprir as elevadas pretensões – *sem* precisar pagar suas promessas *em espécie*, por assim dizer, na moeda de experiências verificáveis.

O amor terreno é *um amor à pessoa amada, não amor ao próximo*. Até mesmo o amor à pessoa amada está sob a ameaça de seu oposto. Ex-amados perdem sua pátria, seu direito de residência no amor. Não se fornece asilo. O não amor significa *ser necessariamente rejeitado*. Os terapeutas – a unidade de cuidados intensivos para feridos por divórcio – podem cantar uma canção sobre isso.

A crença no amor cria dois grupos, que flutuam enormemente: o grupo das pessoas amadas no momento, quantitativamente estável, mas variável. A ele se contrapõe um grupo crescente de ex-amados, que aumenta com a variância do primeiro grupo. Quase mecanicamente sob a pressão de realização, autodesenvolvimento, nascem desta maneira *redes de interiores e exteriores*, cujos centros e fios formam e tecem os indivíduos, de modo semelhante à aranha, que com os fios de seu próprio corpo constrói sua rede.

Apesar dos paralelismos, são grandes as *diferenças* entre amor e religião: o primeiro é um cosmos privado, enquanto a segunda é um cosmos que engloba o sistema de governança e a ordem mundial. Os amantes são sua própria igreja, seus próprios sacerdotes, sua própria Bíblia – mesmo que eles consultem os terapeutas para entender a si mesmos e sua história. Todas as estipulações tornam-se um plano criativo para eles. As religiões terrenas de amor são *infinitas*. Seus poderes mágicos e edifícios se desintegram quando as pessoas que os mantêm coesos perdem o poder de renovação e a evocação do "sacerdócio".

O amor constrói ninhos em símbolos, que os próprios amantes criam para superar sua estranheza com a história de seu amor, embelezam-nos como um local de suas coisas em comum e, com a renovação de lembranças, continuam a tecê-los como "tapetes voadores" que carregam seus sonhos de realidade. Isso cria os fetiches, os sacrifícios, as cerimônias, os incensos, as pegadas atuais, que corporificam a experiência e o sofrimento do amor. Esses elementos não são consagrados e administrados por sacerdotes como na religião; ao contrário, são individualmente estilizados, inventados, adornados. Algumas pessoas se aninham e se aconchegam junto a símbolos de ratinhos, outras escolhem a cor amarela para o ninho de seus sonhos e lembranças, inventam apelidos formados de histórias lembradas, conservam seu amor em memórias e assim o protegem da constante ameaça do esquecimento e da perda.

O horizonte da religião conecta este mundo e o Além, o início e o final, o tempo e a eternidade, vivos e mortos, sendo, por isso, celebrado e experimentado por todos de modo transtemporal. O horizonte do amor, no entanto, é tão concreto quanto estreito. Aqui surgem pequenos mundos de "eu e tu". O amor é, em outras palavras, particularista, tolo quando visto de fora, com uma lógica injusta, até mesmo cruel, injustificada, sem instância de arbitragem. Não se pode reclamar judicialmente contra seus significados e imperativos, que são intransferíveis, resistem à codificação e universalidade.

Mas o amor é precisamente por este motivo a contraideologia perfeita da individualização. Ele enfatiza a singularidade, promete a comunhão dos singulares, não recorrendo às tradições feudais, à posse de dinheiro, a pretensões legais, mas em virtude da verdade e do imediatismo dos sentimentos, da crença individual no amor e em sua concretização numa pessoa específica. As instâncias de amor são os indivíduos isolados, que, apenas em virtude de seu entusiasmo um pelo outro, assumem o direito de criar sua própria lei.

4 Contra o amor a-histórico: o amor como romantismo democratizado e banalizado

A posição contrária a esta teoria é a ideia do "sempre foi assim", a concepção de que o amor em todos os seus aspectos – reprodução, desejo, repressão, erotismo, encontro eu-tu, que se abre, muda e se transforma em ódio e violência –, ou seja, que todo o drama do amor sempre foi *um drama humano desde o início*. Não parece difícil prová-lo. A existência e a continuação da existência da humanidade permite a conclusão nada precipitada de que o método das abelhas tem desfrutado, ao longo dos milênios, uma popularidade inquebrantável também entre os humanos. Não importa se preto, branco, ou amarelo, se muçulmano no século XI, cristão no XV ou escravo na Grécia antiga, se submetido a tiranos ou com direito de votar – *em essência* nada mudou quanto aos ingredientes com que as pessoas fazem outras pessoas. Testemunhas diversas como essa potência que é a biologia, as diversas abordagens da psicologia, o drama real e o encenado (Plauto, Ovídio, Shakespeare, Kleist, Beckett, Botho Strauss) falam, excepcionalmente, a mesma língua e dizem que o amor *sempre* foi o centro secreto, ou *nunca* o foi. Disto se segue: a teoria da religião terrena do amor é falsa ou falsa.

Isso exige esclarecimentos. O holofote da questão *não* visa aos *efeitos biológicos* da sexualidade: a procriação e seus processos e reações orgânico-fisiológicos, que podem ser descritos e compreendidos em termos de leis naturais; nem mesmo ao emaranhado de interesses e instituições sociais que vicejam ao seu redor. Inquirimos, antes, a respeito do amor como um *mundo simbólico cultural* em relação a outros mundos simbólicos, como privação material, religião, carreira, riscos tecnológicos, consciência ambiental. De modo semelhante às sociedades guerreiras medievais ou à sociedade de classes industrial, a sexualidade e o amor também desempenhavam um papel, mas não o central na experiência das pessoas; em nossa avaliação, está ocorrendo o inverso atualmente (e ocorrerá mais ainda no futuro): experiências de classe ou de poder explícitos passam, com o aumento do bem-estar social, para segundo plano, e o centro da percepção e preocupação culturais é ocupado pelo frenético embate amoroso na esteira da desintegração do sistema de papéis da esfera privada.

Um forte contraste às interpretações sociológicas convencionais encontra-se na afirmação de que a lógica intrínseca da crença no amor é produzida sistematicamente como horizonte de significado da sociedade moderna tardia, pós-tradicional no contexto dos processos de modernização. Em termos bastante crus, (portanto, vulneráveis, suscetíveis a refutações), afirma-se com isto uma sequência histórica, a saber: religião, classe, amor – não no sentido de um *ranking* ou de uma ideia de progresso, mas no sentido de centros e horizontes culturais diversos, cada um com diferentes alcances. Se tudo desmorona, as pessoas, em estilos de vida individualizados, não procuram proteção na Igreja nem em Deus nem nas culturas de classe vividas, mas no "tu", que divide seu próprio mundo e promete segurança, compreensão, diálogo. Certamente, existem muitas assincronias e sobreposições, mas o centro muda de posição. Em correspondência com isso, também mudam – como diz Max Weber – as "ideias de valor condutoras", a "luz", que faz surgir ou desaparecer os elementos culturalmente significativos.

Por conseguinte, o capitalismo industrial não apenas se alimenta parasiticamente dos recursos de sentidos das ideias tradicionais[4]; mas também com o desvanecimento da constelação industrial, está surgindo no centro dos mundos de vida um tipo de sentido diferente, intramoderno, "contrário à individualização": a religião terrena do amor.

Isso também aborda outra concorrência de perspectivas, a saber, a psicologia e a psicanálise. A questão do "significado" do amor não se limita a atitudes *individuais*, experiências, socialização infantil, mas a *estruturas sociais*: condições de trabalho e de vida, modelos de família e casamento, estereótipos dos papéis de gênero, as ideias de valor, que definem a moldura histórica em que as experiências e anseios individuais se organizam e se orientam.

Este livro e esta teoria defendem a mudança histórica do significado do amor, ou seja, em termos clássicos, o erotismo. Em nossa cultura, a sexualidade está para o erotismo assim como o "é" para o "como se". A bênção ou maldição da realidade e autenticidade se encontram, portanto, no desejo sexual, enquanto o erotismo, em contrapartida, se comporta como a embalagem em relação ao conteúdo, como a descrição no cardápio em relação ao ganso no prato. Outro dado não menos importante é que, na apreensão "realista" da ciência, o erotismo foi e é localizado em algum lugar entre perversão e superestrutura. Entre os socialistas, bem como entre os capitalistas, ele rápida e facilmente cai sob a suspeita de calote. Isso pode ser verdade, especialmente se quisermos ver a situação dessa forma. Pois, justamente quando se trata de erotismo, mais do que nunca a visão das coisas caracteriza o comportamento que cria a realidade. Vale, contudo, ressaltar que outras culturas e séculos, que também não conheciam a sabedoria de nossa ciência, deixavam esta visão para o populacho e desenvolviam habilidades eróticas sobre os quais esquecemos até mesmo de sonhar.

Até mesmo um olhar superficial comprova a diversidade do que aparentemente é uma coisa só. A história cultural e social conhece – ou deveríamos dizer mais realisticamente, diferencia – uma centena de formas do "amor apaixonado" (i. é, já excluindo o *foie gras assado* e uma rebatida bem-sucedida no esporte): as teorias da arte amorosa nos primórdios da Índia, Arábia e China; o "amor platônico"; as ideias e os ensinamentos do "dos pecados da carne", cultivados pelos monges cristãos; o *amor dos menestréis*, decente e modesto, dedicado a uma castelã venerada, geralmente casada; os ideais de amor do *Renascimento italiano*, com sua noção de uma *paixão cósmica*, que não admitia forma institucional, mas ainda precisava de uma, para não se consumir em si mesma, e, por isso, se transformava em *amor por uma amante*, respeitado na corte, imitado nos círculos erótico-literários das classes mais altas da Europa, criando estilo para as fantasias de amor de toda uma época e muito mais.

Tudo isso, é claro, contra a resistência aquiescente da Igreja, cujos Padres, próximos de Deus por idade e educação, entregaram-se à difícil tarefa de organizar e definir os detalhes do coito conjugal de acordo com o que ouviam dizer e as palavras da Bíblia. Sabemos disso principalmente por meio deles mesmos, de modo que todos os relatos sociais da Idade Média sobre as nuanças do prazer, procriação, decência, decoro, posições sexuais "proibidas" etc. contêm um traço de oposição clerical, que também mantém aberta a questão do que realmente aconteceu, quando se leva em conta que toda a consciência tinha de ser limpa antes e depois no confessionário.

Esta "citação de nomes" histórico-culturais talvez transmita uma primeira impressão da riqueza de coisas possíveis, anteriormente verdadeiras (na medida em que a literatura considerou digno seu inventário). Talvez estejamos mais próximos das noções de Platão do erotismo como "procriação no belo" do que a existência plástica humana a-histórica, que acreditamos viver? Talvez estivesse certo Michel Foucault, que pouco antes de morrer após a conclusão do seu trabalho sobre a história da sexualidade, disse: "A ideia de uma moralidade como obediência a uma regra de conduta está em vias de desaparecimento e já desapareceu. A busca de uma *estética da existência* quer e deve responder a esta falta de moralidade". Em lugar da lei, da moral, da coerência e da hierarquia das necessidades, Foucault sugere a antiga categoria de uma "arte da vida", a "estilização da existência", "o desenvolvimento de uma prática de si mesmo, que tem o objetivo de constituir-se como um trabalhador da beleza da própria vida" (FOUCAULT, 1984, apud SCHMID, 1986: 680). Isso é olímpico: os vizinhos do futuro são os antigos gregos! Eu gostaria de acrescentar: talvez os árabes, os amantes da Renascença, os menestréis ou qualquer outra coisa, uma quarta, quinta, sexta, talvez até mesmo algo novo.

Mesmo correndo o risco de desfigurar enormemente a riqueza tradicional, eu gostaria de distinguir *três fases principais na relação entre amor e casamento* (que, de resto, são perfeitamente ajustadas para o surgimento do amor como uma religião terrena):

A primeira é uma longa fase, que compreende a Antiguidade e toda a Idade Média e só começa a desvanecer em algum momento do século XVIII. Seu princípio é de que o amor e as paixões são um pecado contra o casamento. "Nada é mais vergonhoso do que amar sua esposa como se fosse uma amante" (SÊNECA. In: JERÔNIMO, apud FLANDRIN, 1984: 155). Isso não exclui – pelo menos para a nobreza –, ao contrário, permite *um refinamento de amor*, que se desenrola separadamente, sem o assédio de direitos e deveres conjugais.

Em segundo lugar, vem a fase em que – partindo da Inglaterra do final do século XVIII – a burguesia econômica emergente do triunfo do capitalismo industrial impõe suas concepções morais puritanas contra a "moral frouxa" da nobreza. Isto leva à bem conhecida repressão dos desejos e ao banimento de variadas formas do erotismo para a categoria de "comportamento sexual desviante", a ser tratado médica e psicologicamente.

Na terceira fase, reside o foco real de nossa argumentação. De modo subliminar, foi justamente o rigor sexual da burguesia que despertou e proliferou o fascínio com as práticas sexuais antipadrão reprimidas, e as fantasias obscuras. Isso deu origem ao ambiente em que o amor, como oposição exemplar, exercia atração não apenas com a promessa de prazer, mas também com a promessa de liberdade. O que a filosofia do eu e o romantismo antecipadamente pensaram e compuseram, e também viveram, odiaram e sofreram em casos extraconjugais e biografias experimentais, expande-se; o amor como encontro com o eu, como criação enfática do mundo a partir da relação eu-tu, um romantismo banalizado, e privado de seu oposto – a proibição moral –, é preparado pedagogicamente e está se tornando um fenômeno de massa: a religião terrena do amor.

Amor, monges e ordem política no mundo pré-industrial

"Em quase todas as sociedades e quase todas as épocas além da nossa" – como Philippe Ariès e Jean-Louis Flandrin demonstraram em estudos inspiradores – "havia entre o amor *no* casamento e o amor *fora* do casamento" uma grande diferença (Ariès, 1984: 165; Flandrin, 1984):

> Age vergonhosamente... quem se inflama com amor excessivo por sua própria esposa. Amor excessivo é o amor indômito, a paixão que os amantes sentem fora do casamento. Um homem sensato deve amar sua esposa com prudência, não com paixão; ele deve refrear seu desejo e não se deixar levar ao intercurso sexual (SÊNECA, apud ARIÈS, 1984: 169).

De qualquer maneira é impressionante ler as justificações para este casamento de conveniência com restrição ao prazer. Até mesmo o sábio Montaigne escreve em seus *Ensaios*: "O casamento é uma união sagrada e pia", ao qual não convém o prazer, a menos que se trate de "um prazer sério, ponderado e misturado com alguma restrição", de "uma sensualidade, por assim dizer, sábia e conscienciosa" (MONTAIGNE, apud FLANDRIN, 1984: 161).

Aparentemente, até mesmo ele estava sob a influência de teólogos que viam a geração da prole como o principal propósito do casamento, aliás, não só na execução de suas concepções morais cristãs, mas também na aplicação da legislação social de uma época que ainda fundava a continuidade do poder e da propriedade inteiramente no frágil sistema de parentesco, vinculado ao sucesso da geração de descendentes (masculinos). Os cônjuges, frente a esses negócios realmente graves, não estavam apenas aparentemente sozinhos só porque a sombra do confessor pairava sobre eles, mas também porque todos os sucessos de guerra, todas as artes do estadismo eram frustrados quando *isto* falhava. Aqueles que, no final, não queriam se sujeitar aos inimigos, nem queriam lhes transferir a corte, o poder, as posses também tinham de "ser vitoriosos" especialmente nesta área.

Era realmente misericordioso que a Igreja se lembrasse de sua moral e orientasse o "ato" totalmente decisivo, cuja falta de consequências equivalia a uma guerra perdida, para seu objetivo "real", com os costumes e a utilidade. Fundamentar a governança e a ordem sociais no prazer e no amor – porque o casamento por amor teria significado exatamente isto na sociedade feudal – não só se igualaria à abdicação do poder em favor do acaso e da paixão, mas também significaria misturar amor e guerra.

Em vista dessas alternativas, a intervenção moral da Igreja em favor da finalidade reprodutiva do casamento era quase "razoável", pelo menos em consideração à época. Se algumas coisas parecem enigmáticas para nossa compreensão contemporânea, é importante notar que, nesse meio-tempo, no esquema da sociedade industrial moderna, burguesa, a segurança da governança e da ordem foi delegada a um sistema político constitucional, a um direito pleno e diferenciado etc., de modo que – enquanto estrutura social – não está mais associada às consequências do intercurso conjugal.

Causa curiosidade, no entanto, o *modo* como os monges e teólogos cumpriam sua delicada tarefa.

> O homem que se deixa levar pelo amor excessivo e se lança com tanta paixão sobre a esposa para satisfazer seu desejo, como se ela não fosse sua esposa e quisesse, contudo, ter relações sexuais com ela está pecando. São Jerônimo parece confirmar isto quando concorda com Sexto, o Pitagórico, que diz que o homem que é afeiçoado com amor excessivo à sua esposa comete adultério [...]. Por isto, o homem não deve se servir de sua esposa como de uma prostituta, e a mulher não deve se aproximar do marido como uma amante, pois o correto é fazer uso deste santo sacramento do matrimônio com todo o decoro e reverência (BENEDICTI, 1584, apud FLANDRIN, 1984: 155).

As justificativas também são divertidas. Justamente os monges sabiam que concupiscências, uma vez inflamadas, não devem ficar em casa, mas podem erguer muitos pequenos purgatórios celestiais.

> Além disso, estes maridos ensinam a suas mulheres, em suas próprias camas, milhares de lascívias, obscenidades, novas posições, truques, estilos e lhes ensinam aquelas figuras monstruosas de Aretino; de uma centelha no corpo, elas fazem arder uma centena de outras; e assim se prostituem. Sendo treinadas dessa maneira, não podem mais evitar fugir de seu marido e buscar outros cavalheiros. Os maridos se desesperam com isso e matam suas mulheres, no que estão muito errados [...] (BRANTÔME, apud FLANDRIN, 1984: 155).

Em muitos textos, há essa mistura de moralidade com luxúria. Seus autores sabem do que estão falando e o que combatem, e não recuam da tarefa. Isso revela um oculto "erotismo negro de proibição", que a Igreja, hostil a pecados, cultivou e preservou em seus recantos mais íntimos.

Mas a garantia da governança pela moralidade reprodutiva marital tinha o outro lado, a saber, a paixão amorosa não matrimonial, que, de fato, sempre teve de ser conquistada contra a moral eclesiástica, mas também sempre era possível pelo menos nas regiões pertinentes da riqueza e da hierarquia social. Esta divisão entre mundo e moralidade certamente teve seus pontos de conflito e embaraços, mas, ao mesmo tempo, permitiu (de modo isolado, seletivo e também, principalmente, contra o desdobramento natural do desejo e da sexualidade feminina) o conhecimento e o cultivo dos desejos e paixões independentemente da execução dos "deveres conjugais". Amor e amor tanto dentro quanto fora do casamento não eram a mesma coisa, o que dava origem a muitas complicações, mas também era capaz de estabilizar o casamento *e* o amor dentro dos limites. Estabilizar o casamento porque ele não era exposto à transitoriedade da paixão; o amor, porque era mantido livre das restrições da parentalidade e da permanência. A arte erótica e da arte de erotismo têm evoluído ao longo dos séculos sempre *para além* da unidade obrigatória de amor e casamento.

Ainda hoje, esta lei se aplica de forma modificada: O casamento por amor não pode dissolver a oposição entre o casamento e o amor numa justaposição, mas apenas numa sucessão.

Nossa era de "diferenciação funcional" adere, na vida privada e íntima, ao ideal oposto, à generalização. No ideal do casamento por amor, a lei da diferenciação funcional é realmente colocada de ponta-cabeça. Os antigos monges sorririam sabiamente.

Burguesia econômica, ruptura com convenções e adultério

A contradição entre o amor sensual e o amor ideal de casamento puritano da sociedade capitalista inicial foi muitas vezes descrita e criticada. Mas o *pathos* da liberdade no amor não está apenas em contraste com o mundo burguês; a moralidade conjugal deste mundo também se contrapõe à "liberdade e igualdade", cuja imposição e vitória garantiram à burguesia sua ascensão contra a aristocracia. O empreendedor deve romper com normas e estreitezas feudais, seguir e impor implacavelmente seu projeto de mundo e seus interesses contra os velhos modelos tradicionais e a concorrência. *Mas* em casa devem prevalecer a ordem e a moralidade. A razão é descoberta e desdobrada pela filosofia como o único princípio de contra toda metafísica e, com isto, também contra a religião. *Mas* a lei da razão é a *liberdade*, a subjetividade, que não serve mais a senhor algum, não obedece a ninguém senão a si mesmo, como sua própria experiência e intuição. Por certo, trata-se de uma liberdade no vínculo e pelo vínculo, mas uma liberdade cujo "imperativo categórico" agora também deve ser justificado *a priori* contra a subjetividade despertada e atiçada.

O mundo já não é dado de antemão, mas o produto das ações submetido a elas: este é o terreno comum de Kant e do ímpeto empreendedor, que, de fato, representa um conceito economicamente intricado de conquista do mundo. Mas isto afirma, fundamenta, impulsiona uma arbitrariedade do sujeito, que subjugam a sexualidade, a paixão e amor, mas, em última análise, com quais motivos? Quais suportes?

Se o direito à liberdade do empresário se mostra na ruptura com os costumes e as normas de um mundo feudal obsoleto, por que o direito dos amantes à liberdade não se mostra na ruptura com a antissexualidade burguesa? Há, em outras palavras, uma *afinidade eletiva entre a ruptura empresarial da convenção e o adultério*, entre a autoafirmação econômica e o direito dos amantes, entre o amor por si mesmo e a celebração de suas histerias e subjetividades – estas são exacerbações daquelas, seu superlativo –, uma consonância na dissonância, que revela a contradição inerente da distância e da hostilidade burguesas frente aos sentidos e, assim, a suscetibilidade burguesa aos aspectos escondidos e misteriosos do amor atiçado e tornado verificável pelas proibições e suas paixões voluptuosas.

O amor se desprende das convenções da burguesia econômica, mas não se trata apenas de um desprendimento. Ele vira as convenções contra si mesmas. O fascínio do amor é também o fascínio da liberdade, que, *com* a moralidade burguesa, pode ser instigada *contra esta*. O romantismo – entendido aqui como soltura da subjetividade, de sua capacidade de amar e sofrer – é a *segunda possibilidade,* que é aberta, em princípio, com o capitalismo econômico e que, com o paradoxal apoio da resistência dele, sempre permanece viável contra a redução da liberdade à metade. É esta a linguagem falada hoje pela rápida alternância de subculturas excessivas e o consumismo exuberante. Vendo as coisas deste modo, o aparecimento simultâneo no século XIX da restritiva moralidade conjugal burguesa, da conquista do mundo industrial, de Kant, da filosofia do eu, da filosofia natural, do Marquês de Sade, da poesia romântica e das escapadas biográficas na literatura e na realidade não é de maneira alguma uma coincidência na história mundial.

O romantismo no presente: o amor como letra de *hits*

O amor é, por sua origem romântica, uma comunidade de conspiração contra "a sociedade". O amor não conhece barreiras, nem as das classes, nem as do direito e da moral. Esta subversiva ideologia da libertação no amor sempre beirou a histeria – como Hans Magnus Enzensberger descreve num "romance documentário" com um exemplo exuberante.

> Auguste Bussmann a Clemens Brentano (Landshut, outono, 1808)
> Sexta-feira de manhã
> Oh, tu, horrível, desagradável, perverso, odioso e amado Clemens, Clemens, por que me torturas assim? Eu não te beijo hoje, vou bater em ti, vou te morder, arranhar, apertar-te até a morte por amor quando vieres...

Três anos mais tarde, o "pressionado até a morte por amor" escreve este inigualável poema de despedida para espanar o ódio de sua alma:

> Bem! Então estou livre de ti,
> Mulher impertinente e vulgar!
> Maldição sobre teu colo pecaminoso
> Maldição sobre teu corpo venal e lascivo,
> Maldição sobre teus seios dissolutos,
> Vazios de decência e verdade,
> Repletos de desonra e mentiras,
> Um travesseiro sujo de todos os nojentos desejos.
> Maldição sobre cada hora morta
> Que gastei em tua boca pérfida,
> Em beijos ébrios e repugnantes...
> etc. etc., página após página.
>
> Adeus, mentirosa, uma má vida para ti, eis a soleira,
> Onde meu coração penitente se separa de ti, bruxa
> Que resseque todo pé que pisar em tua cama,
> Nunca te conheci, nunca te vi,
> Foi um sonho ruim, que deve acabar...

"Cara infeliz Auguste", escreve Enzensberger,

> você não pode imaginar o que fez, você e um punhado de seus contemporâneos e contemporâneas. Não estou exagerando quando digo que vocês (um punhado de pessoas entre o século XVIII e o século XIX) inventaram o "amor" – ou, digamos, o que é entendido como amor na Europa até os dias de hoje. Pois o que havia anteriormente? As pessoas

se casavam, faziam bons e maus partidos, buscavam força de trabalho, tinham e criavam filhos, aceitavam sua infelicidade ou felicidade, tal como vinham, para a vida de volta. Só então, relativamente tarde, vocês tiveram a ideia de que algo mais poderia ser obtido, além do parto, do trabalho, das posses: era como se o indivíduo pudesse ter a vida nas próprias mãos, até mesmo neste aspecto. Uma ideia altamente arriscada e importante! O "eu" em toda sua plenitude, e o "tu". A alma e o corpo, que deveriam produzir uma pequena infinitude. Era uma ênfase, uma expectativa, um desejo de felicidade, que gerações anteriores nem sequer haviam sonhado – e, ao mesmo tempo, um excesso de exigência recíproca, que conjuravam possibilidades totalmente novas de infortúnio. A decepção era o outro lado da utopia de vocês, e seus novos entendimentos também deram à velha batalha entre os sexos uma nova virada radical.

Eu poderia dedicar muitas páginas para descrever as consequências, mas receio que você não acreditaria em mim. Que o seu romance tenha se tornado modelo, de fato, um esquema de uma imensa literatura, que sua batalha amorosa encha nossos teatros em mil variações até hoje são a menor dessas consequências. O que você acharia bem menos possível, Auguste, é que sua história tornou-se comum, maçante, trivial, caiu na miséria em milhões de repetição, mas também foi a fonte de sofrimentos incontáveis. Ciências inteiras se debruçaram sobre ela; um exército de especialistas, consultores e charlatães se ocuparam com esta história sem fim e com sua administração burocrática, e a cada dia ela reaparece em nossos tribunais. Pois não pode ser coincidência que foi sua época que, no mesmo fôlego da descoberta do sentimento incondicional, também inventou o divórcio (ENZENSBERGER, 1988: 92, 190s., 228s.).

Auguste Bussmann e Clemens von Brentano experimentaram e sofreram esta obsessão por si mesmos e pelo amor, contra si mesmos e contra o outro, implacavelmente. São os pioneiros desta espinhosa odisseia do amor, mas não – como diz Enzensberger – seus inventores. Em seus excessos e pilhas de cacos há, por exemplo, muitos fragmentos de um Platão tardio (até mesmo a literatura ligeira atual sobre o caos entre mulheres e homens emana uma lamentação platônica); neles também transparece alguma coisa adquirida pela leitura ou coletivamente lembrada sobre trovadores e amantes; ali revive a antiga sabedoria indiana (que, não por coincidência, hoje vendem bem); a agitação do tribunal é transferida para os apartamentos; em suma: a leitura furtiva e antigas e tradicionais normas internas definem a azáfama que hoje passa por individual.

A partir desta perspectiva, o amor *é uma leitura de romances aplicada, é um texto vivido de hits musicais, é filosofia do eu com uma virada terapêutico-biográfica.* Há uma mistura com, talvez até mesmo domínio de, fantasias pré-fabricadas, que derivam da situação oposta ou seja, da individualização – talvez resida nestes excessos emprestados o verdadeiro núcleo romântico do amor[5]. Trata-se também de um amor escrito, um amor por-assim-dizer, um amor ouvido de outras pessoas, no sentido de que ele se baseia numa confusão entre o que é lido, ouvido e vivido. Auguste Bussmann e Clemens von Brentano, por exemplo, não deviam mais saber se estavam vivendo ou escrevendo suas cartas. Provavelmente não existe mais hoje esse tipo de carta de amor, que inspira tremendamente as coisas vividas, antecipando-se a elas e correndo atrás delas, juntando e vislumbrando pegadas e destinos. Mas em seu lugar entrou o amor passivo, o amor lido, ouvido (visto na TV e terapeuticamente normalizado), por assim dizer, a "conserva de amor" pré-produzida, o "roteiro", que agora é encenado nas camas e cozinhas.

No passado, o amor rebentou laços comunitários e normas. Com a dissolução das normas e barreiras feudais e familiares, ele cada vez mais se debate contra o vazio. Ele não é mais o princípio garantidor de liberdade e individualidade em oposição às constrições sociais, não encontra mais resistência, nem é mais amoral em seu cerne. Isso significa que ele se volta sobre si mesmo, devora-se, tornando-se, por assim dizer, "autorreflexivo"[6].

Isso se vê nas ladainhas das relações a dois (que se desenrolam de modos totalmente individuais e padronizados), na pedagogização do amor, nas técnicas pornográficas de autoestimulação ou, mais geralmente, na preocupação emocional com o estado de estar apaixonado – e não na preocupação emocional com o próprio parceiro. Assim como a ciência não mais combate inverdade com a verdade, mas esfrega uma verdade na outra, o amor romântico, enquanto utopia de felicidade individual (ou a utopia da felicidade da individualidade), não pode mais não se inflamar e encontrar seu direito na resistência contra as restrições e proibições sociais, mas apenas na competição e no conflito com outros amores. Como resultado, temos confusão, mal-entendidos e concordâncias ocasionais. Em todo caso, o amor, com sua autorreferência, sua falta de limites, perde sua condição de garante da segurança individual (não social). Não existe *o* amor. Há apenas seu *plural*: amores – variáveis utopias de concepções pluralizadas e individualizadas de amor, utopias difíceis de conciliar, de combinar (em relação a sexualidade, a viver juntos etc.).

Justamente porque o amor se torna um bem escasso e cobiçado, podemos designar a atual época do impulso de individualização como uma época em que o amor sofre grande demanda e as questões amorosas se tornam questões existencialmente ardentes – e não só, como no século XIX, para excêntricos e heróis do amor. Ou mais incisivamente: Com a morte do amor, com sua dissolução em amor parental, paixão, paquera, erotismo, parceria, vínculo familiar, inicia-se a busca maciça pelo "grande amor", holístico.

Esta fé no amor é o amor das pessoas isoladas, libertas de tradições de classes, pessoas que substituem coisas em comum predeterminadas por *imagens* de coisas em comum que elas próprias desenvolvem e controlam. O romantismo idealista de outrora e o romantismo terapêutico de agora têm em comum o *princípio da distância*: Este amor idealizante, vivido segundo concepções cresce com a distância – mesmo quando os amantes estão fisicamente próximos, porque eles amam suas *imagens* de amor, bem como as *imagens* da pessoa amada; amam-se na pessoa amada e em seu amor e nos excessos que isto torna possíveis, transposições das fronteiras de si mesmo. Em contraste com *este amor por si mesmo no anseio por amor*, a realidade da pessoa amada revela ser uma ameaça com toda sua banalidade (enquanto a embriaguez, é claro, não ofuscou o senso de realidade). Realidade significa colapso, queda, contra os quais apenas as idealizações – e a distância – ajudam. "No amor eu me iludo o tempo todo sobre a realidade... Ilusão – seria ela precondição para a experiência de prazer?"[7]

Este amor é *solidão aumentada, multiplicada por mil* – como diz Lou Andreas-Salomé. É a superação da solidão por seu eco celebrado, um eco mil vezes multiplicado. Isto não só no sentido de que os amantes, com suas idealizações, transpõem, superam suas solidões. Enquanto assim for, os indivíduos não estarão sozinhos! Porque a distância é incorporada na embriaguês que permite a idealização. Mas também no sentido oposto segundo o qual a fragilidade, a recaída na solidão, que é quase inevitável com o alvorecer da normalidade e da realidade, é empurrada, amortecida somente pela distância; e isto talvez também signifique no caso de proximidade: ironia, autoironia, brincadeira, fantasia; o intercâmbio de Eu e Tu, se não vamos experimentar, vamos então rir. Este amor canta a ode à (proximidade na, pela) distância – independentemente de sua forma! Ele deve a ela sua sobrevivência. Este é seu núcleo romântico, realista, sua invenção.

O amor é solidão a dois.

> Embora imaginemos ser completamente preenchidos pelo outro, nós o somos apenas por nossa própria condição, o que, ao contrário, nos torna especialmente incapazes (intoxicados como estamos) de lidar verdadeiramente com a natureza de qualquer coisa. A paixão amorosa está, desde o início, incapacitado para uma percepção objetiva, verdadeira da outra pessoa, para um envolvimento profundo com ela – esta paixão é, antes, envolvimento profundo conosco mesmos, solidão elevada a mil, mas de um tipo que, como se estivesse cercada por milhares de espelhos cintilantes, parece expandir e arquear nossa própria solidão para um mundo que tudo abrange (ANDREAS-SALOMÉ, 1986: 59).

5 O amor como padrão de sentido social da autonomia subjetiva: dinâmica própria, lógica de conflitos, e paradoxos

Livrando-se da moral e do direito, o amor parece se tornar uma *pura* questão dos indivíduos amantes, mesmo que não seja segundo a realidade ao redor, mas pelo menos segundo o tipo ideal. O aspecto incômodo e menos compreensível, no entanto, é que exatamente esta forma de delegação aos sujeitos e suas vontades contém sua própria esquemática, sua legalidade, sua lógica de conflitos e, especialmente, seus paradoxos, que se exprimem desenfreadamente no individual, *como* algo individual, mas seguem um curso que tem seu fundamento no aspecto geral do amor. Dizendo incisivamente: Tal como acontece com o capital e o poder, no caso do amor também se trata de *um espectro predeterminado de comportamentos e crises*, um espectro que, entretanto, coincide com as manifestações da subjetividade, com a autolegislação do amor:

1 O amor se torna epítome da individualização social e, ao mesmo tempo, promessa de resgatar os indivíduos isolados de sua desvantagem anômica. Amor significa, portanto, *combate à solidão*. Ele é a resposta, a resposta desejada para a quebra histórica das comunhões e liames. É a contraindividualização, mais precisamente: a *utopia* da contraindividualização, que, com a individualização, desenvolve *em favor* dela e *contra* ela sua promessa de uma relação a dois sensual, significativa, de uma superação da reclusão, da alienação, bem como sua promessa do autodesenvolvimento *em conjunto*, para superar o "eu marcado". Inversamente, a individualização é *uma espécie de aula particular em idealização da relação a dois*. Até mesmo realistas, sob a pressão das circunstâncias, se tornam idealistas contra a vontade, porque a solidão devida à mobilidade e a desintegração das formas sociais e certezas dos mundos de vida fazem depositar na parceria amorosa a esperança de obter algo que, sem ela, se torna rarefeito e improvável. A individualização *produz* o ideal do casamento por amor.

2 O amor é, por seus esquemas sociais, um *modelo de agente*, um modelo de *responsabilidade*, não de *anonimato* e *mecanicismo*. (Mostraremos que precisamente sua mecânica reside nisto.) O amor converte as pessoas em agentes num mundo composto de mecanismos. No amor as pessoas têm de prestar contas, podem receber culpa, demonstrar justificações, intenções, deliberações subjetivas. Elas são tomadas, não podem se distanciar, são lançadas para cima e para baixo, vivem as coisas velhas, estranhas, padronizadas, repressoras e reprimidas, o que as pessoas são até mesmo quando acreditavam ser o mais intensamente "eu" e inacessivelmente autodeterminadas. O que parece e é desejado como o mais valioso, o mais prazeroso, o mais premente só está atravessando o que é totalmente geral: alcançar papéis de gênero, mercado de trabalho, economia. Aqui o indivíduo é rei e escravo. Legislador, juiz e carcereiro. Ele deve realizar milagres todos os dias para criar as coisas mais naturais, mesmo que há muito tenha abandonado toda a crença em milagres, toda a esperança de redenção.

3 O modo de justificação do amor não é *tradicional e formal*, mas *emocional e individual*. Ele decorre, portanto, da experiência, da fé e da esperança dos indivíduos e não de instâncias superiores. Os amantes, e só eles, dispõem da verdade e do direito de seu amor. Só eles podem assumir esse direito – e declará-lo. Isto

o torna um direito que não tem estatuto, nem procedimento. Mas significa também que não há *injustiça*, mesmo quando ela ocorre *in flagranti* – não há possibilidade de apelação, de recurso. O amor e justiça são palavras que pertencem, cada uma, a uma língua diferente.

4 Autofundamentação. A razão do amor é sempre e somente o próprio amor. Isto significa, em termos operacionais, que apenas os amantes podem julgar se eles estão amando. O amor é democracia radical a dois, sob a forma de *autorresponsabilidade por excelência*. É tão extrema que inclui a irresponsabilidade, porque só os amantes e também, por conseguinte, um *contra* o outro, podem determinar e executar o fim do amor *para* ambos – sem outros motivos que não justamente aqueles de que o amor, o amor dele, o amor dela extinguiu-se.

5 O modo de autofundamentação do amor também significa que ele tem a pretensão de ser o *oposto da dúvida*, a esperada recuperação da segurança perdida nos outros e em si mesmo. No século XIX, o amor era o irracional, o outro da sociedade burguesa, o incerto, o exótico, simbolizado pela "atraente mulher-serpente". A atual situação é exatamente o oposto: em face da relatividade e da dissolução de todos os vínculos compulsórios, o amor ganha o *status* de último recurso de segurança inquestionável. Enquanto o amor no século XIX se desintegrava (ou se inflamava) sob convenções sociais, hoje as pessoas procuram refúgio diante do esfacelamento das convenções sociais.

6 O amor é uma fórmula vazia que os amantes devem preencher. Como se ama, o que significa o amor são objeto de decisão, que deve ser tomada por consenso pelos amantes, que podem variar em termos de tabus, descobertas, infidelidades, que são deixados às suas escolhas e preferências. Amor é auto-normatização, não segundo o conteúdo, mas segundo o *processo*, o processo de legitimação – "uma questão de consciência". O conteúdo, segundo seu modo, se torna invenção subjetiva por consenso. É aí que residem limites e abismos. Isto também se aplica onde coisas generalizadas dão impressão de ser produção própria: moral, kamasutra ou *know-how* terapêutico.

7 Isto implica que o amor, o amor destradicionalizado, *não conhece desvios*, ou pelo menos apenas desvios individuais, não desvios sociais. Apenas o consentimento pode ter sanção pública: a violência se submete ao direito e é capaz de receber punição oficial.

8 *O sentido e a comunhão do amor estão sempre em risco*. Ele demonstra seu caráter terreno nisto também. Uma fonte sistemática de importante risco reside

na questão sobre quem é capaz de decidir quanto à permanência da comunhão e do amor. Duas alavancas abrem os alçapões: a rescisão da comunhão pode ser feita unilateramente, sem direito a veto da outra parte. E o critério da rescisão é – em última análise – o estado subjetivo, a relação entre o sonho do amor e a realidade do amor no horizonte da percepção individual. Atrás da infinidade das conversas sobre relacionamento, sempre espreita a ameaça da guilhotina da decisão unilateral. Portanto, eles correm como ratos na gaiola.

9 Amor é dogmatismo a dois, se tudo correr bem no consenso; e também se as coisas correrem mal, na cruzada aberta um contra o outro. O fato de o amor ser dogmatismo permanece escondido na harmonia e exuberância de emoções, mas irrompe totalmente no conflito de princípios de longo prazo, quando a "autenticidade" se quebra, a única coisa a garantir validade e legalidade, e quando verdades um contra o outro se manifestam. A esta altura, "franqueza" e "defesa dos sentimentos" significam: anular o processo, término, fim. Eu quero que seja assim! O dogmatismo já se encontra no processo, que não é uma questão dos indivíduos, mas corresponde à constituição do amor. Os amantes podem decidir tudo, mas não podem anular seu modo de decisão individual. Eles próprios *são* este modo. Mas disso resulta a possibilidade de pairar nas alturas *e* cair em abismos – a divisão da comunhão na contraposição de dogmatismos subjetivos, que afastam qualquer busca de compreensão.

10 O amor é o padrão oposto à racionalidade de fins. O amor não é um fim objetivável, não pode ser obtido, nem tecnicamente assegurado ou aperfeiçoado; nem sequer é um efeito colateral, que acontece regularmente quando outra coisa é feita tal qual foi planejada. O casamento também não é um projeto, uma receita, que poderiam auxiliar a capturar o amor e torná-lo familiar. A sua distribuição, sua desigualdade, sua injustiça não podem criar camadas e grupos socioestruturais. A parte que eleva e apregoa o amor como ponto principal de seu programa não persegue um objetivo político viável.

11 O amor é pós-tradição e não tradição, que se transmite, por assim dizer, a partir da força de uma sexualidade privada de moralidade e leis. O amor não é institucionalizável, *nem* codificável, *não* precisa ser justificado de um modo geral, desde que a livre-vontade e o consenso sejam seus pressupostos. Em outras palavras: enquanto uma religião que não é mais pregada deixa de governar nosso pensamento, a religião do amor é uma "tradição" sem sacerdotes, que também garante sua sobrevivência por força das necessidades sexuais. Isto ocorre, em todo caso, quando padronizações e controles externos desaparecem e um mercado próspero – desde canções sentimentais passando pela pornografia até a psicoterapia – abre as comportas da satisfação das necessidades.

Isso mostra novamente: o amor é a religião da subjetividade, uma crença em que tudo – Bíblia, sacerdotes, Deus, santos e demônios – é posto nas mãos e corpo, na imaginação e na ignorância dos indivíduos que se amam e se torturam com seu amor.

Mas como céu e inferno estão interligados nessa estrutura do amor? O amor destradicionalizado é, em resumo, responsabilidade pessoal radicalizada, um esquema de esperança e ação, no qual temas, direito, práticas, processos legais – tudo – encontram-se nas decisões dos amantes. Neste sentido, esse padrão de relação e de decisão segue inteiramente a linha de desenvolvimento da Modernidade e do Iluminismo, em que todas as coisas predeterminadas são transferidas para decisões e confiadas aos indivíduos. No entanto, esta imagem atraente oculta uma porta dupla que se torna visível quando se pergunta pela *revisão* de decisões e julgamentos. A resposta segue o mesmo padrão: os indivíduos também são responsáveis por eles. Só que agora fica nítido que harmonia, consenso, reciprocidade, prometido e assumido pelo amor como sua epítome, escondem o fato de que quando essas efusividades evaporam e seus opostos – a indiferença, a dúvida, o medo e o ódio – predominam, as decisões ainda continuarão nas mãos e percepções dos próprios combatentes. O amor como um autogoverno radical, despido de todas as restrições e controles externos, agora *não conhece árbitro, nem normas, nem processos* para içar seus assuntos para longe do tumulto de discussões, do pântano de baixezas e submetê-los a um julgamento neutro, objetivo. Os combatentes do amor também são os juízes de sua disputa, os legisladores e os executivos, que fazem valer os seus julgamentos um contra o outro – aqui se completa a "democracia do amor" *e ao mesmo tempo se transmuta em seu oposto*, ou seja, a desenfreada atuação da subversão e do ódio por meio de brutalidade íntima, de que são capazes apenas *confidentes de longa data e acorrentados entre si* no conhecimento recíproco dos pontos fracos de cada um.

O amor, visto da perspectiva de seu oposto, é como uma guerra religiosa medieval antes da mediação do governo. A decisão da decisão, o julgamento do julgamento não estão protegidos em lugar seguro em nenhum de seus aspectos – regras, acordo, história, necessidades –, mas de modos, ao mesmo tempo, coerente e perigoso se tornam um assunto das pessoas "unidas" no conflito amoroso.

O amor é, por seu recorte social, um navio numa longa viagem com tempo bom. Algumas tempestades podem ser atravessadas sem esforço. Mas como tripulação, capitão, velas, mastros e casco são todos uma coisa só, uma tempestade contínua faz irromper facilmente o caos. Vazamentos são tapados com pranchas arrancadas, se é que isso ainda é possível, pois o navio, de repente, está sendo comandando dois capitães que jogam a culpa um no outro e se atacam com as pranchas. Como a constituição *e* a atração do amor são "liberdade, consenso, satisfação", é fácil ignorar que, justamente por isto, e não por causa de um erro ou de uma falha de construção facilmente remediável, a situação pode se reverter em seu oposto. O que é fundado apenas no consentimento e na livre-reciprocidade não pode ser modificado para uma liberdade *condicional* com *cláusulas de escape*, quando a felicidade ameaça estourar ou os aventureiros do amor se enfrentam sob a marca da decepção e do desespero.

Os alçapões do amor são o outro lado de sua segurança: subjetividade e *apenas* subjetividade, que se transformam em arbitrariedade e brutalidade, sem os freios de obrigações externas. Os amantes criam sua própria lei. *Portanto*, há ameaça de ilegalidade quando o feitiço de amor desvanece para eles, e os interesses próprios dão o tom. O amor requer abertura e intimidade sem reservas. *Portanto*, eles lutam usando as armas ruins, pérfidas da familiaridade. O amor é a legitimidade dele próprio, operacionalizado pelos indivíduos (do mercado) libertos e entregues a seus próprios julgamentos e interesses. *Portanto*, o amor não só o Deus compreensivo, misericordioso do Novo Testamento, mas também o vingativo e enigmático do Antigo.

Lógica conflituosa do amor: condições

Este "mecanismo" do amor segue uma lei; trata-se da *lei da ausência de lei na subjetividade e intimidade orientadas pela necessidade e pelo consenso*, despidas – idealmente – de todos os controles externos, bem como da revisão e execução, e deixadas a si mesmas.

Neste esboço de características e conexões, trata-se, como foi dito, de *construções ideais*, pensam "de modo puro" aquilo que está presente no amor como possibilidade e como movimento realmente documentável; isto se torna efetivo e eficaz na medida em que:

• *A igualdade entre homens e mulheres (em profissão, renda etc.) é concretizada*, porque isto desmantela ou suprime as restrições econômicas para a relação a dois, proporcionando ao amor um peso próprio como meta e como base do vínculo.

• *Aumentam as diferenças em relação às origens do casal*, pois desta forma a produção de um terreno comum e sua preservação contra as forças centrífugas das biografias individuais são colocadas nas mãos e nos corações dos parceiros.

• *A independência e a mútua inescrutabilidade das relações de trabalho* entre homens e mulheres crescem, pois isto derruba as coerções e o compartilhamento de experiências que são externamente predeterminados.

• *Estado, direito, Igreja se afastam da regulação e controle do casamento, da relação a dois e da intimidade* (ou onde as Igrejas mantêm sua reivindicação moral, esta moral se impõe cada vez menos e perde a força de sua validade, em face da autossuficiência e autodeterminação desenvolvidas pelo casal), pois isto cria um espaço livre em que o amor, como forma radical de intimidade "autoadministrada", possa desenvolver sua lógica própria e cenários de conflito.

• *Aumenta a individualização – portanto, a dependência de uma formação, mobilidade, ligação ao mercado de trabalho, juridificação das biografias –*, porque assim o amor, como opositor da solidão, desdobra sua promessa de uma união sensual e significativa.

Todas estas condições são corroboradas por importantes indicadores e tendências de longo prazo (como foram atestadas e expostas em várias maneiras neste livro). O recuo do Estado e do direito, por exemplo, é atestado até mesmo em nível internacional pelas leis do divórcio, que substituíram o princípio da culpa pelo "princípio da desintegração", excluindo, portanto, todas as questões de culpa e regulando exclusivamente as consequências, os fardos materiais do divórcio, as questões sobre criação dos filhos etc. (LUCKE, 1990). Algo semelhante se aplica à retirada da reivindicação de regulação penal para as assim chamadas formas e práticas "desviantes" de amor com exceção daquelas que envolvem violência. Isto indica que, até mesmo no direito, a questão da legalidade foi delegada ao consentimento e à natureza voluntária das partes. Certamente, para as Igrejas, especialmente a Igreja Católica, o desenvolvimento da família e do casamento é um motivo de preocupação constante e exortações públicas. Mas, mesmo em regiões e países intensamente católicos, abre-se um abismo entre as pretensões papais de padrões morais e regulamentações e a prática conjugal, algo que se aplica não só ao controle de natalidade por contraceptivos, mas também pode ser deduzido da taxa de aborto na católica Polônia, por exemplo, uma taxa que se inclui entre as maiores da Europa.

Em nenhuma parte, a lógica intrínseca do amor é tão clara quanto nos *paradoxos*, em que as pessoas se perdem e se confundem em suas turbulências só aparentemente individuais, na medida em que esta lógica comportamental pode, entregue a si mesma, se propagar e se desdobrar.

Paradoxo da liberdade

Uma vez que tudo se baseia na liberdade, a dominação da liberdade alheia deve se tornar objetivo mesmo onde o amor se entusiasma pelo oposto; deseja-se, de acordo com isto, subjugação voluntária da liberdade alheia por causa do amor e de si próprio. Mas como?

> Por que iria eu querer apropriar-me do Outro [pergunta Sartre], não fosse precisamente na medida em que o Outro me faz ser? Mas isso comporta justamente certo modo de apropriação: é da liberdade do outro enquanto tal que queremos nos apoderar. E não por vontade de poder: o tirano escarnece do amor, contenta-se com o medo. Se busca o amor de seus súditos, é por razões políticas, e, se encontra um meio

mais econômico de subjugá-los, adota-o imediatamente. Ao contrário, aquele que quer ser amado não deseja a servidão do amado. Não quer converter-se em objeto de uma paixão transbordante e mecânica. Não quer possuir um automatismo, e, se pretendemos humilhá-lo, basta descrever-lhe a paixão do amado como sendo o resultado de um determinismo psicológico: o amante sentir-se-á desvalorizado em seu amor e em seu ser. Se Tristão e Isolda ficam apaixonados por ingerir uma poção do amor, tornam-se menos interessantes; e chega até a ocorrer o fato de que a total servidão do ser amado venha a matar o amor do amante. A meta foi ultrapassada [...]. Assim, o amante não deseja possuir o amado como se possui uma coisa; exige um tipo especial de apropriação. Quer possuir uma liberdade enquanto liberdade.

Mas, por outro lado, o amante não poderia satisfazer-se com esta forma eminente de liberdade que é o compromisso livre e voluntário. Quem iria se contentar com um amor que se desse como pura fidelidade juramentada? Quem se satisfaria se lhe dissessem: "Eu te amo porque me comprometi livremente a te amar e não quero me desdizer; eu te amo por fidelidade a mim mesmo"? Assim, o amante requer o juramento, e o juramento o exaspera. *Quer ser amado por uma liberdade, e exige que tal liberdade, como liberdade, não seja mais livre*. Quer, ao mesmo tempo, que a liberdade do Outro se determine a si própria a converter-se em amor – e isso não apenas no começo do romance, mas a cada instante – e que esta liberdade seja subjugada *por ela mesma*, reverta-se sobre si própria, como na loucura, como no sonho, para querer seu cativeiro. E este cativeiro deve ser abdicação que é livre e, ao mesmo tempo, acorrentada em nossas mãos (SARTRE, 1956: 342-343).

O paradoxo da autenticidade

O amor é todo na primeira pessoa: a experiência, a verdade, a transcendência, a redenção. Isso pressupõe autenticidade, em tese e concretamente. Mas o que significa, o que é, o que fundamente a sinceridade? O que amortece a queda livre de sua ressegurança, na qual ela é lançada pelos questionamentos a seu respeito? Meu julgamento *sobre* o sentimento deve ser transluzido pela certeza do sentimento tal como esse próprio sentimento? Como eu me comporto sob a pressão da certeza do sentimento alheia, que não só é inacessível à minha evidência, mas também rechaça meus próprios direitos vitais e minhas pretensões à pessoa amada com o dogmatismo da verdade de seu sentimento?

Faz-se necessário [argumentou Niklas Luhmann] um princípio simples e prescritível capaz de pôr de lado 300 anos de compreensão sobre a ligação indissolúvel de sinceridade e insinceridade na estrutura da existência humana e no desenvolvimento do amor. Independentemente da questão de saber se a pessoa amada permitirá a alguém dizer o que tem para dizer: alguém deve ser sincero, mesmo em disposições que mudam constantemente? O outro deve ser como um termômetro colado à sua própria temperatura? Mas, acima de tudo: Como alguém pode ser sincero para com alguém que não o é para consigo mesmo? E, por fim, não é cada existência uma projeção sem fundação, um rascunho, que necessita de apoios e zonas de proteção da insinceridade? Podemos comunicar nossa própria sinceridade, sem nos tornarmos insinceros justamente por isso?

É difícil de avaliar a influência do terapeuta sobre a moral (e da moral sobre o terapeuta), mas ela certamente deve ser temida. Ela põe o amor no lugar da saúde precária do indivíduo, de sua constituição necessitada de cura, e a única concepção desenvolvida para o amor é a de uma terapia duradoura mútua, com base num entendimento insincero a respeito da sinceridade (LUHMANN, 1984: 210s.).

Paradoxo da ação

Podemos eliminar a miséria, reduzir as disparidades, aumentar a segurança – contra a guerra ou riscos técnicos. Mas o amor não pode ser almejado como um fim (talvez possa ser impedido por conflitos pré-desenhados ou bloqueios pessoais), nem conjurado, nem se tornar provável e amigável a reformas mediante instituições dentro de fronteiras seguras. Ele simplesmente acontece, irrompe como um relâmpago ou apaga segundo leis que estão fora do controle do indivíduo e da sociedade. O mesmo se aplica ao seu oposto, à indiferença, que igualmente "ocorre", ou pode se desintegrar com um ataque de amor. Mas como atingimos, preservamos, sobrevivemos ao amor se não pelo receituário da racionalidade meio-fim que está à nossa disposição? O que acontece quando todos perseguem um alvo que não é acessível, ou pelo menos não do modo como estamos fazendo? E se descobrirmos que rechaçar esse alvo é o caminho mais curto até ele? Ou se o alvo, depois de alcançado, se reverter no oposto do que é esperado?

Uma época que, no ápice de sua racionalidade voltada para a tecnologia, se apaixonou pelo amor, por assim dizer, entrega-se *àquele que talvez seja o último alvo (de felicidade) não racionalizável*, que se esquiva das garras da Modernidade e extrai precisamente disto sua sedução, seus emuladores e seus asseclas. Tal como a angústia, que, de resto, é apenas o reverso da individualista "religião do amor" na sociedade de risco, o amor não é justificável, irrefutável, em última análise, nem discursivamente verificável e apesar, ou talvez por causa, da inflacionária tagarelice sobre os relacionamentos, não é intersubjetivamente divisível e comunicável.

Perspectivas concorrentes

Na história da ciência, isto significa: na medida em que essa perspectiva de um amor destabuizado, com lógica própria de comportamento e crença, ganha substância e evidência, então (pelo menos) duas perspectivas dominantes se tornam falsas: a teórica e a da ação prática.

Em primeiro lugar, há o ponto de vista da psicologia e da psicanálise, que busca as "causas" do conflito na personalidade do indivíduo e as projeta em sua biografia da primeira infância.

As turbulências do amor e os conflitos entre os parceiros não precisam – esta é a consequência da visão delineada em nosso livro – ter sua origem primariamente nas neuroses e nas complicações precoces biográficas dos envolvidos, mas também podem resultar justamente da *lógica intrínseca* do tema do amor e de sua dinâmica de conflito multifacetada, em todos seus tipos e vícios – uma explicação que ganha importância com a liberação da "lógica de amor" e seus paradoxos. Remeter as falhas e incômodos sistemáticos que aqui se tornam possíveis e verdadeiros à psique e aos passados pessoais dos amantes aproxima-se do erro de relacionar acidentes de montanha a "fracassos anais" ou a economia inflacionária à "repressão da libido".

Em segundo, torna-se falso o consenso amplamente sustentado de diferentes *teorias sociais* que partem da noção de que o sentido social é essencialmente um sentido *tradicional*, que deve ser documentado, passado adiante, criticado, legitimado e incutido nos corações e mentes da geração mais jovem pela escola e pela igreja ou, do contrário, evapora e perde sua validade social. O amor segue o padrão inverso: livre das restrições tradicionais e morais, ele abre as comportas de desejos e apetites sexuais. Com isto, ao mesmo tempo, uma pretensão de significado terrena e uma crença nos sentidos se apoderam das pessoas, fluindo de seu recesso mais íntimo e mais secreto, se esquivando dos obstáculos da tradição institucional, assegurando sua estabilidade cultural de modo dependente dos impulsos, de modo inconsciente, pré-consciente, por assim dizer. E, justamente por isso, elas, como "religião" individual (em duplo sentido: erguendo-se dos indivíduos e prometendo abolir sua solidão), como não tradição, pós-tradição, conferem sentido e orientação, prazer e combatividade à esperança e à busca dos indivíduos libertos.

Uma retrospectiva a partir do futuro ou o último Dia dos Namorados

Saltemos para o século XXI e concluamos com um relato retirado do *International Herald Tribune*:

> Boston, 14 de fevereiro de 2009
>
> Um olhar sobre os livros de história ensina que em 1990 foi celebrado pela última vez o dia dos namorados. À essa altura, a ideia de dedicar um feriado nacional ao amor caiu em descrédito. Tornou-se anacrônico, representando épocas em que a vida cotidiana das pessoas era dominada por sexo, drogas e *rock'n'roll*.

Mesmo antes, alguns parlamentares tinham protestado contra o dia. No final da década de 1980, houve então uma iniciativa no Parlamento de suspender todos os fundos para museus que mantivessem no acervo imagens de crianças nuas sob o pseudônimo *Cupidus* ou as exibissem em exposição pública. Quando escalou o conflito, iniciativas de pais críticos exigiram que lojistas entregassem cartões de namorados apenas para casais.

O golpe final foi dado pela comissão do amor convocada pelo governo, que apresentou seu relatório final ao público naqueles dias. O resultado foi pouco surpreendente. Amor causaria o que os especialistas chamaram de "desintegração da consciência". Este termo técnico tinha, no horizonte da estrita objetividade da década de 1990, um significado claro: o amor era uma droga, e as pessoas estavam abusando dela.

Os sintomas eram evidentes, onipresentes e alarmantes. Pessoas apaixonadas, constatou a comissão, não só tinham dificuldade de concentração. Elas eram francamente perturbadas, presas a devaneios, andando às apalpadelas, cegas de amor – problemas de comportamento, que na época atraíram a atenção da ciência. Muitos experimentavam falta de apetite, com elevação preocupante da frequência cardíaca, olhavam para o vazio, e em seu rosto a sombra daquela rosa do amor, cuja condição era reconhecível até mesmo a olho nu.

As consequências para a saúde causadas por este abuso de amor, comprovado com muitos argumentos pela comissão, eram preocupantes, assim como as perdas financeiras. Amantes, estimou-se, custavam milhões de dólares ao Estado e à economia anualmente. Perdas de produtividade devidas ao caos absolutamente normal do amor devoravam até mais do que, por exemplo, a contraespionagem. Em contraste a isto, a comissão se referiu aos japoneses, que, como é sabido, nunca tinham dedicado um feriado nacional ao amor. Os cientistas tinham de ser mais claros?

Desde muito, há disputas sobre o amor na sociedade moderna. A geração anterior tinha aceitado sem questionar as mensagens sublimes nas velhas letras de *hits* de sucesso como "Eu não posso te dar nada além de amor, baby". Então, quando a geração Beatles cresceu e renunciou a todos os tipos de drogas, ela fez do amor uma questão pública. Métodos de diagnóstico precoce foram explorados, refinados e divulgados. Os pais começaram a proteger seus vulneráveis filhos contra isto com cuidados antecipados. Quem poderia ficar indiferente a influências que roubam a razão das pessoas, levam-nas ao êxtase?

Antes da década de 1990, como os historiadores da linguagem relatam, "love" tinha o significado de um substantivo ou de um verbo. Em seguida, a palavra começou a aparecer com cada vez mais frequência na posição atributiva e em combinações como "escravo do amor" e "doente de amor". Os apaixonados começaram a descrever sua condição como um vício. Na verdade, o amor gera dependência, ou pior ainda: codependência. Os *best-sellers* daquele inverno de convulsão 1989/1990 pintou isto em cores fulgurantes.

Com o início do século XXI, tornou-se cada vez mais natural responder à pergunta "Quem é você?" citando nome, sexo e um programa de terapia de amor individual: "Olá, meu nome é Marianne, e eu estou quase desapaixonada". Na década de 1990, milhões de pessoas já se tinham juntado a grupos de autoajuda, tal como seus avós pertenciam a classes sociais ou grupos étnicos. A abstinência era a palavra de ordem, que todos aplaudiam e tentavam seguir.

Tudo isso criou o plano de fundo para que as recomendações da comissão fossem cada vez mais aceitas. As evidências científicas de uma epidemia generalizada do amor pediam ações.

A Suprema Corte concedeu às empresas o direito de submeter os candidatos a emprego a um teste geral de amor. Fundações financiaram programas, que ensinavam às pessoas como se virar sozinhas. Os professores foram instruídos a mostrar aos jovens os riscos do amor. *Romeu e Julieta* desapareceu das estantes. Nesta atmosfera, o Dia dos Namorados não poderia mais ser tolerado.

A historiografia de hoje data a superação do amor nos conflitos do início dos anos da década de 1990. Naquela época foi possível eliminar esta subversão cotidiana da racionalidade moderna. O amor foi submetido a um controle preventivo.

Relata-se que, ocasionalmente, casais hoje ainda se abraçam, unem suas cabeças, mas isto acontece principalmente em ou após exercícios de ginástica. Mesmo que ninguém esteja a salvo de recaídas, pode-se dizer que nós, numa época pós-Dia dos Namorados, já quase alcançamos o grande objetivo da vida racional, exceto a eliminação da pobreza. Devemos à coragem e determinação dos nossos antepassados da década de 1990 o fato de vivermos cada vez mais numa sociedade livre de amor.

Notas

1. São caracteristicamente *ideias* e *fantasias* de famílias e crianças, que prometem sentido à vida, não tanto as experiências reais da vida familiar na biografia até agora e na cotidianidade. Cf. Wahl et al., 1980, p. 35.

2. Portanto, esta avaliação, que procura justificar historicamente o tema de amor em situações conflituosas de mundos de vida individualizados contesta, ao mesmo tempo, que âmbitos tradicionais se dissolvem *exclusivamente* em "pequenos mundos sociais" (HITZLER 1988: 136ss.). O amor torna-se quase um tema obrigatório em mundos destradicionalizados; isso também mostra como é importante conectar a questão das tendências de individualização com a questão sobre novos padrões sociais e de significado que estão emergindo.

3. Agradeço esta citação a Christoph Lau.

4. A formulação clássica de Jürgen Habermas diz: "Não há produção administrativa de sentido" (1973: 99). Helmut Dubiel escreve o seguinte, resumindo uma longa linha argumentativa (que remonta a Adam Smith, Hegel e Tocqueville): "Assim como a indústria queima combustíveis fósseis sem ser capaz de substituí-los, a estabilidade das sociedades liberais do livre-mercado se alimenta dos estoques de uma moral social que essas sociedades não podem renovar dentro de suas próprias instituições políticas, econômicas e culturais" (DUBIEL, 1987: 1.039ss.). Para que a argumentação que estamos expondo se prove sólida, deveríamos reconsiderar essa avaliação, no seguinte sentido: É possível compreender o amor destradicionalizado e conflituoso como uma fonte de sentido sempre moderna? Minha resposta: Eis a pergunta! Se é verdade que o amor é uma das principais fontes de disputa, de disputa corrosiva que move, esfola e fere homens e mulheres em seu cerne mais íntimo e os obriga, ao mesmo tempo, a revisar e "transcender" suas formas de vida, seu caminho, seu futuro, sua pessoa, suas qualidades, suas vontades, suas crenças e descrenças, então pode ser que seu sentido consista precisamente nisso. Não estamos falando de um sentido positivo, predeterminado, unívoco e autoritário, mas de uma luta que jorra da substância da vida, visa a essa substância e a decompõe; essa seria exatamente a forma do sentido pós-tradicional, intramoderno do amor. Isso gera perguntas que ameaçam erodir o edifício da normalidade de dentro para fora, em seus fundamentos. Dessa forma vêm à tona muitas coisas: recolhimento, amargura, cinismo, mas também – de forma contraditória o suficiente – um novo horizonte, uma nova visão de mundo, um novo estilo de vida ou, pelo menos, o anseio por essas coisas, mesmo em desejos deprimidos, nas fortalezas do celebrado ego. Não na forma de certezas ou valores agora simplesmente colhíveis, mas, em termos de uma dor cultural, uma atenção desgastada, que desperta a percepção, desloca prioridades. Deve-se, é claro, concordar com Thomas Luckmann (1983: esp. 188) de que amor como religião pode ter um efeito que cria significado apenas na esfera *privada* e apenas "na extensão de que esta seja realmente deixada de lado pelas grandes instituições".

5. O conceito de romantismo e amor romântico é, sem dúvida, vago e ambíguo, como o debate inflamado sobre "A modernidade do romantismo" mostra de um modo geral (BROCAS, 1988). O núcleo do significado foi suspeitado por Niklas Luhmann tal como nós naquela relação peculiar entre idealização e distância: O amor romântico é "ideal e paradoxal, na medida em que afirma ser a unidade da dualidade. Na doação de si, é preciso preservar e elevar o si-mesmo, realizar o amor de forma plena e simultaneamente irônica. Em tudo isso impõe-se um paradoxo novo e tipicamente romântico: a experiência da intensificação do ver, do vivenciar, do desfrutar *pela distância*" (LUHMANN, 1984: 210-211 – itálico do autor no original). Quanto às origens históricas, cf. Campbell, 1987; Honneth, 1988b. Devo este pensamento a Christoph Lau.

6. Devo este pensamento a Christoph Lau. A tese não tem o mesmo significado da "reflexividade do amor", de que fala Niklas Luhmann (1984). Esta última não visa a estado de coisas historicamente novo, mas "vendo em abstrato, é uma possibilidade para todos os talentos e todas as situações [...]"

7. A esse respeito cf. Kristeva, 1989, p. 16: "Todas as filosofias de pensamento que tentam, de Platão a Descartes, Hegel e Kant, assegurar à experiência do amor um acesso à realidade, apagam dela o que é perturbador e a reduzem a uma viagem iniciática atraída pelo bem supremo ou pelo espírito absoluto. Apenas a teologia [...] se deixa seduzir [...] pelos santos delírios do amor".

Referências

ADORNO, T. (1978). *Minima moralia.* Londres [Orig. alemão, 1951].

ALBERONI, F. (1987). *Erotik:* Weibliche Erotik, männliche Erotik, was ist das? Munique.

_____ (1983). *Verliebtsein und lieben:* Revolution zu zweit. Stuttgart [*Falling in Love.* Nova York].

ALLERBECK, K. & HOAG, W. (1985). *Jugend ohne Zukunft?:* Einstellungen, Umwelt, Perspektiven. Munique.

ANDREAS-SALOME, L. (1986). *Die Erotik.* Frankfurt/Berlim.

ARIÈS, P. (1984). Liebe in der Ehe. In: ARIÈS, P. et al. *Die Masken des Begehrens und die Metamorphosen der Sinnlichkeit.* Frankfurt [*Western Sexuality:* Practice and Precept in Past and Present. Oxford, 1985].

_____ (1962). *Centuries of Childhood:* A Social History of Family Life. Nova York [Trad. alemã, 1978].

AYCK, T. & STOLTEN, I. (1978). *Kinderlos aus Verantwortung.* Reinbek.

BACH, G.R. & DEUTSCH, R.M. (1979). *Pairing:* Intimität und Offenheit in der Partnerschaft. Reinbek.

BACH, G.R. & MOLTER, H. (1979). *Psychoboom:* Wege und Abwege moderner Therapie. Reinbek.

BACH, G.R. & WYDEN, P. (1969). *The Intimate Enemy:* How to Fight Fair in Love and Marriage. Nova York.

BADEN-WÜRTTEMBERG PROVINCIAL GOVERNMENT (1983). *Bericht der Kommission "Zukunftsperspektiven gesellschaftlicher Entwicklungen", erstellt im Auftrag der Landesregierung von Baden-Wiirttemberg.* Stuttgart.

BADINTER, E. (1988). *Ich bin Du:* Die neue Beziehung zwischen Mann und Frau. Munique.

BADURA, B. (ed.) (1981). *Soziale Unterstützung und chronische Krankheit:* Zum Stand sozialepidemiologischer Forschung. Frankfurt.

BAER, J. (1976). *How to be an Assertive (not Aggressive) Woman.* Nova York.

BAETHGE, M. (1985). Individualisierung als Hoffnung und Verhängnis. *Soziale Welt*, 3, p. 299s.

BARTHES, R. (1978). *Fragments:* A lover's Discourse. Nova York.

BECK, J. (1970). *How to Raise a Brighter Child.* Londres.

BECK, U. (1994). The Debate on the "Individualization Theory" in Today's Sociology in Germany. In: SCHAFERS, B. (ed.). *Sociology in Germany:* Development, Institutionalization, Theoretical Disputes. Opladen.

_____ (1988). *Gegengifte:* Die organisierte Unverantwortlichkeit. Frankfurt [*Ecological Politics in the Age of Risk.* Cambridge, 1995].

_____ (1986). *Risikogesellschaft:* Auf dem Weg in eine andere Modernität. Frankfurt [*Risk Society:* Towards a New Modernity. Londres, 1992].

_____ (1983). Jenseits von Stand und Klasse?: Soziale Ungleichheit, gesellschaftliche Individualisierungsprozesse und die Entstehung neuer sozialer Formationen und Identitaten. In: KRECKEL, R. (ed.) (1983). Soziale Ungleichheiten, p. 35-74 [Ed. esp. de *Soziale Welt*] [Beyond Status and Class? In: MEJA; MISGELD & STEHR (eds.). *Modern German Sociology.* Nova York, 1987].

BECK, U. & BECK-GERNSHEIM, E. (1995). Individualization in Modern Societies. In: LASH, S.; HEELAS, P. & MORRIS, P. (eds.). *Detraditionalization.* Oxford.

BECK, U. & BECK-GERNSHEIM, E. (eds.) (1994). *Riskante Freiheiten:* Individualisierung in modemen Gesellschaften. Frankfurt.

BECK, U.; GIDDENS, A. & LASH, S. (1994). *Reflexive Modernization:* Politics, Tradition and Aesthetics in the Modern Social Order. Cambridge.

BECK-GERNSHEIM, E. (1995). *Technology, the Market, and Morality:* On Reproductive Medicine and Genetic Engineering. Atlantic Highlands, NJ.

_____ (1989). *Mutterwerden:* Der Sprung in ein anderes Leben. Frankfurt.

_____ (1988a). *Die Kinderfrage:* Frauen zwischen Kinderwunsch und Unabhängigkeit. Munique.

_____ (1988b). Zukunft der Lebensformen. In: HESSE, J.; ROLFF, H.-G. & ZOPPEL, C. (eds.). *Zukunftswissen und Bildungsperspektiven.* Baden-Baden, p. 99-118.

_____ (1983). Vom "Dasein für andere" zum Anspruch auf ein Stück 'eigenes Leben': Individualisierungsprozesse im weiblichen Lebenszusammenhang. *Soziale Welt*, 3, p. 307-341.

_____ (1980). *Das halbierte Leben:* Männerwelt Beruf, Frauenwelt Familie. Frankfurt.

BECKER-SCHMIDT, R. & KNAPP, G.-A. (1985). *Arbeiterkinder gestern; Arbeiterkinder heute.* Bonn.

BEHRENS, K. (ed.) (1982). *Das Inselbuch vom Lob der Frau.* Frankfurt.

BÉJIN, A. (1984). Ehen ohne Trauschein heute. In: ARIÈS, P. et al. *Die Masken des Begehrens und die Metamorphosen der Sinnlichkeit.* Frankfurt [*Western Sexuality.* Oxford, 1985].

BENARD, C. & SCHLAFFER, E. (1985). *Viel erlebt und nichts begriffen:* Die Männer und die Frauenbewegung. Reinbek.

_____ (1981). *Liebesgeschichten aus dem Patriarchat.* Reinbek.

BENN, G. (1962). *Leben ist Brückenschlagen:* Gedichte, Prosa, Autobiographisches. Munique/Zurique.

BERGER, B. & BERGER, P.L. (1983). *The War over the Family.* Nova York.

BERGER, J. (1986). Gibt es ein modernes Gesellschaftsstadium? – Marxismus und Modernisierungstheorie im Widerstreit. In: BERGER, J. (ed.). Die Moderne: Kuntinuität und Zasuren. *Soziale Welt*, vol. 4 [Esp.], p. 79-96.

BERGER, P.A. (1987). Klassen und Klassifikationen. *Kölner Zeitschrift für Soziologie und Sozialpsychologie*, 29, p. 59-85.

_____ (1986). *Entstrukturierte Klassengesellschaft?* Opladen.

BERGER, P.A. & HRADIL, S. (eds.) (1990). Lebenslagen, Lebensläufe, Lebensstile. *Soziale Welt*, vol. 7 [Esp.].

BERGER, P.L. (1983). Das Problem der mannigfachen Wirklichkeiten: Alfred Schütz und Robert Musil. In: GRADHOFF, R. & WALDENFELS, B. (eds.). *Sozialität und Intersubjektivität,* Munique.

_____ (1973). *Zur Dialektik von Religion und Gesellschaft.* Frankfurt.

BERGER, P.L.; BERGER, B. & KELLNER, H. (1973). *The Homeless Mind:* Modernization and Consciousness. Nova York.

BERGER, P.L. & KELLNER, H. (1965). Die Ehe und die Konstruktion der Wirklichkeit. *Soziale Welt*, 3, p. 220-235.

BERNARD, J. (1976). *The Future of Marriage.* Harmondsworth.

BERNARDONI, C. & WERNER, V. (eds.) (1983). *Der vergeudete Reichtum:* Über die Partizipation von Frauen im Öffentlichen Leben. Bonn.

BERTRAM, H. & BORRMANN-MÜLLER, R. (1988). Individualisierung und Pluralisierung familialer Lebensformen. *Aus Politik und Zeitgeschichte* [Supl. do semanário *Das Parlament*, 13, p. 14-22].

BERTRAM, H. & DANNENBECK, G. (1990). Zur Theorie und Empirie regionaler Disparitäten: Pluralisierung von Lebenslagen und Individualisierung von Lebensführungen in der BRD. In: BERGER, P.A. & HRADIL, S. (eds.) (1990). Lebenslagen, Lebensläufe, Lebensstile. *Soziale Welt*, vol. 7 [Esp.].

BEYER, J.; LAMOTT, F. & MEYER, B. (eds.) (1983). *Frauenhandlexikon*. Munique.

BIERMANN, I.; SCHMERL, C. & ZIEBELL, L. (1985). *Leben mit kurzfristigem Denken*: Eine Untersuchung zur Situation arbeitsloser Akademikerinnen. Weilheim/Basle.

BILDEN, H. (1989). Geschlechterverhältnis und Individualität im gesellschaftlichen Umbruch. In: KEUPP, H. & BILDEN, H. (eds.). *Verunsicherungen*. Göttingen, p. 19-46.

BLACKIE, P. (1988). Mit 35 das erste Kind – Überlegungen und Erfahrungen. *Zusammenarbeit mit Janet Baldwin*. Hamburgo.

BLIXEN, T. (1986). *On Modern Marriage*. Nova York.

BOCK-ROSENTHAL, T.; HAASE, C. & STREECK, S. (1978). *Wenn Frauen Karriere machen*. Frankfurt/Nova York.

BOHRER, K.H. (1988). Die Modernität der Romantik. *Merkur*, 469, p. 179-198.

BOLTE, K.-M. (1983). Subjektorientierte Soziologie. In: BOLTE, K.-M. & TREUTNER, E. (eds.). *Subjektorientierte Arbeits- und Berufssoziologie*. Frankfurt, p. 12-36.

_____ (1980). Bestimmungsgründe der Geburtenentwicklung und Überlegungen zu einer möglichen Beeinflussbarkeit. In: Bevölkerungsentwicklung und nachwachsende Generation – *Schriftenreihe des Bundesministers für Jugend, Familie und Gesundheit*. Vol. 94. Stuttgart/Berlim/Colônia/Mainz, p. 64-91.

BOPP, J. (1984). Die Mamis und die Mappis: Zur Abschaffung der Vaterrolle. *Kursbuch 1967*, jun., p. 53-74.

BORSCHEID, P. (1986). Romantic Love or Material Interest: Choosing Partners in Nineteenth-Century Germany. *Journal of Family History*, 2, p. 157-168.

BOSTON WOMEN'S HEALTH COLLECTIVE (ed.) (1971). *Our Bodies, Ourselves*. Nova York.

BRAUN, D. & WOHLFART, D. (1984). *Ich und du und unser Kind*: Tagebücher aus dem Leben zu dritt. Reinbek.

BRAUTIGAM, H.-H. & METTLER, L. (1985). *Die programmierte Vererbung*: Möglichkeiten und Gefahren der Gentechnologie. Hamburgo.

BRINKER-GABLER, G. (ed.) (1979). *Frauenarbeit und Beruf*. Frankfurt.

BROD, H. (ed.) (1987). *The Making of Masculinity*. Boston.

BRONTE, C. (1966). *Jane Eyre*. Harmondsworth [1. ed., 1847].

BROSE, H.G. & HILDENBRAND, B. (eds.) (1988). *Vom Ende des Individuums zur Individualität ohne Ende*. Opladen.

BROSE, H.G. & WOHLRAB-SAHR, M. (1986). Formen individualisierter Lebensführung von Frauen: ein neues Arrangement zwischen Familie und Beruf? In: BROSE, H.G. (ed.). *Berufsbiographien im Wandel*. Opladen, p. 105-145.

BRUCKNER, G. & FINKIELKRAUT, A. (1979). *Die neue Liebesunordnung*. Munique.

BRUKER, M.O. & GUTJAHR, I. (1986). *Biologischer Ratgeber für Mutter und Kind*. Lahnstein.

BUCHHOLZ, W. et al. (1984). *Lebenswelt und Familienwirklichkeit*. Frankfurt.

BULLINGER, H. (1986). *Wenn Paare Eltern werden*. Reinbek.

BUNDESMINISTER FÜR BILDUNG UND WISSENSCHAFT (ed.) (1982-1983; 1984-1985; 1988-1989; 1989-1990). *Grund- und Strukturdaten*. Bonn.

BUNDESMINISTER FÜR JUGEND, FAMILIE UND GESUNDHEIT (ed.) (1985). Nichteheliche Lebensgemeinschaften in der Bundesrepublik Deutschland – *Schriftenreihe des Bundesministers für Jugend, Familie und Gesundheit*, Vol. 170. Stuttgart/Berlin/Colônia/Mainz.

_____ (1984). *Frauen in der Bundesrepublik*. Bonn.

_____ (1980). *Frauen 80*. Bonn.

BURCKHARDT, J. (1958). *The Civilization of the Renaissance in Italy*. Nova York [Orig. alemão, 1858].

BURKART, G.; FIETZE, B. & KOHLI, M. (1989). Liebe, Ehe, Elternschaft: Eine qualitative Untersuchung über den Bedeutungswandel von Paarbeziehungen und seine demographischen Konsequenzen. In: BUNDESINSTITUT FÜR BEVÖLKERUNGSFORSCHUNG (ed.). *Materialien zur Bevölkerungswissenschaft*, n. 60. Wiesbaden.

BÜTTNER, C.; NICKLAS, H. et al. (1984). *Wenn Liebe zuschlägt* – Gewalt in der Familie. München, 1984.

CAESAR-WOLF, B. & EIDMANN, D. (1985). Gleichberechtigungsmodelle im neuen Scheidungsfolgenrecht und derem Umsetzung in die familiengerichtliche Praxis. *Zeitschrift für Rechtssoziologie*, vol. 6, n. 2, p. 163-189.

CAMPBELL, C. (1987). *The Romantic Ethic and the Spirit of Modern Consumerism*. Oxford.

CANCIAN, F.M. (1986). The Feminization of Love. *Signs*, 4, p. 692-709.

_____ (1985). Gender Politics: Love and Power in the Private and Public Spheres. In: ROSSI, A.S. (ed.). *Gender and the Lifecourse*. Nova York, p. 253-265.

CAPEK, K. (1985). Romeo und Julia: Eine Erzählung. *Süddeutsche Zeitung*, 25, 07/05.

CHESLER, P. (1979). *With Child: A Diary of Motherhood*. Nova York.

CHESTER, R. (ed.) (1982). Children and Marriage. *International Journal of Sociology and Social Policy*, 2/3 [Núm. esp.].

CHRISTIE, A. (1977). *An Autobiography.* Nova York.

COHEN, A. (1984). *Das Buch meiner Mutter.* Stuttgart.

_____ (1983). *Die Schöne des Herrn.* Stuttgart.

COOK, E.H. & HARRELL, K.F. (1984). *Parental Kidnapping:* A Bibliography. Monticello: Vance Bibliographies.

DAELE, W. (1985). *Mensch nach Mass?* – Ethische Probleme der Gen manipulation und Gentherapie. Munique.

DEGLER, C.N. (1980). *Women and the Family in America from the Revolution to the Present.* Nova York.

DEMOS, J. & BOOCOCK, S.S. (eds.) (1978). *Turning Points:* Historical and Sociological Essays on the Family. Chicago.

DIEZINGER, A.; MARQUARDT, R. & BILDEN, H. (1982). *Zukunft mit beschränkten Möglichkeiten, Projektbericht.* Munique.

DISCHE, I. (1983). Das schönste Erlebnis. *Kursbuch*, 72, jun., p. 28-32.

DORRE, K. (1987). *Risiko-Kapitalismus:* Zur Kritik von Ulrich Becks Weg in eine andere Modeme. Marburgo.

DOWRICK, S. & GRUNDBERG, S. (eds.) (1980). *Why Children?* Nova York/Londres.

DUBIEL, H. (1987). Zur Ökologie der sozialen Arbeit. *Merkur*, p. 1.039ss.

DUBY, G. (1983). *The Knight, the Lady and the Priest:* the Making of Modern Marriage in Medieval France. Nova York.

DURKHEIM, E. (1933). *The Division of Labor in Society.* Nova York [Orig. francês, 1893].

EHRENREICH, B. (1984). The Politics of Talking in Couples: Conversus Interruptus and other Disorders. In: JAGGAR, A.M. & ROTHENBERG, P.S. (eds.). *Feminist Frameworks.* Nova York, p. 73-76.

_____ (1983). *The Hearts of Men.* Nova York.

EHRENREICH, B. & ENGLISH, D. (1979). *For Her Own Good:* 150 Years of the Experts' Advice for Women. Londres.

EHRENREICH, B.; HESS, E. & JACOBS, G. (1986). *Remaking Love* – The Feminization of Sex. Nova York.

EICHENBAUM, L. & ORBACH, S. (1983). *What do Women Want?* – Exploding the Myth of Dependency. Nova York.

ELIAS, N. (1985). Foreword. In: SCHROTER, M. "O zwei zusammen kommen in rechter Ehe...": *Sozio- und psychogenetische Studien über Eheschliessungsvorgänge vom 12. bis 15. Jahrhundert.* Frankfurt, p. vii-xi.

_____ (1978). *The Civilization Process:* The History of Manners. Nova York.

ELSCHENBROICH, D. (1988). Eine Familie, zwei Kulturen: Deutsch-ausländische Familien. In: DEUTSCHES JUGENDINSTITUT (ed.). *Wie geht's der Familie?:* Ein Handbuch zur Situation der Familien heute. Munique, p. 363-370.

ENZENSBERGER, H.M. (1988). *Requiem fur eine romantische Frau:* Die Geschichte von Auguste Bussmann und Clemens Brentano. Berlim.

ERLER, G.A. (1985). Erdöl und Mutterliebe: Von der Knappheit einiger Rohstoffe. In: SCHMIDT, T. (ed.). *Das pfeifende Schwein.* Berlim.

ESSER, H. (1989). Verfällt die soziologische Methode? *Soziale Welt,* ½, p. 57-75.

FABE, M. & WIKLER, N. (1979). *Up Against the Clock:* Career Women Speak on the Choice to Have Children. Nova York.

FALLACI, O. (1980). *A Man.* Nova York.

_____ (1976). *Letter to a Child Never Born.* Nova York.

FEND, H. (1988). Zur Sozialgeschichte des Aufwachsens. In: DEUTSCHES JUGENDINSTITUT (ed.). *25 Jahre Deutsches Jugendinstitut e.V.:* Dokumentation der Festveranstaltung und des Symposiums. Munique, p. 157-173.

FISCHER, E. (1983). *Jenseits der Träume:* Frauen urn Vierzig. Colônia.

FISCHER, I. (1989). Der andere Traum vom eigenen Baby. *Geo-Wissen, Sonderheft Sex-Geburt-Genetik,* mai., p. 46-58.

FISHMAN, P.M. (1982). Interaction: The Work Women do. In: KAHN-HUT, R.; DANIELS, A.K. & COLVARD, R. (eds.). *Women and Work:* Problems and Perspectives. Nova York, p. 170-180.

FLANDRIN, J.L. (1984). Das Geschlechtsleben der Eheleute in der alten Gesellschaft. In: ARIÈS, P. et al. *Die Masken des Begehrens und die Metamorphosen der Sinnlichkeit.* Frankfurt [*Western Sexuality.* Oxford, 1985].

FLEMING, A.T. (1989). When a Loving Nest Remains Empty. *New York Times,* 15/03.

FLITNER, A. (1988). Zerbrechliche Zukunft. *Für das Leben-oder für die Schulef.* Weinheim, p. 211-219.

FOUCAULT, M. (1978). *The History of Sexuality.* Nova York [Orig. francês, 1976].

FRANKL, V.E. (1984). *Das Leiden am sinnlosen Leben:* Psychotherapie für heute. Friburgo.

FUCHS, R. (1988). *Die Technisierung der Fortpflanzung.* Berlim.

FUCHS, W. (1984). *Biographische Forschung*. Opladen.

_____ (1983). Jugendliche Statuspassage oder individualisierte Jugendbiographie? *Soziale Welt*, 3, p. 341-371.

FURSTENBERG JR., F. (1987). Fortsetzungsehen: Ein neues Lebensmuster und seine Folgen. *Soziale Welt*, 1, p. 29-39.

GABBERT, K. (1988). Prometheische Schamlosigkeit. *Ästhetik und Kommunikation*, 69, p. 85-91.

GARFINKEL, P. (1986). *In a Man's World*. Nova York.

GENSIOR, S. (1983). Moderne Frauenarbeit. *Karriere oder Kochtopf, Jahrbuch für Sozialökonomie une Gesellschaftstheorie*. Opladen.

GERHARD, U. (1978). *Verhältnisse und Verhinderungen:* Frauenarbeit, Familie und Rechte der Frauen im 19. Jahrhundert. Frankfurt.

GESTETNER, P. (1981). *Die Eroberung des Kindes durch die Wissenschaft:* Aus der Geschichte der Disziplinierung. Reinbek.

GEULEN, D. (1977). *Das vergesellschaftete Subjekt*. Frankfurt.

GILLIGAN, C. (1982). *In a Different Voice:* Psychological Theory and Women's Development. Cambridge, Mass.

GLICK, P.C. (1984). Marriage, Divorce, and Living Arrangements: Prospective Changes. *Journal of Family Issues*, p. 7-26.

GOLDBERG, H. (1979). *Der verunsicherte Mann:* Wege zu einer neuen Identität aus psychotherapeutischer Sicht. Reinbek.

GOODY, J. (1983). *The Development of the Family and Marriage in Europe*. Cambridge.

GORDON, S. (1985). Interview with Jean Baker Miller. *Ms*, jul., p. 42.

GRASS, G. (1980). *Kopfgeburten*. Darmstadt [*The Germans are Dying Out*, 1983].

GRAVENHORST, L. (1983). Alleinstehende Frauen. In: BEYER, J. et al. (eds.). *Frauenhandlexikon:* Stichworte zur Selbstbestimmung. Munique, p. 16s.

GROFFY, C. & GROFFY, U. (eds.) (1986). *Das Insel-Buch der Ehe*. Frankfurt.

GRONEMEYER, R. (1989). *Die Entfernung vom Wolfsrudel:* Über den drohenden Krieg der Jungen gegen die Alten. Düsseldorf.

GROSS, P. (1985). Bastelmentalität. In: SCHMIDT, T. (ed.). *Das pfeiefende Schwein*. Berlin, p. 63-84.

GROSS, P. & HONER, A. (1990). Multiple Elternschaften. *Soziale Welt*, 1.

HABERMAS, J. (1988). *Nachmetaphysisches Denken:* Philosophische Aufsätze. Frankfurt.

_____ (1973). *Legitimationsprobleme im Spätkapitalismus*. Frankfurt [*Legitimation Crisis*. Cambridge, 1988].

HAGE, V. (1987). Feme Frauen, fremde Männer. *Die Zeit,* 11/12.

HAHN, A. (1988). Familie und Selbstthematisierung. In: LÜSCHER, K. et al. (eds.). *Die "postmoderne" Familie*. Konstanz, p. 169-179.

HANDKE, P. (1982). *Kindergeschichte*. Frankfurt.

HÄSING, H. (ed.) (1983). *Mutter hat einen Freund:* Alleinerziehende Mütter berichten. Frankfurt.

HÄSING, H. & BRANDES, V. (eds.) (1983). *Kinder, Kinder!* – Lust und Last der linken Eltern. Frankfurt.

HÄUSSLER, M. (1983). Von der Enthaltsamkeit zur verantwortungsbewussten Fortpflanzung: Über den unaufhaltsamen Aufstieg der Empfängnisverhütung und seine Folgen. In: HAUSSLER, M. et al. *Bauchlandungen:* Abtreiben-Sexualität-Kinderwunsch. Munique, p. 58-73.

HEILIGER, A. (1985). Alleinerziehende Mütter: Ohne Partner glücklicher. *Psychologie heute*, dez., p. 10-11.

HEITMEYER, W. & MÖLLER, K. (1988). Milieu-Einbindung un Milieu-Erosion als individuelles Sozialisationsproblem. *Zeitschrift für erziehungswissenschaftliche Forschung*, p. 115-144.

HENNIG, C. (1989). *Die Entfesselung der Seele:* Romantischer Individualismus in den deutschen Alternativkulturen. Frankfurt.

HENNIG, M. & JARDIM, A. (1977). *The Managerial Woman*. Nova York.

HENTIG, H. (1978). Vorwort. In: ARIÈS, P. *Geschichte der Kindheit*. Munique.

HITE, S. & COLLERAN, K. (1989). *Kein Mann um jeden Preis:* Das neue Selbstverständnis der Frau in der Partnerbeziehung. Niederhausen.

HITZLER, R. (1988). *Sinnwelten*. Opladen.

HOFF, A. & SCHOLZ, J. (1985). *Neue Männer in Beruf und Schule:* Forschungsbericht. Berlim.

HOFFMANN-NOWOTNY, H.-J. (1988). Ehe und Familie in der modernen Gesellschaft. *Aus Politik und Zeitgeschichte* [Supl. do semanário *Das Parlament*, B 13, p. 3-13].

HOFFMANN-RIEM, C. (1988). *Chancen und Risiken der gentechnologisch erweiterten pränatalen Diagnostik* – Eine qualitative Studie bei Klienten humangenetischer Beratungsstellen. Hamburgo [Man.].

HÖHN, C.; MAMMEY, U. & SCHWARZ, K. (1981). Die demographische Lage in der Bundesrepublik Deutschland. *Zeitschrift für Bevölkerungswissenschaft*, 2, p. 139-230.

HOLLSTEIN, W. (1988). *Nicht Herrscher, aber kräftig:* Die Zukunft der Männer. Hamburgo.

HÖLZLE, C. (1989). Die physische und psychische Belastung durch In-vitro-Fertilisation. *Pro Familia Magazin*, 5, p. 5-8.

HOMAN, W.E. (1980). *Kinder brauchen Liebe; Eltern brauchen Rat.* Munique.

HONIG, M.-S. (1988). Kindheitsforschung: Abkehr von der Pädagogisierung. *Soziologische Revue*, 2, p. 169-178.

HONNETH, A. (1988a). Soziologie: Eine Kolumne. *Merkur*, 470, p. 315-319.

_____ (1988b). Soziologie: Eine Kolumne. *Merkur*, 477, p. 961-965.

HÖPFLINGER, F. (1984). Kinderwunsch und Einstellung zu Kindern. In: HOFFMANN-NOWOTNY, H.-J. et al. *Planspiel Familie:* Familie, Kinderwunsch und Familienplanung in der Schweiz. Diessenhofen, p. 77-181.

HORNSTEIN, W. (1988). Gegenwartsdiagnose und pädagogisches Handeln. *Zeitschrift für Pädagogik*, 34.

_____ (1985). Strukturwandel im gesellschaftlichen Wandlungsprozess. In: HRADIL, S. (ed.). *Sozialstruktur im Umbruch:* Karl Martin Bolte zum 60. Geburtstag. Opladen, p. 323-342.

HUBBARD, R. (1984). Personal Courage is Not Enough: Some Hazards of Childbearing in the 1980s. In: ARDITTI, R. et al. (eds.). *Test-Tube Women:* What Future for Motherhood? Londres, p. 331-355.

HURRELMANN, K. (1989). Warum Eltern zu Tätern werden: Ursachen von Gewalt gegen Kinder. *Forschung* - Mitteilungen der DFG, 1, p. 10-12.

IBSEN, H. (1986). *A Doll's House and Other Plays.* Harmondsworth [Trad. Peter Watts].

ILLICH, I. (1985). Einführung in der Kulturgeschichte der Knappheit. In: PFÜRTNER, A.H. (ed.). *Wider den Turmbau zu Babel:* Disput mit Ivan Illich. Reinbek, p. 12-31.

IMHOF, A.E. (1984). *Die verlorenen Welten.* Munique.

_____ (1981). *Die gewonnenen Jahre.* Munique.

INSTITUT FÜR DEMOSKOPIE ALLENSBACK & KÖCHER, R. (1985). *Einstellungen zu Ehe und Familie im Wandel der Zeit.* Stuttgart.

JAEGGI, E. & HOLLSTEIN, W. (1985). *Wenn Ehen älter werden:* Liebe, Krise, Neubeginn. Munique.

JANNBERG, J. (1982). *Ich bin ich.* Frankfurt.

JONG, E. (1985). *Parachutes and Kisses.* Londres.

_____ (1974). *Fear of Flying.* Londres.

JOURARD, S.M. (1982). Ehe furs Leben; Ehe zum Leben. *Familiendynamik*, 2, p. 171-182.

KAMERMAN, S.B. (1984). Women, Children and Poverty: Public Policies and Femaleheaded Families in Industrialized Countries. *Women and Poverty* [Num. esp. de *Signs:* Journal of Women in Culture and Society, 10/2, p. 249-271.

KAUFMANN, F.-X. (1988). Sozialpolitik und Familie. *Aus Politik und Zeit geschichte* [Supl. do semanário *Das Parlament*, B 13, p. 34-43].

KAUFMANN, F.-X.; HERLTH, A.; QUITMANN, J.; SIMM, R. & STROHMEIER, P. (1982). Familienentwicklung: Generatives Verhalten im familialen Kontext. *Zeitschrift für Bevölkerungswissenschaft*, 4, p. 523-545.

KERN, B. & KERN, H. (1988). *Madame Doctorin Schlözerin:* Ein Frauenleben in den Widersprüchen der Aufklärung. Munique.

KERNER, C. (1984). *Kinderkriegen:* Ein Nachdenkbuch. Weinheim/Basel.

KEUPP, H. (1988). *Riskante Chancen:* Das Subjekt zwischen Psychokultur und Selbstorganisation. Heidelberg.

KEUPP, H. & BILDEN, H. (eds.) (1989). *Verunsicherungen:* Das Subjekt im gesellschaftlichen Wandel. Munique.

KITZINGER, S. (1980). *The Complete Book of Pregnancy and Childbirth.* Nova York.

KLAGES, H. (1988). *Wertedynamik:* Über die Wandelbarkeit des Selbstverständlichen. Zurique.

KLEIN, R.D. (1987). *Where Choice Amounts to Coercion: The Experiences of Women on IVF Programs* – Address at the Third International Interdisciplinary Women's Congress. Dublin [Mimeo.].

KOHLI, M. (1988). Normalbiographie und Individualitat. In: BROSE H.G. & HILDENBRAND, B. (eds.). *Vom Ende des Individuums zur Individualität ohne Ende.* Opladen, p. 33-54.

_____ (1985). Die Institutionalisierung des Lebenlaufes. *Kölner Zeitschrift für Soziologie und Sozialpsychologie*, 1, p. 1-29.

KRANTZLER, M. (1974). *Creative Divorce:* A New Opportunity for Personal Growth. Nova York.

KRECKEL, R. (ed.) (1983). *Soziale Ungleichheiten* [Ed. esp. de *Soziale Welt*].

KRECHEL, U. (1983). Meine Sätze haben schon einen Bart: Anmahnung an die neue Weiblichkeit. *Kursbuch*, set., p. 143-155.

KRISTEVA, J. (1989). *Geschichten von der Liebe.* Frankfurt [*Tales of Love.* Nova York].

KUHN, H. (1975). *"Liebe":* Geschichte eines Begriffes. Munique.

KUNDERA, M. (1974). *Laughable Loves*. Nova York [Orig. tcheco, antes de 1968].

LANGE, H. & BAUMER, G. (eds.) (1901). *Handbuch von der Frauenbewegung –* I. Teil: Die Geschichte der Frauenbewegung in den Kulturländern. Berlim.

LANGER-EL SAYED, I. (1980). *Familienpolitik:* Tendenzen, Chancen, Notwendigkeiten. Frankfurt.

LASCH, C. (1977). *Haven in a Heartless World:* The Family Besieged. Nova York.

LAU, C. (1988). Gesellschaftliche Individualisierung und Wertwandel. In: LUTHE, H.O. & MEULEMANN, H. (eds.). *Wertwandel-Faktum oder Fiktion?* Frankfurt/Nova York.

LAZARRE, J. (1977). *The Mother Knot*. Nova York.

LEDDA, G. (1978). *Padre, Padrone*. Zurique.

LEMPP, R. (1986). *Familie im Umbruch*. Munique.

LEY, K. (1984). Von der Normal- zur Wahlbiographie. In: KOHLI, M. & ROBERT, G. (eds.). *Biographie und soziale Wirklichkeit*. Stuttgart, p. 239-260.

LIEGLE, L. (1987). *Welten der Kindheit und der Familie*. Weinheim/Munique.

LORBER, J. & GREENFIELD, D. (1987). *Test-Tube Babies and Sick Roles: Couples' Experiences with In Vitro Fertilization –* Address at the Third International Interdisciplinary Women's Congress. Dublin [Mimeo.].

LUCKE, D. (1990). Die Ehescheidung als Kristallisationskern geschlechtsspezifischer Ungleichheit im Lebenslauf von Frauen. In: BERGER, P.A. & HRADIL, S. (eds.) (1990). Lebenslagen, Lebensläufe, Lebensstile. *Soziale Welt*, vol. 7 [Esp.].

LUCKMANN, T. (1983). *Life-World and Social Realities*. Londres.

LUHMANN, N. (1989). Individuum, Individualität, Individualismus. In: LUHMANN, N. *Gesellschaftsstruktur und Semantik,* III. Frankfurt, p. 149-258.

_____ (1985). Die Autopoiesis des Bewusstseins. *Soziale Welt*, 4, p. 402-446.

_____ (1984). *Liebe als Passion:* Zur Codierung von Intimität. Frankfurt [*Love as Passion*. Cambridge, 1986].

LÜSCHER, K. (1987). Familie als Solidargemeinschaft aller Familienangehörigen: Erwartungen und Möglichkeiten. In: *Familienideal, Familienalltag*. Frankfurt, p. 22-37 [Schriften des deutschen Vereins für öffentliche und private Fürsorge, vol. 226].

LUTZ, W. (1985). Heiraten, Scheidung und Kinderzahl: Demographische Tafeln zum Familien-Lebenszyklus in Österreich. In *Demographische Informationen*, p. 3-20.

MAASE, K. (1984). Betriebe ohne Hinterland. In: *Marxistische Studien – Jahrbuch des IMSF*. Frankfurt.

MACKENZIE, N. & MACKENZIE, J. (eds.) (s.d.). *The Diary of Beatrice Webb.* Vol. 3, 1905-1924. Londres.

MAYER, E. (1985). *Love and Tradition:* Marriage between Jews and Christians. Nova York/Londres.

MAYER, K.U. (1989). Empirische Sozialstrukturanalyse und Theorien gesellschaftlicher Entwicklung. *Soziale Welt,* 1/2, p. 297-308.

MELLER, L. (1983). *Lieber allein:* Zur Situation weiblicher Singles. Frankfurt.

MERIAN, S. (1983). *Der Tod des Märchenprinzen.* Reinbek.

MERRIT, S. & STEINER, L. (1984). *And Baby Makes Two:* Motherhood without Marriage. Nova York.

METZ-GÖCKEL, S. & MÜLLER, U. (1987). Partner oder Gegner? – Überlebensweisen der Ideologic vom männlichen Familienernährer. *Soziale Welt,* 1, p. 4-28.

METZ-GÖCKEL, S.; MÜLLER, U. & BRIGITTE MAGAZINE (1985). *Der Mann.* Hamburgo.

MICHAL, W. (1988). *Die SPD-staatstreu und jugendfrei.* Reinbek.

MICHELMANN, H.W. & METTLER, L. (1987). Die In-vitro-Fertilisation als Substitutionstherapie. In: WEHOWSKY, S. (ed.). *Lebensbeginn und Menschenwürde:* Stellungnahmen zur Instruktion der Kongregation für Glaubenslehre vom 22/02/1987. Frankfurt/Munique, p. 43-51 [Gentechnologie, 14].

MOOSER, J. (1983). Auflosung der proletarischen Milieus, Klassenbindung und Individualisierung in der Arbeiterschaft vom Kaiserreich bis in die Bundesrepublik Deutschland. *Soziale Welt,* 3, p. 270-306.

MÜLLER, W.; WILLMS, A. & HANDL, J. (1983). *Strukturwandel der Frauenarbeit 1880-1980.* Frankfurt.

MÜNZ, R. (1983). Vater, Mutter, Kind. In: PERNHAUPT, G. (ed.). *Gewalt am Kind,* p. 33-44. Viena.

MUSCHG, G. (1976). Bericht von einer falschen Front. In: PIWITT, H.P. (ed.). *Literaturmagazin,* 5. Reinbek.

MUSIL, R. (1952). *Der Mann ohne Eigenschaften.* 2 vols., 1930-1933 [Trad. inglesa: *The Man without Qualities.* 3 vols., 1953-1960].

NAVE-HERZ, R. (1988). *Kinderlose Ehen:* Eine empirische Studie über die Lebenssituation kinderloser Ehepaare und die Gründe fur ihre Kinderlosigkeit. Weinheim/Munique.

_____ (1987). Bedeutungswandel von Ehe und Familie. In: SCHULZE, H.J. & MAYER, T. (eds.). *Familie-Zerfall oder neue Selbstverständnis?,* p. 18-27. Würzburg.

NECKEL, S. (1989). Individualisierung und Theorie der Klassen. *Prokla*, 76, p. 51-59.

NEIDHARDT, F. (1975). *Die Familie in Deutschland:* Gesellschaftliche Stellung, Struktur und Funktion. 4. ed. expandida. Opladen.

NICHTEHELICHE LEBENSGEMEINSCHAFTEN IN DER BUNDESREPUBLIK DEUTSCHLAND (1985). *Schriftenreihe des Bundesministers für Familie* – Jugend und Gesundheit. Vol. 170. Stuttgart.

NORWOOD, R. (1985). *Women who Love too Much:* When You Keep Wishing and Hoping He'll Change. Nova York/Los Angeles.

NUNNER-WINKLER, G. (1989). Identität im Lebenslauf. In: PSYCHOLOGIE HEUTE (ed.). *Das Ich im Lebenslauf.* Weinheim.

_____ (1985). Identität und Individualität. *Soziale Welt*, 4, p. 466-482.

Öko-Test – Ratgeber Kleinkinder (1988). Reinbek.

OLERUP, A.; SCHNEIDER, L. & MONOD, E. (1985). *Women, Work and Computerization:* Opportunities and Disadvantages. Nova York.

O'REILLY, J. (1980). *The Girl I Left Behind.* Nova York.

OSTNER, I. & KRUTWA-SCHOTT, A. (1981). *Krankenpflege:* Ein Frauenberuf? Frankfurt.

OSTNER, I. & PIEPER, B. (1980). Problemstruktur Familie - oder: Über die Schwierigkeit, in und mit Familie zu leben. In: OSTNER, I. & PIEPER, B. (eds.). *Arbeitsbereich Familie: Umrisse einer Theorie der Privatheit.* Frankfurt/Nova York.

PALMER, C.E. & NOBLE, D.N. (1984). Child Snatching. *Journal of Family Issues*, 5/1, p. 27-45.

PAPANEK, H. (1979). Family Status Production: The "Work" and "Non-work" of Women. *Signs*, 4/4, p. 775-781.

PARTNER, P. (1984). *Das endgültige Ehebuch für Änfanger und Fortgeschrittene.* Munique.

PEARCE, D. & McADOO, H. (1981). *Women and Children:* Alone and in Poverty. Washington.

PERLS, F. & STEVENS, J.O. (1969). *Gestalt Therapy Verbatim.* Lafayette, Cal.

PERMIEN, H. (1988). Zwischen Existenznöten und Emanzipation: Alleinerziehende Eltern. In: DEUTSCHES JUGENDINSTITUT (ed.). *Wie geht's der Familie?:* Ein Handbuch zur Situation der Familien heute. Munique, p. 89-97.

PFEFFER, N. & WOOLLETT, A. (1983). *The Experience of Infertility.* Londres.

PILGRIM, V.E. (1986). *Der Untergang des Mannes.* Reinbek.

PLESSEN, E. (1976). *Mitteilung an den Adel.* Zurique.

PRASCHL, P. (1988). Bloss keine Blösse geben. *Stern*, 13, p. 38.

PRAZ, M. (1933). *The Romantic Agony*. Londres.

PREUSS, H.G. (1985). *Ehepaartherapie:* Beitrag zu einer psychoanalytischen Partnertherapie in der Gruppe. Frankfurt.

PROSS, I.H. (1978). *Der deutsche Mann*. Reinbek.

QUINTESSENZEN AUS DER ARBEITSMARKT- UND BERUFSFORSCHUNG (1984). *Frauen und Arbeitsmarkt*. Nuremberg.

RAPP, R. (1984). XYLO: A True Story. In: ARDITTI, R. et al. (eds.). *Test-Tube Women* – What Future for Motherhood? Londres, p. 313-328.

RAVERA, L. (1986). *Mein liebes Kind*. Munique.

REIM, D. (ed.) (1984). *Frauen berichten vom Kinderkriegen*. Munique.

RERRICH, M.S. (1989). Was ist neu an den "neuen Vätern". In: KEUPP, H. & BILDEN, H. (eds.). *Verunsicherungen*. Göttingen, p. 93-102.

_____ (1988). *Balanceakt Familie:* Zwischen alten Leitbildern und neuen Lebensformen. Friburgo.

_____ (1983). Veränderte Elternschaft. *Soziale Welt*, 4, p. 420-449.

RICHTER, H.E. (1969). *Eltern, Kind, Neurose:* Die Rolle des Kindes in der Familie. Reinbek.

RIEHL, W.H. (1861). *Die Familie*. Stuttgart.

RIESMAN, D. (1981). Egozentrik in Amerika. *Der Monat*, 3, p. 111-123.

RIFKIN, J. (1987). *Kritik der reinen Unvernunft*. Reinbek.

RILKE, R.M. (1980). *Briefe*. Frankfurt.

RITSERT, J. (1987). Braucht die Soziologie den Begriff der Klasse? *Leviathan*, 15, p. 4-38.

ROLFF, H.-G. & ZIMMERMANN, P. (1985). *Kindheit und Wandel:* Eine Einfuhrung in die Sozialisation im Kindesalter. Weinheim/Basle.

ROOS, B. & HASSAUER, F. (eds.) (1982). *Kinderwunsch:* Reden und Gegenreden. Weinheim/Basle.

ROSENBAUM, H. (1982). *Formen der Familie:* Untersuchungen zum Zusammenhang von Familienverhältnissen, Sozialstruktur und sozialem Wandel in der deutschen Gesellschaft des 19. Jahrhunderts. Frankfurt.

ROSENBAUM, H. (ed.) (1978). *Seminar:* Familie und Gesellschaftsstruktur. Frankfurt.

ROSENMAYR, L. (1985). Wege zum Ich vor bedrohter Zukunft. *Soziale Welt*, 3, p. 274ss.

_____ (1984). *Die späte Freiheit*. Munique.

ROSSI, A.S. (ed.) (1974). *The Feminist Papers:* From Adams to de Beauvoir. Nova York.

ROTH, C. (1987). Hundert Jahre Eugenik. In: ROTH, C. (ed.). *Genzeit: Die Industrialisierung von Pflanze, Tier und Mensch* – Ermittlungen in der Schweiz. Zurique, p. 93-118.

ROTHMAN, B.K. (1988). *The Tentative Pregnancy:* Prenatal Diagnosis and the Future of Motherhood. Londres.

_____ (1985). Die freie Entscheidung und ihre engen Grenzen. In: ARDITTI, R. et al. (eds.). *Retortenmütter*. Reinbek, p. 19-30.

RUBIN, L.B. (1983). *Intimate Strangers:* Men and Women Together. Nova York.

RYDER, N.B. (1979). The Future of American Fertility. *Social Problems*, 26/3, p. 359-370.

SARTRE, J.-P. (1956). *Being and Nothingness*. Nova York [Trad. Hazel E. Barnes • Orig. francês, 1943].

SCHELLENBAUM, P. (1984). *Das Nein in der Liebe:* Abgrenzung und Hingabe in der erotischen Beziehung. Stuttgart.

SCHENK, H. (1979). *Abrechnung*. Reinbek.

SCHLODDER, H. (1984). Sprachver(w)irrugen – Der Jargon und die Gefühle. In: *Süddeutche Zeitung*, 8/9, set./1984.

SCHLUMBOHM, J. (ed.) (1983). *Wie Kinder zu Bauern* – Bürgern, Aristokraten wurden, 1700-1800. Munique.

SCHMID, J. (1989). Die Bevölkerungsentwicklung in der Bundesrepublik Deutschland. *Aus Politik und Zeitgeschichte* [Supl. do semanário *Das Parlament*, B 18, p. 3-15].

SCHMID, W. (1986). Auf der Suche nach einer neuen Lebenskunst. *Merkur:* 678ss.

SCHMIDBAUER, W. (1985). *Die Angst vor der Nahe*. Reinbek.

SCHMIELE, W. (1987). *Henry Miller*. Reinbek.

SCHNEIDER, S.W. (1989). *Intermarriage:* The Challenge of Living with Differences. Nova York.

SCHÖNFELDT, S. (1985). *Knaurs Grosses Babybuch*. Munique.

_____ (1969). *Das Buch vom Baby:* Schwangerschaft, Geburt und die ersten beiden Lebensjahre. Ravensburg.

SCHOPENHAUER, A. (1987). *Vom Nutzen der Nachdenklichkeit*. Munique.

SCHRÖTER, M. (1985). *Wo zwei zusammenkommen in rechter Ehe... –* Studien über Eheschliessungsvorgänge vom 12. bis 15. Jahrhundert. Frankfurt.

SCHULZ, W. (1983). Von der Institution "Familie" zu den Teilbeziehungen zwischen Mann, Frau und Kind. *Soziale Welt*, 4, p. 401-419.

SCHUMACHER, J. (1981). Partnerwahl und Partnerbeziehung. *Zeitschrift für Bevölkerungswissenschaft*, 4, p. 499-518.

SCHÜTZE, Y. (1988). Zur Veränderung im Eltern-Kind-Verhältnis seit der Nachkriegszeit. In: NAVE-HERZ, R. (ed.). *Wandel und Kontinuität der Familie in der Bundesrepublik Deutschland*. Stuttgart, p. 95-114.

_____ (1986). *Die gute Mutter:* Zur Geschichte des normativen Musters "Mutterliebe". Bielefeld.

_____ (1981). Die isolierte Kleinfamilie. *Vorgänge*, p. 75-78.

SEIDENSPINNER, G. & BURGER, A. (1982). *Mädchen '82:* Eine Untersuchung im Auftrag der Zeitschrift Brigitte. Hamburgo.

SENNETT, R. (1976). *The Fall of Public Man*. Londres.

SICHROVSKY, P. (1984). Grips-Mittelchen. *Kursbuch*, mai., p. 55-59.

SICHTERMANN, B. (1987). *Wer ist wie? –* Über den Unterschied der Geschlechter. Berlim.

_____ (1982). *Vorsicht, Kind:* Eine Arbeitsplatzbeschreibung für Mütter, Väter und andere. Berlim.

_____ (1981). *Leben mit einem Neugeborenen:* Ein Buch über das erste halbe Jahr. Frankfurt.

SIEDER, R. (1987). *Sozialgeschichte der Familie*. Frankfurt.

SIMMEL, G. (1985). *Schriften zur Philosophie der Geschlechter*. Frankfurt [DAHMKE, H.J. & HOHNKE, K.].

_____ (1978). *The Philosophy of Money*. Londres [Trad. de D. Frisby. • Orig. alemão, 1977].

STATISTISCHES BUNDESAMT (ed.) (1988). *Statistisches Jahrbuch 1988 –* Für die Bundesrepublik Deutschland. Bonn.

_____ (1987). *Frauen in Familie, Beruf und Gesellschaft, Ausgabe 1987.* Wiesbaden.

_____ (1983a). *Frauen in Familie, Beruf und Gesellschaft, Ausgabe 1983.* Wiesbaden.

_____ (1983b). *Datenreport.* Bonn.

STEINBECK, J. (1966). *America and Americans*. Nova York.

STICH, J. (1988). "Spätere Heirat nicht ausgeschlossen...": Vom Leben ohne Trauschein. In DEUTSCHES JUGENDINSTITUT (ed.). *Wie geht's der Familie? – Ein Handbuch zur Situation der Familien heute*. Munique, p. 155-162.

STONE, L. (1979). *The Family, Sex and Marriage in England 1500-1800*. Nova York.

_____ (1978). Heirat und Ehe im englischen Adel des 16. und 17. Jahrhunderts. In: ROSENBAUM, H. (ed.). *Seminar Familie und Gesellschaftsstruktur*. Frankfurt, p. 444-479.

STRAUSS, B. (1987). Ihr Brief zur Hochzeit. *Süddeutsche Zeitung*, 24-25/01 [Supl. fim de semana].

STRÜMPEL, B. et al. (1988). *Teilzeitarbeitende Männer und Hausmänner*. Berlim.

SWAAN, A. (1981). The Politics of Agoraphobia. *Theory and Society*, p. 359-385.

THEWELEIT, K. (1987). *Male Fantasies*.2 vols. Mineápolis [Orig. alem., 1987].

TILLY, C. (ed.) (1978). *Historical Changes of Changing Fertility*. Princeton.

TUCHMAN, B. (1978). *A Distant Mirror:* The Calamitous Fourteenth Century. Nova York.

TYRELL, H. (1988). Ehe und Familie. In: LÜSCHER, K.; SCHULTHEIS, F. & WEHRSPAUN, M. (eds.). *Die "postmoderne" Familie*. Konstanz, 1988

URDZE, A. & RERRICH, M.S. (1981). *Frauenalltag und Kinderwunsch:* Motive von Müttern für oder gegen ein zweites Kind. Frankfurt.

VESTER, H.G. (1984). *Die Thematisierung des Selbst in der postmodernen Gesellschaft*. Bonn.

VOGT-HAGEBÄUMER, B. (1977). *Schwangerschaft ist eine Erfahrung, die Frau, den Mann und die Gesellschaft angeht*. Reinbek.

VOLLMER, R. (1986). *Die Entmythologisierung der Berufsarbeit*. Opladen.

WACHINGER, L. (1986). *Ehe:* Einander lieben-einander lassen. Munique.

WAGNEROVA, A. (1982). *Scheiden aus der Ehe:* Anspruch und Scheitem einer Lebensform. Reinbek.

WAHL, K. (1989). *Die Modemisierungsfalle:* Gesellschaft, Selbstbewusstsein und Gewalt. Frankfurt.

WAHL, K.; TÜLLMANN, G.; HONIG, M.S. & GRAVENHORST, L. (1980). *Familien sind anders!* Reinbek.

WALLERSTEIN, J. & BLAKESLEE, S. (1989). *Gewinner und Verlierer*. Munique [Trad. inglesa: *Second Chances:* Men, Women and Children a Decade after Divorce. Nova York].

WANDER, M. (1979). *Guten Morgen, du Schöne!*: Frauen in der DDR, Protokolle. Darmstadt/Neuwied.

WASSERMANN, J. (1987). *Laudin und die Seinen*. Munique, 1925 [Trad. inglesa: *Wedlock*. Nova York, 1926].

WEBER, M. (1985). *The Protestant Ethic and the Spirit of Capitalism*. Londres [Orig. alemão, 1905].

WEBER-KELLERMANN, I. (1974). *Die deutsche Familie*: Versuch einer Sozialgeschichte. Frankfurt.

WEHRSPAUN, M. (1988). Alternative Lebensformen und postmoderne Identitäts konstitution. In: LUSCHER, K. et al. (eds.). *Die "postmoderne" Familie*. Konstanz, p. 157-168.

WETTERER, A. (1983). Die neue Mütterlichkeit: Über Brüiste, Lüste und andere Stil(l)blüten aus der Frauenbewegung. In: HÄUSSLER, M. et al. *Bauchlandungen* – Abtreiben-Sexualität-Kinderwunsch. Munique, p. 117-134.

WEYMANN, A. (1989). Handlungsspielräume im Lebenslauf: Ein Essay zur Einführung. In: WEYMANN. *Handlungsspielräume*: Untersuchungen zur Individualisierung und Institutionalisierung von Lebensläufen in der Moderne. Stuttgart, p. 1-39.

WHITE, N.R. (1984). On Being One of the Boys: An Explanatory Study of Women's Professional and Domestic Role Definitions. *Women's Studies International Forum*, 7/6, p. 433-440.

WIEGMANN, B. (1979). Frauen und Justiz. In: JANSSEN-JURREIT, M. (ed.). *Frauenprogramm*: Gegen Diskriminierung. Reinbek, p. 127-132.

WIGGERSHAUS, R. (1985). "Nun aber ich selbst": Neue Tendenzen in der Literatur von Frauen in der Bundesrepublik, in Österreich und in der Schweiz. *Die neue Gesellschaft, Frankfurter Hefte*, 7, p. 600-607.

WILLIAMS, L.S. (1987). *"It's Gonna Work for Me"*: Women's Experience of the Failure of In Vitro Fertilization and its Effect on their Decision to Try IVF Again – Address at the Third International Interdisciplinary Women's Congress. Dublin [Mimeo.].

WILLMS, A. (1983a). Segregation auf Dauer?: Zur Entwicklung des Verhältnisses von Frauenarbeit und Männerarbeit in Deutschland. In: MÜLLER, W.; WILLMS, A. & HANDL, J., 1983, p. 107-181.

_____ (1983b). Grundzuge der Entwicklung der Frauenarbeit von 1880-1980. In: MÜLLER, W.; WILLMS, A. & HANDL, J., 1983, p. 25-54.

WIMSCHNEIDER, A. (1987). *Herbstmilch*: Lebenserinnerungen einer Bäuerin. Munique.

WINGEN, M. (1985). Leitung und Einführung zur Podiumsdiskussion "Heiratsverhalten und Familienbindung". In: SCHMIDT, J. & SCHWARZ, K. (eds.).

Politische und prognostische Tragweite von Forschungen zum generativen Verhalten: Herausgegeben von der Deutschen Gesellschaft für Bevölkerungswissenschaft. Berlim, p. 340-351.

WYSOCKI, G. (1980). *Die Fröste der Freiheit:* Aufbruchphantasien. Frankfurt.

ZINNECKER, J. (1988). Zukunft des Aufwachsens. In: HESSE, J.; ROLFF, H.-G. & ZOPPEL, C. (eds.). *Zukunftswissen und Bildungsperspektiven.* Baden-Baden, p. 119-139.

ZOLL, R. et al. (1989). *Nicht so wie unsere Eltern!* – Ein neues kulturelles Modell? Opladen.

ZSCHOCKE, F. (1983). *Er oder ich:* Männergeschichten. Reinbek.

COLEÇÃO SOCIOLOGIA
Coordenador: Brasilio Sallum Jr. – Universidade de São Paulo

Comissão editorial:
Gabriel Cohn – Universidade de São Paulo
Irlys Barreira – Universidade Federal do Ceará
José Ricardo Ramalho – Universidade Federal do Rio de Janeiro
Marcelo Ridenti – Universidade Estadual de Campinas
Otávio Dulci – Universidade Federal de Minas Gerais

- *A educação moral*
Émile Durkheim
- *A Pesquisa Qualitativa*
VV.AA
- *Sociologia ambiental*
John Hannigan
- *O poder em movimento*
Sidney Tarrow
- *Quatro tradições sociológicas*
Randall Collins
- *Introdução à Teoria dos Sistemas*
Niklas Luhmann
- *Sociologia clássica – Marx, Durkheim e Weber*
Carlos Eduardo Sell
- *O senso prático*
Pierre Bourdieu
- *Comportamento em lugares públicos*
Erving Goffman
- *A estrutura da ação social – Vols. I e II*
Talcott Parsons
- *Ritual de interação*
Erving Goffman
- *A negociação da intimidade*
Viviana A. Zelizer
- *Sobre fenomenologia e relações sociais*
Alfred Schutz
- *Os quadros da experiência social*
Erving Goffman
- *Democracia*
Charles Tilly

- *A representação do Eu na vida cotidiana*
Erving Goffman
- *Sociologia da comunicação*
Gabriel Cohn
- *A pesquisa sociológica*
Serge Paugam (coord.)
- *Sentido da dialética – Marx: lógica e política – Tomo I*
Ruy Fausto
- *Ética econômica das religiões mundiais – Vol. I*
Max Weber
- *A emergência da Teoria Sociológica*
Jonathan H. Turner, Leonard Beeghley e Charles H. Powers
- *Análise de classe – Abordagens*
Erik Olin Wright
- *Símbolos, selves e realidade social*
Kent L. Sandstrom, Daniel D. Martin e Gary Alan Fine
- *Sistemas sociais*
Niklas Luhmann
- *O caos* totalmente normal *do amor*
Ulrich Beck e Elisabeth Beck-Gernsheim
- *Lógicas da história*
William H. Sewell Jr.
- *Teoria Social – Vinte lições introdutórias*
Hans Joas e Wolfang Knöbl

CULTURAL
Administração
Antropologia
Biografias
Comunicação
Dinâmicas e Jogos
Ecologia e Meio Ambiente
Educação e Pedagogia
Filosofia
História
Letras e Literatura
Obras de referência
Política
Psicologia
Saúde e Nutrição
Serviço Social e Trabalho
Sociologia

CATEQUÉTICO PASTORAL
Catequese
Geral
Crisma
Primeira Eucaristia

Pastoral
Geral
Sacramental
Familiar
Social
Ensino Religioso Escolar

TEOLÓGICO ESPIRITUAL
Biografias
Devocionários
Espiritualidade e Mística
Espiritualidade Mariana
Franciscanismo
Autoconhecimento
Liturgia
Obras de referência
Sagrada Escritura e Livros Apócrifos

Teologia
Bíblica
Histórica
Prática
Sistemática

REVISTAS
Concilium
Estudos Bíblicos
Grande Sinal
REB (Revista Eclesiástica Brasileira)
SEDOC (Serviço de Documentação)

VOZES NOBILIS
Uma linha editorial especial, com importantes autores, alto valor agregado e qualidade superior.

VOZES DE BOLSO
Obras clássicas de Ciências Humanas em formato de bolso.

PRODUTOS SAZONAIS
Folhinha do Sagrado Coração de Jesus
Calendário de mesa do Sagrado Coração de Jesus
Agenda do Sagrado Coração de Jesus
Almanaque Santo Antônio
Agendinha
Diário Vozes
Meditações para o dia a dia
Encontro diário com Deus
Guia Litúrgico

CADASTRE-SE
www.vozes.com.br

EDITORA VOZES LTDA.
Rua Frei Luís, 100 – Centro – Cep 25689-900 – Petrópolis, RJ
Tel.: (24) 2233-9000 – Fax: (24) 2231-4676 – E-mail: vendas@vozes.com.br

UNIDADES NO BRASIL: Belo Horizonte, MG – Brasília, DF – Campinas, SP – Cuiabá, MT
Curitiba, PR – Florianópolis, SC – Fortaleza, CE – Goiânia, GO – Juiz de Fora, MG
Manaus, AM – Petrópolis, RJ – Porto Alegre, RS – Recife, PE – Rio de Janeiro, RJ
Salvador, BA – São Paulo, SP